U0653203

"十三五"江苏省高等学校重点教材

教材编号2016-1-063

高职学生
职业发展 与 就业指导

第三版

主　审　　吴春笃　李德才

主　编　　陈亚鸿　沈新华　陆亚玲

副主编　　张珂峰

编　者　（以姓氏笔划排序）

于桂凤　王　惠　王　淼　冯月明　许德宾

苏海悦　李　娅　刘　眉　杨呈胜　沈新华

陆亚玲　陈亚鸿　李德江　张珂峰　梁银辉

鲍永红　薛　秋

扫码加入学习圈
轻松解决重难点

南京大学出版社

图书在版编目(CIP)数据

高职学生职业发展与就业指导 / 陈亚鸿,沈新华,
陆亚玲主编. — 3 版. — 南京:南京大学出版社,
2018.7(2024.8 重印)
  ISBN 978 - 7 - 305 - 20165 - 3

Ⅰ. ①高… Ⅱ. ①陈… ②沈… ③陆… Ⅲ. ①职业选
择—高等职业教育—教材 Ⅳ. ①G717.38

中国版本图书馆 CIP 数据核字(2018)第 088592 号

出版发行 南京大学出版社
社　　址　南京市汉口路 22 号　　邮　编　210093
书　　名　**高职学生职业发展与就业指导**
　　　　　GAOZHI XUESHENG ZHIYE FAZHAN YU JIUYE ZHIDAO
主　　编　陈亚鸿　沈新华　陆亚玲
责任编辑　吴　华　　　　　　　编辑热线　025 - 83596997
照　　排　南京开卷文化传媒有限公司
印　　刷　广东虎彩云印刷有限公司
开　　本　787 mm×1092 mm　1/16　印张 16.25　字数 402 千
版　　次　2018 年 7 月第 3 版　2024 年 8 月第 11 次印刷
ISBN　978 - 7 - 305 - 20165 - 3
定　　价　42.80 元

网　　址:http://www.njupco.com
官方微博:http://weibo.com/njupco
微信公众号:njupress
销售咨询热线:(025)83594756

扫一扫教师可免费
获得教学资源

序——能力创造人生

能力决定命运,在竞争日益激烈的未来社会,能力不仅是青年学子迎接时代挑战的资本,也是他们创造瑰丽人生的保证。

高职教育的使命是培养高素质的技能型人才,使其不仅具备较高的职业综合素质,而且具备较强的职业岗位变化适应能力,这种适应能力是抽象于一切具体职业岗位的通用能力,亦可称之为核心能力。核心能力是基础性、深层次、起决定作用的能力,是人们应对纷繁复杂的世界,创造多姿多彩生活的最重要的能力。

科技的日新月异和经济的快速发展,决定了就业岗位的不断变迁和职业生涯的千差万别,传统的一成不变、终身就业的模式将成为历史。如何培养学生可持续的终身发展的职业能力,是高职教育必须面对的重大课题。

能力本位、就业导向是高职教育改革发展的指导思想。提升就业质量是在追求就业率基础上发生的质的飞跃,它提高了青年人的生活品质,顺应了青年人的发展需求,理所当然成为高职教育内涵发展的重要指标,而以能力为核心要素的人才质量是就业质量的基础和前提。为此,必须树立全面质量观,重新审视人才培养体系,针对学生能力目标要求改革和调整人才培养模式。

当前,高职教育质量工程建设主要是基于工作过程系统化的课程开发和人才培养模式的改革,这一改革拉近了职业教育与生产实践的距离,目的是以基于工作过程的理念,设计课程,重组教学内容,突出能力点,培养学生面向职业岗位群的通用能力。而学生综合素质和可持续发展能力的培养,则需要更加广阔的视野和更为综合的措施。

以职业生涯规划和就业创业教育为主要内容的职业发展教育,在高职教育中占据着重要的位置,直接关系到高职人才与社会需要的适配性高低。首先,它是就业工作体系的重要组成部分,衍生了就业工作的教育、指导和咨询、服务功能,颠覆了以行政管理为主要内容的传统就业工作方式,拓展了就业工作的属性和内涵。其次,它是人才培养体系的重要组成部分,职业发展教育对于学生的职业态度、职业知识和职业技能都设定了目标,实际上帮助学生形成一种与职业有关的能力,通过职业态度和意识转变,有效激发学生的职业认知、学习动力和成才欲望,对于深化专业教育、提高学生适应岗位变化与迁徙的能力,对学生在校期间的专业学习、教育管理、思想政治教育以及步入社会后的持续

1

发展都起着积极的促进作用。

因此,要以系统化的建设思路,把职业发展教育纳入到就业服务和人才培养两个体系,确立提高就业质量和提升学生职业发展能力两个目标,发挥促进就业工作改革和人才培养模式改革两个作用。

职业发展教育是一种关注学生未来的教育,是一种教育理念。职业发展教育具有明显的课程特征,首先是科学性,经过十多年的探索与实践,我省高校职业发展教育逐步走过了经验主义阶段,积极发挥第一课堂的作用,精心设计课程,取得了较好的教学效果。其次是实践性,职业发展教育重在激发学生心智潜能和态度意识,学生职业习惯的养成、职业态度的认知、职业意识的激发更多在实践中得以升华,科技性、技能性和职业性校园文化活动、学业职业生涯规划、职场体验、专业社团、创业团队等,是职业发展教育的有益实践探索。

职业发展教育作为一种新兴的培养手段,依然处在初级阶段,在理念认识、教材师资、模式载体、效果评价等方面有待进一步完善和提升。发展之途充满坎坷,然而探索之路永无止境。高职教育承载着国家的期望和民众的理想,期待着我们不断拓宽新思路,开辟新天地,探索出更多更好的模式载体。

打开这本书,给我一个全新的感受,她勾勒了一幅清晰的人生奋斗蓝图。本书采用"基于工作过程导向——工作过程系统化"的课程设计方法,以项目和工作任务为载体,进行工作过程系统化课程设计。2个模块、9个教学情境、27个具体任务的组合安排,打破了传统框架,符合学生职业发展的培养目标。她既注重教材的理论性和完整性,又注重实践性和实效性,融"教、学、做"为一体,贯穿着"激发心智潜能,改变态度意识,增强实践技能,促进全面发展"的教育理念,体现了职业发展教育经验性的特点。该校是较早开展学生职业发展教育和实践探索的学校,这里活跃着一支心系学生成长、热爱学生工作、潜心于职业发展教育教学和研究的教育工作者。纵览本书,可以说,他们的不懈追求种下了高职职业发展教育的又一棵生命树。

有爱才有教育,有责任才能办好教育。我为本书作序,寄托我一种希望:让我们辛勤耕耘,坚定不移地践行"以生为本、学生第一"的教育理念,努力推进高职教育质量建设,在高职教育的园地上,迎来更加万紫千红、争奇斗艳的春天。

朱卫国

2010 年 7 月 20 日于南京

(序作者为江苏省教育厅副厅长)

前　言

　　亲爱的大学生朋友,站在人生的路口上,我们需要认真审视当下所处的时代。这是一个崭新的时代,也是一个充满机遇和挑战、彰显优胜劣汰法则的时代。是让时代适应自己,还是让自己尽快适应时代? 恩格斯告诉所有青年人:适应自己的时代。

　　天高任鸟飞,海阔凭鱼跃。就业形势依旧严峻,每年数以百万计的毕业生一起走出校园,却怀着不同的心情,有的人蓄势待发,准备迎战职场;有的人茫然害怕,不知何去何从。如何从势如洪水的就业大军中突出重围,是毕业生不得不面对的人生命题。

　　习惯若不改变,结果就不会改变。大学很短暂,怎么度过你的大学生活决定了你的未来。激烈竞争要求每个学生紧紧把握在校的时间,积累搏击人生的资本。智者说:天下没有免费的午餐。如果人们知道好的生活需要努力的付出,大部分人就会有所成就,同时这个世界也会更加美好,而白吃午餐的人,迟早是会连本带利付出代价。凡事预则立,对于大学生而言,只有尽早地理性规划未来,将目标量化在每一月、每一周,甚至每一天和每一个学习实践过程中,打造自己的核心竞争能力,才能收获人生事业的成功。

　　本书着力于激发学生内在动力,制订学生知识、能力和态度三个方面的培养目标,通过知识讲授、案例分析、实践训练,促进学生树立自主意识、职业意识和追求有价值人生的自觉意识,帮助学生客观认识自我、挖掘自身潜能、了解工作世界、学会职业生涯规划的基本技能,为其提高就业竞争力、确立正确的职业发展目标、自主做出职业生涯决策、实现自身职业发展和取得职业成功打下扎实的基础。

　　本书第一版、第二版分为"职业生涯规划""就业指南""创新与创业"三个模块,分别对应"制订职业(学业)生涯规划书""制作求职材料""撰写商业计划书"三个完整的项目任务。在大众创业、万众创新的战略背景下,突出创新创业教育,本书第三版将"创新与创业"模块独立出来,拟出版《小微企业创业项目开发教程》。

　　教材编写遵循工作过程系统化的理念,改变了以往就业指导教材以理论介绍为主的编写方式,每一章按情境案例、学习目标、任务分析、知识链接、案例分析、实践训练的结构设计,注重可操作性,便于教师进行指导;增加了实践训练部分,使学生通过自我训练提高自身职业规划和管理的能力。

本书第三版修订工作由陈亚鸿、沈新华、陆亚玲组织,于桂凤、王惠、王淼、冯月明、许德宾、苏海悦、李娅、刘眉、杨呈胜、沈新华、陆亚玲、陈亚鸿、李德江、张珂峰、梁银辉、鲍永红、薛秋参加了修订。全书由吴春笃教授、李德才教授审定。编写过程中得到南通开放大学、扬州市人才交流中心、南通科技职业学院的支持,在此表示衷心的感谢。本书编写过程中参考了相关教材和专著,借鉴了兄弟院校好的做法,在此向原作者一并表示感谢。

由于编写者水平有限,不免存在错误,敬请专家、读者提出修改意见。

编　者

2018 年 5 月

目　录

高职学生职业发展与就业指导

职业生涯规划

第一模块引言

思路决定观念·生涯决定发展

当前,对于职业生涯规划,现代大学生存在的"难题"是:

——他们不知道如何去做;

——他们觉得这样做太麻烦;

——他们对自己确定的目标和计划没有信心;

——他们将目标制订得过于长远,这使立刻看到成果变得不可能,从而导致他们丧失了勇气。

GO →

生涯认知训练

情境案例   *心灵感悟——人生如坐公交车*

人的一生,就像乘坐一辆公交车……

我们知道它有起点和终点,却无法预知沿途的经历。

有的人行程长,有的人行程短;有的人很从容,可以欣赏窗外的景色,有的人很窘迫,总处于推搡和拥挤之中。

然而与悬挂在车门上、随时可能掉下去的人相比,似乎又感欣慰。

要想获得舒适与优雅,座位是必不可少的,因此总被人们争抢。

有的人很幸运,一上车就能落座;有的人很倒霉,即使全车的人都坐下了,他还站着。别处的座位不断空出来,唯独身边这个毫无动静,而当你下定决心走向别处,刚才那个座位的人却正好离开。

为了坐上或保住座位,有的人漠视良心,甚至伤害他人;有的人却因为这样那样的原因,不得不将到手的座位让给他人;有的人用了种种的方式,经历了长长的等待,终于可以坐下,但这时他已经到站了。

下车的一刻,他回顾车厢,也许会为区区一个座位而感慨,自以为大彻大悟,其实即使重新来过,他依然会去争抢,因为有时如果不坐下,连站的位置都没有,除非你永远不上车,而这并不由自己决定。

到站的人下了,车上的人还在。依然熙熙攘攘,依然上上下下……

资料来源:网络.新浪博客.大学生职业生涯规划论坛.

【思考与讨论】

1. 回忆你曾经乘坐公交车时的经历,列举出 1~2 个印象深刻的事情。
2. 请用一个或者几个词语表达出这则案例给你留下的感触,并阐述其原因。

知识目标

1. 了解与职业生涯规划有关的术语。
2. 了解职业生涯、职业生涯规划的特点。
3. 能够充分认识进行生涯探索的目的与意义。

扫一扫可见微课
"职业生涯规划的意义"

能力目标

能够对自我的生涯做出恰当的评估和展望。

任务分析

"一个人若是看不到未来,就掌握不住现在;一个人若是掌握不住现在,就看不到未来。"这就是生涯规划的本质与精髓。本章节旨在唤醒同学们对当前自身职业生涯状况的觉察和意识,从而领悟到进行生涯规划的必要性和紧迫性。

知识链接

一、与职业生涯规划有关的术语

1. 生涯与职业生涯

因为时代不同、视角相异等因素,生涯的定义在被不断地发展和丰富。20 世纪 70 年代时,生涯专指个人生活中和工作相关的各个方面。随后,又有很多新的意义被纳入到"职业生涯"的概念中,其中甚至包含了生活中关于个人、集体以及经济生活的方方面面。目前对职业生涯的含义还没有统一的界定,不同的学者则从不同的角度进行论述。其中,美国著名学者舒伯指出,职业生涯是生活中各种事件的演进方向和历程,统合了人一生中的各种职业和生活角色,由此表现出个人独特的自我发展组型,它也是人自青春期至退休以后,一连串有酬或无酬职位的综合,甚至包括了家庭和公民的角色。它是个体职业发展的整体"路线图"。根据中国职业规划师协会的定义,所谓职业生涯,是指人的一生中的职业历程,是指一个人一生所有与职业相连的行为与活动以及相关的态度、价值观、愿望等连续性经历的过程,也是一个人一生中职业、职位的变迁及职业目标的实现过程。简单地说,一个人职业发展的状态、过程及结果构成了个人的职业生涯。

舒伯认为,人生的整体发展是由时间、领域和投入程度决定的,即职业生涯包括时间、领域和投入程度三个层面。第一,职业生涯的时间层面,按人的年龄和生命历程划分为成长、探索、确立、维持和衰退五个阶段。第二,职业生涯的领域层面或者范围层面,是指一个人终身所扮演的各种不同的角色。第三,职业生涯的投入程度,是指一个人在扮演每一个角色时所投入的时间和精力。

2. 内职业生涯与外职业生涯

美国职业心理专家施恩把职业生涯分为内职业生涯与外职业生涯两大类。所谓内职业生涯是指从事一项职业时所具备的知识、观念、心理素质、能力、内心感受等因素的组合及其变化过程,它是别人无法替代和窃取的人生财富。外职业生涯则是指从事职业时的工作单位、工作地点、工作内容、工作职务、工作环境、工资待遇等因素的组合及其变化过程,而该过程包括招聘、培训、晋升、解雇、退休等各个阶段。

两者的区别是,外职业生涯的构成因素通常是由外界决定、给予和认可,也容易被别人否认和收回;内职业生涯的构成因素主要是靠自己努力追求而获得的,其价值是无法用金钱衡量的,而且一旦获得就不会被别人收回或剥夺。两者的联系是外职业生涯发展促进内职业生涯发展,内职业生涯发展带动外职业生涯发展。在职业生涯发展进程中,起关键作用的是内职业生涯,因此,对内职业生涯各因素的发展追求要更加重要。

在职业生涯的初期,对内职业生涯提升最快的工作就是好工作。我们大学生在选择职业的时候不要只看重薪水、福利等外在的东西,要选择有利于自己职业能力提升的,有利于自己职业长远发展的就业方向。

3. 生涯规划

亦称职业生涯规划,是指个人发展与组织发展相结合,通过对职业生涯主客观因素的分析、总结和测定,确定一个人的奋斗目标,并为实现这一职业目标,而预先进行生涯系统安排的过程,包括制定相应的工作计划,以及每一时段的顺序和方向。概括来讲,就是在对个体的内在心理特征和外在环境条件进行评定、分析、研究的基础上,设定明确的长期职业发展目标并制定相应的发展步骤和具体活动的规划。

二、职业生涯、职业生涯规划的特点

1. 职业生涯的特点

(1) 终身性。职业生涯是指一个人一生连续不断发展的过程,并不局限于某一阶段,它概括了人一生所拥有的各种生活角色和职业特点的全部。

(2) 独特性。每个人的职业生涯有其独特的发展过程,无论职业、地域、单位是否相同,每个人依据自己的人生理想,为实现自我价值而展开一系列的、独特的生命历程。

(3) 发展性。职业生涯是一个动态发展的过程,每个人在不同的生命历程中会有不同的奋斗目标,受其影响,个体有着不同的成长与发展过程。

(4) 综合性。职业生涯尽管是个人一生的发展历程,但它受社会环境、时代特征、家庭亲友等综合因素的影响。

2. 职业生涯规划的特点

(1) 可行性。进行职业生涯规划要有事实依据,并非是美好幻想或不着边的梦想,否则将会延误生涯良机。

(2) 适时性。进行职业生涯规划是预测未来的行动,确定将来的目标,因此各项主要活动何时实施、何时完成,都应有时序上的妥善安排,以作为检查行动的依据。

(3) 适应性。规划未来的职业生涯目标,牵涉到多种可变因素,因此规划应有弹性,以增加其与当时情况的适应性。

(4) 持续性。人生每个发展阶段都有其不同的发展特点,应注意相互间的持续连贯与衔接。

三、大学生职业生涯规划的意义

职业生涯规划能够更好地了解自身的优势及缺陷，使自己有针对性地学习、提高，是就业、再就业以及个人发展的不可或缺的重要手段。成功的职业生涯设计对于大学生的择业乃至一生的发展都有重要的意义，有利于明确人生奋斗目标，制订培训计划，从而自己控制自己的命运。具体表现在以下几个方面：

1. 缩短职业适应期，减少职业试错过程

大学时期正是个人职业生涯早期的学习探索阶段，正处于学习生涯结束期和职业生涯开始期，在这一交替时期，个人认真地探索各种可能的职业选择，对自己的天资和能力进行现实的评价，并根据未来的职业选择做出相应的教育决策，最终实现自己的初次就业。在这一时期，合理规划职业生涯之路，不仅有助于缩短职业适应期，减少职业试错过程，而且对今后的职业成功及对社会的贡献都有很大帮助。

2. 正确认识个性特质，发掘潜在资源优势

有许多学生对自己并不了解，尤其是不了解自身的优势和劣势，在职业选择过程中具有比较大的盲目性和不切实际性。通过有效的职业生涯规划，可以使学生认识到自身的个性特质、现有和潜在的资源优势，帮助学生认识自身的价值并使其持续增值；可以对自己的综合优势和劣势进行对比分析，着力培养某些职业特质；树立自己的职业发展目标和职业理想，从而能规划自己的学习与实践，并为自己获得理想的职业而去做各种准备，能够客观地评估自己的个人目标与现实之间的距离，运用科学的方法采取切实可行的步骤和措施，不断增强职业竞争能力。

3. 职业生涯规划可以增强发展的目的性与计划性，提升成功的机会

职业生涯发展要有计划、有目的，不可盲目地"撞大运"，很多时候我们的职业生涯受挫就是由于生涯规划没有做好。好的计划是成功的开始，古语讲，凡事"预则立，不预则废"就是这个道理。大学生从跨进校门开始，就应该确定自己未来的职业生涯目标，时刻关注职业内涵的变化和发展，了解社会对职业的需求，根据社会对人才的要求，不断提高自身能力，调整自己职业生涯规划的内容。职业生涯规划倡导的是建立在知己知彼基础上的"人职匹配"，有助于大学生在职场竞争中取得成功。

四、大学生规划职业生涯需要注意的问题

1. 职业生涯规划必须与社会需求相结合

职业生涯规划要积极把握社会对人才需求的动向，把社会需求作为出发点和落脚点，以社会对个人的要求为准绳，既要看到眼前的利益，又要考虑长远的发展。这样的职业生涯规划才有现实性和可行性。

2. 职业生涯规划必须与所学专业相结合

大学生都经历过一定的专业训练，具有某一专业的知识和技能，这是每个人的优势所在。每一个专业都有一定的培养目标和就业方向，这是大学生职业生涯规划的基本依据。用人单位对毕业生的选择，首先考虑的是毕业生专业方面的特长。大学生迈入社会后的贡献，主要靠运用所学的专业知识来实现。如果职业生涯规划离开了所学的专业，无形中会为自己增加了许多"补课"负担，对个人职业发展不利。

3．职业生涯规划必须与提高综合能力相结合

知识经济时代是崇尚创新、充满创造力的时代，要适应未来社会的发展，首先必须树立推陈出新、追求创造的意识，不断开阔自身视野，掌握创新知识，培养善于开创新领域的能力；其次要树立终身学习的理念，不断更新知识结构，以适应瞬息万变的发展态势；再而要注重个性发展，学会利用知识探索未知，解决问题，创造机会与财富，等等。在此过程中，还应懂得如何与他人友好合作，因为只有具备良好的沟通能力，才能从容应对各种挑战。

4．职业生涯规划必须与增强身心健康相结合

千变万化的社会要求大学生必须拥有健康的体魄和良好的心理素质。古希腊的一位哲学家曾指出："如果没有健康，智慧就难以实现，文化无从施展，力量不能战斗，财富变成废物，知识也无法利用。"在人生选择与实践过程中，应培养和锻炼自己对挫折的承受能力和情绪调控能力，增加生活的磨炼与体验，以正确的人生态度对待困难和挫折。

案例分析

案例 1-1 从"世界冠军"到"搓澡工"

2006年，曾获得4枚全国举重比赛金牌，打破过一次全国纪录、一次世界纪录的邹春兰，拿了8万元的补偿退役了。她既没有想好以后做什么，更没有做好今后要从事的职业的准备，以至退役多年后，还是不到小学3年级的文化，只得在长春一家浴池做搓澡工。每搓一个澡收费5元，邹春兰能得1.25元，一个月下来，挣的钱不到500元。

不只是昔日的全国冠军如今当起了搓澡工，曾经的省队女排队员如今沦落在街上卖报纸，也不仅仅是中国，西方的许多明星运动员在退役后一个个穷困潦倒、失魂落魄。在我们周围，曾经风光、曾经耀眼的职业明星如今辉煌不再、默然沉寂的人随处可见。多少曾经纵横职场的白领丽人，年过30以后，找工作成了"老大难"，只能做家庭主妇；多少天之骄子，曾经进大公司、拿高薪，35岁以后，却一步步地走下坡路！

我们是否应该对"走一步算一步"的职业状态敲一个警钟？！

2007年，在社会各界的关心下，邹春兰开始筹备开办自己的洗衣店。9月，邹春兰的"伊好洗衣行"在长春市富奥花园开业。但由于邹春兰本人文化素质相对不高，因而对新事物、新技术接受较慢，使得洗衣店在开业的第一个月生意并不景气。不过，随着她对洗衣行业日渐熟悉，3个月下来，"伊好洗衣行"不仅洗衣技术迅速提升，客户满意度、回头率也越来越高。目前，邹春兰洗衣店日均营业额达到500元左右，比洗衣行业一般实现盈利的时间提前了一个多月。

对此，邹春兰对记者说："挺高兴的，感觉日子过得越来越好，生意越做越大了。去年我还在搓澡呢，现在却开这么一个洗衣店，想不到啊！"

资料来源：徐振轩，廖忠明．职业规划与就业指导［M］．成都：西南师范大学出版社，2008．（有改动）

启示：人人都有自己的梦想和目标，但人生真正的成功来自于坚定的职业目标和长远的职业规划。成功没有标准的道路，每一个人都是与众不同的，都有着自己的性格和天赋，因此，必须选择适合自己的道

第一模块 职业生涯规划

路。有战略眼光和长远规划的职业,才能可持续地成功发展。只看眼前的得失,就只能有一时的成功。

【思考与讨论】

1. 通过网络、图书信息搜索等渠道,收集另一名运动员施瓦辛格的相关资料,对比两名运动员的职业人生,你有什么启示?
2. 通过对比,思考并分析施瓦辛格能够走向成功的关键所在?

任务二 描绘人生彩虹

知识目标

1. 通过对舒伯的生涯发展理论的学习,理解职业生涯发展的过程。
2. 立足生活广度、生活空间的生涯发展观,更好地了解人生职业生涯的彩虹图。

能力目标

1. 通过对相关理论的学习,能够较好地将"自我概念"转化为"职业生涯"概念。
2. 结合自身实际,体会职业角色对生涯的意义。

任务分析

生活是一个大舞台,我们在舞台上会扮演很多的角色。人的一生如何去度过? 在各种主要的角色上你打算如何安排? 你有权力、能力和责任,自己去规划、去创造。通过本章节的学习,我们会看到一个不一样的人生规划。

知识链接

一、舒伯的生涯发展理论

舒伯把职业生涯的发展看成是一个持续渐进的过程,由童年时代开始一直伴随个人的一生。"自我概念"是舒伯理论中的核心概念。所谓"自我概念",就是指个人对自己的兴趣、能力、价值观及人格特征等方面的认识。一个人的自我概念在青春期以前就开始形成,至青春期较为明朗,并于成人期由自我概念转化为职业生涯概念。工作与生活满意与否,就在于个人能否在工作和生活中找到展示自我的机会。用舒伯的话说,"职业生涯就是对自我的实践"。

而这个自我实现亦即职业生涯发展的过程,又可以划分为以下五个阶段:

1. 成长阶段(出生～14 岁)

成长阶段属于认知阶段。在这个阶段,孩童开始发展自我概念,学会以各种不同的方式来表达自己的需要,且经过对现实世界不断地尝试,修饰自身的角色。这个阶段发展的主要任务是:发展自我形象,发展对工作世界的正确态度,并了解工作的意义。这个阶段共包括三个时期:一是幻想期(4～10 岁),它以"需要"为主要考虑因素,在这个时期幻想中的角色扮演很重要;二是兴趣期(11～12 岁),它以"喜好"为主要考虑因素,喜好是个体抱负与活动的主要决定因素;三是能力期(13～14 岁),它以"能力"为主要考虑因素,能力逐渐具有重要作用。

高职学生职业发展与就业指导

2. 探索阶段(15~24 岁)

探索阶段属于学习打基础阶段。该阶段的青少年,通过学校的活动、社团休闲活动、打零工等机会,对自我能力及角色、职业作了一番探索,因此选择职业时有较大弹性。这个阶段发展的主要任务是:探索各种可能的职业选择,对自己的能力和天资进行现实评价,使职业偏好逐渐具体化、特定化,并根据未来的职业选择做出相应的教育决策,完成择业及最初就业。这阶段共包括三个时期:一是探索期(15~17 岁),明确自己的职业偏好,考虑需要、兴趣、能力及机会,作暂时的决定,并在幻想、讨论、课业及工作中加以尝试;二是过渡期(18~21 岁),进入就业市场或进行专业训练,更重视现实,并力图实现自我观念,将一般性的选择转为特定的选择,明确自己的职业倾向;三是尝试期(22~24 岁),实现一种职业倾向,了解更多机会,生涯初步确定并试验其成为长期职业生活的可能性,若不适合,则可能再经历上述各时期以确定方向。

大学生正处在 15~24 岁的职业探索阶段,是在学校老师的帮助下,通过参加各种实践活动,进行自我设计、探索职业生涯规划的重要阶段。在这个阶段,大学生应该像一块晒干的海绵,随时随地、随人随事地吸收知识、信息、经验,多看、多听、多思考、多实践,不断尝试、总结、改正、再尝试,从中找出自己的生涯目标。

3. 建立阶段(25~44 岁)

建立阶段属于选择、安置阶段。由于经过上一阶段的尝试,不合适者会谋求变迁或作其他探索,因此该阶段能确定在整个职业生涯中属于自己的职位,并在 31 岁至 40 岁,开始考虑如何保住该职位并固定下来。这个阶段发展的主要任务是:发现自己喜欢从事的工作机会,学会与他人相处,巩固已有地位并力争提升,在一个永久性职位上稳定下来。这个阶段细分又可包括两个时期:一是承诺和稳定期(25~30 岁),确保一个相对稳定的位置,个体寻求安定,也可能因生活或工作上的若干变动而尚未感到满意;二是建立期(31~44 岁),个体致力于工作上的稳固,大部分人处于最具创意时期,由于资深往往业绩优良。

4. 维持阶段(45~64 岁)

维持阶段属于升迁和专精阶段。个体仍希望继续维持属于他的工作职位,同时会面对新人员的挑战。这一阶段发展的主要任务是:接受自己的缺点,判断需要解决的问题,致力于最重要的活动,维持并巩固已获得的成就和地位。

5. 衰退阶段(65 岁以后)

衰退阶段属于退休阶段。由于生理及心理机能日渐衰退,个体不得不面对现实,从积极参与到隐退。这一阶段往往注重发展新的角色(非职业角色),寻求不同方式以替代和满足需求,做自己期望做的事情,缩减工作时间。

在上述舒伯的生涯发展阶段中,每一阶段都有其独特的职责和角色以及一些特定的发展任务需要完成。每一阶段需达到一定的发展水准或成就水准,而且前一阶段发展任务的达成与否关系到后一阶段的发展。在以后的研究岁月中,舒伯对发展任务的看法又向前跨了一步。他认为在人一生的生涯发展中,各个阶段同样要面对成长、探索、建立、维持和衰退的问题,因而形成"成长—探索—建立—维持—衰退"的循环。

举例说明,大学是大学生进入职场的最后一个全新的学习阶段,大学生在适应新的角色和学习环境之后,又要进入求职状态,合理规划好大学的各个阶段尤为重要。大一阶段,大学生必须先尽快转变角色,让自己成长起来,继而探索全新的学习环境;大二阶段,经过前期的探索,为自己建立起较固定的学习模式,并维持这一模式;大三阶段,准备求职,原有的已经适应的习惯会逐渐衰退,继而在新阶段又要进行"成长—探索—建立—维持—衰退"的新一个轮回。

二、舒伯的生涯彩虹图

1976 到 1979 年间,舒伯在英国进行了为期四年的跨文化研究,之后他提出了一个更为广阔的新观念——生活广度、生活空间的生涯发展观(Life-span, Life-space career development)(1981)。这个生涯发展观,除了原有的发展阶段理论之外,较为特殊的是舒伯加入了角色理论,并根据生涯发展阶段与角色彼此间交互影响的状况,描绘出一个多重角色生涯发展的综合图形。这个生活广度、生活空间的生涯发展图形,舒伯将它命名为"一生生涯的彩虹图"(Life-career rainbow),如图 1-1 所示。

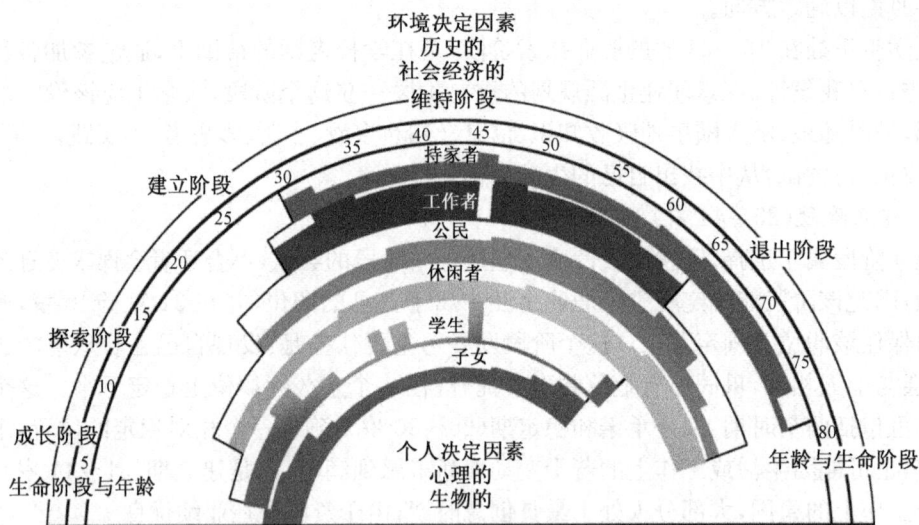

图 1-1 一生生涯的彩虹图

1. **横贯一生的彩虹——生活广度**

在一生生涯的彩虹图中,横向层面代表的是横跨一生的生活广度。彩虹的外层显示人生主要的发展阶段和大致估算的年龄:成长期(约相当于儿童期)、探索期(约相当于青春期)、建立期(约相当于成人前期)、维持期(约相当于中年期)以及衰退期(约相当于老年期)。在这五个主要的人生发展阶段内,各个阶段还有小的阶段,舒伯特别强调各个时期年龄划分有相当大的弹性,应依据个体不同的情况而定。

2. **纵贯上下的彩虹——生活空间**

在一生生涯的彩虹图中,纵向层面代表的是纵贯上下的生活空间,是由一组职位和角色所组成。舒伯认为人在一生当中必须扮演九种主要的角色,依序是:儿童(子女)、学生、休闲者、公民、工作者、夫妻、家长、父母和退休者(图 1-1 的彩虹图中未将"退休者"列入,夫妻、家长、父母等角色并入"持家者"一类中),而角色又活跃于四种主要的人生舞台:家庭、社区、学校和工作场所。

3. **彩虹图的作用**

(1)彩虹图很好地表明了个体一生中的角色是不断变化的,不同角色的交互影响,交织出个人独特的生涯类型。各种角色先后或同时在人生的舞台上层现迭出,直至退休,退休之后仍有几种角色延续至终。角色之间是交互作用的,某一个角色上的成功,可能带动其他角色的成功,反之,某一角色的失败,可能导致其他角色的失败。同样,为了某一角色的成功付出太大的代价,也可能导致其他角色的失败,这就需要在不同角色之间平衡。

（2）人的社会任务或职业生活不断变化,角色也随之变化,从一个角色进入另一个角色。在一生生涯的彩虹图中,各个时期有一个或若干个"显著角色",如成长阶段最显著的角色是儿童,探索阶段（15～20岁）是学生,建立阶段（30岁左右）是持家者和工作者,维持阶段（45岁左右）工作者的角色突然中断,又恢复学生角色（再学习）,同时公民与休闲者的角色逐渐增加。角色转换的变化从根本上说是社会权利和义务的变化。而大学生就业后的社会角色转换不是瞬间发生和完成的,而是要有一个过程的。

（3）每一个人的生涯彩虹图都是不同的,所以,我们从彩虹图中可以看到不同的生涯规划,这就是科学的职业生涯的魅力所在。彩虹图中的阴影部分表示角色的互相替换、盛衰消长,它除了受到年龄增长和社会对个人发展任务期待的影响外,往往跟个人在各个角色上所花的时间和感情投入的程度有着很大关联。

案例分析

案例1-2 做自己的职业策划师

日本著名企业家井上富雄,年轻时曾在IBM公司工作。他进入公司不久,由于体质虚弱,积劳成疾病倒了,他凭着坚强的意志与病魔搏斗了3年之久,最终康复并重回公司工作。当时他已经25岁,于是立下了往后25年的生涯计划,这是他第一次为自己制订职业生涯的计划。此后,他每年都为自己未来的25年生涯订立新的计划。比如28岁时,就制订了到53岁时的生涯计划;到了30岁时,就制订出至55岁时的生涯计划。最初他制定生涯计划的动机相当单纯,他觉得病愈后再回到公司,一些比自己晚入公司的后辈职位都超过了他,要想在短时间内拉近三年的差距着实不易,但是井上富雄并不是一个轻易服输的人。由于担心再过分逞强会引起旧病复发,他就想找出既能悠闲工作又可快速休息的方法。于是他就抱定这样的念头:"好吧！别人花3年时间,我花6年的时间;别人花5年时间,我就花10年的时间。只要不慌乱,一步步地前进,还是会有成就的。"所以井上富雄订立自己的"25年计划"表,并确实督促自己按计划实践。他不断地对"如何才能以最少的劳力,消耗最少的精神,以最短的时间达到目的"进行思索,也就是说他不断地力图找到既轻松,又一定能成功的战略、战术。他经常不断地调整自己的职业设计计划,追加新的努力目标,使自己的工作目标逐渐扩展充实起来。当他还是一个小小办事员时,就开始学习科长应具有的一切能力;当科长时,就学习当经理应具备的能力;当经理时,就再进一步学习胜任总经理的能力。总之,他总是从自己的现实出发,学习应具有的各种能力,然后再进一步地为未来打基础,以便能随时胜任更高的职位。这一切都是得益于所订的职业生涯规划的有效帮助。到了30岁时,井上富雄成为经理;到了40岁时,则当上了总经理,他的升迁比别人要快得多。而47岁时,他干脆离开IBM,自己开始经营公司。能取得这些成就,也并不是因为他的脑筋特别好或者善于走后门,只不过他能拟定适合自己职业生涯的计划,并且能去实践。

资料来源:职业生涯规划课程案例精选,豆丁网.

【思考与讨论】

1. 井上富雄是怎样一步步走向成功的?
2. 结合这个案例,谈谈职业生涯规划的重要意义。

任务三　生涯设计步骤

扫一扫可见微课
"生涯规划的基本步骤"

知识目标

1. 了解职业生涯规划的一般步骤。
2. 掌握进行职业生涯规划的基本方法。

能力目标

学会思考和分析影响自己职业生涯规划的因素,为科学、有效地进行职业规划做好铺垫与准备。

任务分析

"一个规划很好的城市,处处有着美丽的景观,体现出特有的品味;而一个不善于规划的城市则常常建建拆拆,一切都是乱糟糟的。"通过本章节的学习,系统了解进行职业生涯规划的基本方法和步骤,将使你未来的发展越来越清晰,越来越具体。

知识链接

职业生涯规划是一个长期的连续过程,需要设计一套程序来保证它的顺利实施。一般认为这个过程包括自我评估、环境评估、理想职业目标选择、职业生涯路线选择、实施、评估与反馈六个步骤。流程如图1-2所示。

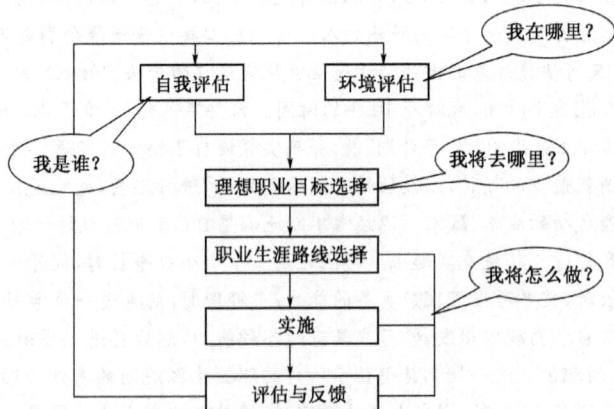

图1-2　职业生涯设计程序

一、自我评估

所谓自我评估,即了解自我。自我评估的方法很多,古代就有"吾日三省乎吾身"的做法。

需要强调的是,除了了解自己的兴趣、特长、学识、各种社会能力外,还应该借助科学的测评工具来了解自己的性格、气质、智商以及情商,等等,以确定什么样的职业比较适合自己。

二、环境评估

每个人都处于一定的社会环境之中,或多或少与各种组织有着这样那样的关联。因此,职业生涯规划也就离不开对这些环境因素的了解和分析。具体来说个体要了解所处环境的特点、发展变化的趋势、自己与环境的关系、自己所处的地位、对自己有利或者不利的条件等。例如,对所在单位和所属行业进行分析。这些外部条件对寻找恰当的职业生涯发展路径是至关重要的。

三、理想职业目标选择

理想职业目标首先源于个人的志向。所谓志向,就是我们对未来憧憬中那些感觉最强烈的,随着自身成长不但不衰减、遗忘,反而越发渴望成为现实的东西。当个体明确了志向,也就有了人生目标,个体的人生观、兴趣、知识结构等就会向这个志向靠拢。当然,志向的明确不是一蹴而就的,而是随着时间推移,不断积淀得到的。

其次,理想职业目标就是个体对所立志向的具体化和形象化,建立在自我认知和对环境科学分析的基础之上,是具有最大实现可能性的志向。选择理想目标要具有一定挑战性,同时也要能够合乎自己的性格,顺应环境的变化趋势。

四、职业生涯路线选择

每个人的现实状况与理想目标之间都存在有多种可供选择的路径,可以选择不同的行业,选定了行业,还可以选择不同的企业,选定了企业,还能选择不同的职位起点等。在选择好了职业生涯发展路线之后,还需要在路线上设置一些节点——阶段性目标。这些子目标的设立既是对自己前期工作成绩的肯定,也是对自己下一阶段工作的督促。职业生涯路线设计需要遵循的程序如图1-3所示。

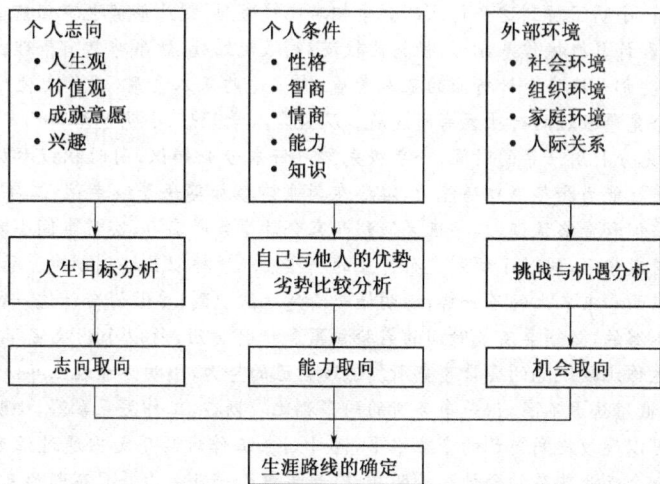

图1-3 职业生涯路线的设计程序

事实证明,每个人都有适合其发展的路径,但每个人都彼此不同,谁也不能完全复制别人的成功之道。职业生涯必须依靠个体的不断尝试和探索。

五、实施

所有的规划都要依靠具体的实践来完成。计划的实施过程也就是个体的各阶段工作经历,具体内容包括实际工作、技能培训、学习深造等。个体应注意解决实施过程中遇到的问题。例如,为达到一个目标,何种措施的效率最高;如何充分利用日常的工作提高自己的职业技能;怎样开发自己的潜能等。

六、评估与反馈

俗话说:"计划赶不上变化。"影响职业生涯的内外因素很多,有些变化是可以预测并加以控制的,但是更多的变化是难以预测的。在这种情况下,要使规划行之有效,需要根据实际情况对生涯规划的进展做出评估,并适时进行修正。当然,个体既可以只对某个阶段性目标的实施路径进行修正,也可以对理想发展目标进行修正,但这一切都应符合客观现实的需要。

案例分析

案例 1-3　两名高职大学生的不同职业发展之路

小刚是一所高职院校会计专业三年级的学生,当初报考志愿时,小刚就对未来的工作没有什么特别的计划,只是听说这几年很多人都自己开公司,社会上对会计的需求量比较大,所以就报考了会计专业。但是进入大学,小刚觉得这个专业的课程比较枯燥,后悔自己选错了专业,想换专业又不知道自己喜欢什么,一直闷闷不乐。临近毕业还有半年,大部分的同学已经找到了工作,小刚还没有想清楚要找什么样的工作。大三的寒假前他开始着急,到处投简历,参加各种招聘会,面试过几家单位,但是没有一家满意。小刚对自己的未来感到茫然,不知道下一步该怎么做。

小明是小刚的同学,在高考报专业前,小明随同父母走访了亲朋好友,了解了会计这个行业的发展情况、从业要求和就业情况,同父母商量以后,小明决定选择会计专业作为今后的发展方向。做决定之前,小明了解到这个行业的竞争相对比较激烈,就业形势也不如前些年,但是小明相信,自己数学和计算机操作基础好,性格比较沉静、敏锐细致,做事非常有条理,喜欢从事逻辑性强的工作,这些都是从事会计行业的基本素质,有了这些基本素质,再加上他的勤奋和执着,他一定会在这个竞争激烈的行业里有所发展。从大学入学开始,小明就给自己定下三年的目标和计划,他打算充分利用三年的时间,一年级先学习好本专业知识,同时积极参加社会活动,锻炼自己的人际交往能力和英语口语能力,准备在毕业前参加英语等级考试;二年级的时候参加会计电算化的培训和资格认证,二年级暑假到两家会计事务所实习,实习期间小明非常认真,抓住机会向同事请教学习,同时了解到这个行业的一些任职资格以及培训制度。尽管实习中发现工作中有很多东西和书本上的不一样,小明还是清楚地认识到,要做好会计这一行,只靠书本上的知识是远远不够的,必须要有长时间的经验积累和社会资历,所以小明决定毕业后先找一家规模不大但是运作比较规范的会计事务所。通过自己的努力,小明终于在三年级的寒假前找到了满意的工作,虽然薪水不高,但是事务所的同事都比较勤奋,工作关系融洽,小明相信,自己在这样的环境中可以逐步提高自己的专业水平,他计划在工作后两年之内通过注册会计师考试,五年之内成为一个专业熟练的会计。小明相信,只要自己一直努力并且不断为未来的职业发展做准备,自己一定会在会计这一行有很好的发展。

资料来源:成都职业技术学院精品课程网站.

高职学生职业发展与就业指导

启示:案例中的小刚和小明是目前高职高专院校中比较典型的两类学生。小刚从来没有计划过自己读完大学以后的职业发展,报考志愿时有从众心理,没有分析自己的个性、兴趣、特长和工作期望,而是追随大流报考了比较热门的会计专业,入学以后发现不喜欢这个专业,但是并没有及时调整方向,也没有任何弥补措施,因此,在毕业前对就业方向和前途感到迷茫。而小明从选择志愿开始就做了充分的准备,结合了自己的个性特点及兴趣,了解与会计专业相关的信息,包括行业的发展情况、从业要求及就业情况。从大学入学开始,小明就给自己定下三年的目标和计划,大学期间除了专业学习,还注重综合能力的培养,同时为获得职业资格做准备。明确的目标、全面的规划和对目标计划的执行让小明在临近毕业、即将进入工作前有了一个很好的开端。通过对比,让我们充分认识到职业生涯规划对大学生今后职业发展的重要性。

拓展阅读

职业规划不单只为就业来

有人说,职业规划就是告诉你适合干什么;有人说,职业规划就是帮你规划好人生路线,按部就班地做就能成功;有人说,职业规划就是由职场前辈给你传授经验。"职业规划",如今已由学生及家长关注的就业视点发展成为全球教育的主导观念。

留学为何需要职业规划

与容闳、詹天佑、徐志摩那个时代相比,尽管我们在科研、高精尖技术和先进管理领域,与西方还存在一定的差距,但这种差距正在不断缩小,甚至在某些领域,中国已经超越了西方国家。因此,现在不能简单地说,只要在国外学到一技之长,归国后就能彻底颠覆某个学科和行业。况且,当今时代的留学生已经很多。那么,出国留学还有意义吗?

答案是肯定的。首先,出国留学能够享受国际一流的教育资源。其次,积累国际工作经验。留学可以开拓国际视野,几个主要留学目的地国家,如美国、澳大利亚、加拿大等,都有针对国际学生实习和就业的工作签证政策。优秀国际学生有一定的机会留在当地工作,不仅可以感受海外工作氛围和环境,还可以积累在国际企业的工作经验,特别是接触到先进的商业模式、应用技术和管理理念。

在这个过程中,从留学到就业,从"软背景"到"硬实力",职业规划越早越受用。如果没能在留学前着手职业规划,那么也应在留学期间思考毕业时的就业去向。

职业规划中有哪些误区

研究发现,很多中国学生在为留学做职业规划时,容易被一些假象或误区所蒙蔽。

表现之一是专业扎堆,毕业后难就业。哪个行业好或者哪个热门就选哪个,这种不假思索的决策方式把许多问题留在了以后。根据新东方前途出国咨询有限公司的最新数据,超过40%的留学生选择金融、商科相关专业,而近年来金融行业的入门级岗位长期处于供大于求的状态。

表现之二是注重功课和考试,不注重实习。努力学习固然是学生的本分,但还要记得为了什么而学习。学生可以从学校就业办公室(Career Office)、行业探索沙龙、校友精英及名企校园宣讲会、求职或行业分享等活动中获得想了解的行业或企业信息,从而为未来做选择,而实习经历是验证这个行业乃至岗位是否适合自己的最有效方式。

表现之三是认为进入名校就等于进入名企。名校背景会使求职者获得更多名企的面试机会,但能否被录用,还要看其是否拥有企业想要的软实力和硬实力,包括校园实践经验、实习经历等。当然,还有清晰的职业规划和充足的面试、笔试准备。

表现之四是以为职业规划可以等到就业前再准备。有一部分学生认为，职业规划只要在就业前准备就可以，或者说留学与职业规划并不存在很大的关联。其实，很多成功案例都显示，越早规划的中国留学生越能轻松就业。其中，有充足相关行业实习经历的留学生几乎都轻松拿到理想企业的"入场券"。对于就读所谓"非名校"的留学生来说，完全可以依靠科学的职业规划和脚踏实地的努力，在短短数年的留学期间实现"弯道超车"。

家长咋精准支持孩子规划

当然，导致以上现状的原因有很多，其中原因之一是父母。一种是在孩子留学与就业方面，父母享有绝对的决定权。另一种是父母完全自由散养孩子，"只要孩子开心就好"。其实，孩子这时阅历尚浅，需要正确的指引和帮助。而且，研究表明，那些初入职场就"游刃有余"的孩子，很多都有一双"隐形的翅膀"在支持，即来自家长的力量。

今天的中国家长拥有更为丰富的教育背景、国际视野和可支配资源。他们普遍关注子女的职业规划，但他们当中的很多人并不了解如何精准地帮助孩子进行职业规划，关注的问题也不够超前。一般家长的问题都会集中在专业的选择上。例如，这个专业未来好不好就业？这个专业好还是那个专业好？但实际上，判断职业规划的维度有很多，专业和薪资只是其中一部分。现在的高薪行业并不代表着三五年之后还是最好的，现在看起来薪资不高的行业，未来三五年后可能会成倍增长。

例如，很多中国企业都在投资体育产业，包括在国内外购买体育俱乐部。这时候，企业需要的是在国外俱乐部有过实习或工作经历的人才，为此，与之相关的体育管理专业未来会炙手可热。其实，还有很多类似的新型职业可能从一开始就没有出现在家长的规划中。

因此，从长远角度来说，兴趣、性格是否与专业匹配，未来行业的发展趋势，都值得思考。为此，家长提出"我的孩子更适合什么专业""这个行业发展前景如何""选择什么样的专业与这个行业相关"之类较为立体的问题，可能对于孩子的留学与职业规划更有裨益。

在经历多维度的思考后明确就业方向，接下来就需要对行业做深度研究。很多学生与家长经过多重考量后选择了金融专业，但仅仅通过财经频道、新闻和道听途说来进行职业探索，显然并不专业。金融行业的 8 个子行业——券商、投行、基金、商业银行、资产管理、保险、信托、期货，在国内外的商业模式是怎么样的？主要的公司有哪些？会招聘哪些人才？岗位都是做什么的？未来的发展轨迹是什么样子的？如果未来要投入 30 年以上的职业生涯到这个行业中去，难道不应该花两个月的时间去了解吗？

想要进入某一行业，就一定要知道它的就业形势。例如，投资银行招聘一般都要求应聘者有名校背景和暑期实习经历。如果应聘者曾经争取到这样的实习机会，就有可能被录用。咨询行业同样需要是名校高才生，平均成绩点（GPA）要高，有相关名企实习经历，同时一定要学习面试技巧，并做好充足准备。

如何科学地制订职业规划

对想进行留学与职业规划的中国学生，首先要了解自己，即做到自我认知和探索。为此，可以先向自己提出这样几个问题：我的职业兴趣是什么？我有什么能力？我在什么样的活动中会获得最多的满足感？对此，有两种解决办法，一是凭直觉，弄清自己喜欢做什么，对什么感兴趣，并且擅长做什么；二是找到专业的职业规划导师，通过职业咨询、专业测评等方法，最终获得客观的自我认知。值得注意的是，人的兴趣在年轻的时候具有不稳定的特点，所以用"我擅长做什么"问自己更为可靠。

其次，了解外部世界。要对工作世界有所了解，例如，劳动力市场现状、就业市场格局、行业背景分析、职业种类的区分和各自要求、地域问题、企业文化和组织等。对某行业感兴趣的留学生,应该通过尽可能多的渠道去了解该行业。已经确定专业的留学生可以直接通过学校了解本专业往届毕业生就业去向,借鉴师兄、师姐的经验。研究内容应该从行业现状,到企业,再到职位等。

结合自我了解和外部了解,确定一个主要的职业方向和目标后,就看到了差距,自我提升的行动计划也自然浮现水面。其实,留学也是一种职业力的提升。在国内,自己的分数可能上不了名校,但可以通过留学去世界排名前100的高校,从而利用有效的职业规划完成"曲线救国"。

通常而言,能够很好地驾驭一份工作,需要知识、技能和能力三方面支撑。其中,知识和技能是岗位最基本的专业功底和办公技能,而能力在不同阶段有不同的需求,提升也大多是在实践中改变的。而长期职业生涯的成功因素中,"合适"占了很大比重。为此,科学的职业规划中,需要我们理清一些非理性信念,比如"钱多活少离家近"。

通过以上分析,我们对未来的职业规划有了一定方向。然而,是不是按照这样的方式制订出来的职业规划就一定符合自己的职业发展轨迹或者能够解决"疑难杂症"呢?对此,要根据实际问题进行具体分析。职业生涯规划对于个人而言,其价值聚焦于两点:

首先,提升主观幸福感(SWB)。主观幸福感是指人们对其生活质量所做的情感性和认知性整体评价。例如,一个很文艺的女生在美国很吃力地学习计算机,只是为了能够留在美国。长期来看,这并不是一个明智的选择。留学生是个全球流动的群体,无论在哪里工作,都需要对职业充满热情。况且每个行业,除了春天还会有冬天,在选择职业上,只有最适合自己的行业。

其次,提升个人生涯成熟度,即生涯决策能力。目前,复杂的经济环境致使企业生命周期急剧缩短,"从一而终"的职业发展概念正在淡化。为此,如何在纷繁复杂的变革中掌控全局,保持自身职业发展轨迹的连续上升,成为职场生存的一项必备技能。

总之,主观幸福感向内,生涯成熟度向外,一内一外,共同构建起人们追求职业稳定、职业发展、职业幸福的基本体系,这也是职业规划本身所要传递的理念。

(作者:史晓懿,作者单位:北京海威时代教育咨询有限公司)

不要等到大学毕业,你才明白这几个道理

目前还在大学的我,经常收到读者留言,问题多关于大学、生活、学习、爱情,方方面面。回过头来看,大学这几年在我们的人生中,起着至关重要的作用。换句话说,你如何走过大学,可能,就如何走过这一辈子。

从我的亲身体验来看,更多的学生,习惯了被动学习,从小学到高中,大家适应了老师教我们学的模式,所以一进大学,在自由舒适的环境里,很容易迷失自己。

如果没有主动学习的精神,如果自律意识不够强,大学这几年,很可能就在玩乐中过去了。毕业即失业,绝对不是少数人。

很多人毕业后过得不好,怪学校,怪社会,其实更应该怪的,是当初那个浑浑噩噩不懂事还不努力的自己。种什么因,得什么果,这个道理,一直如此。

所以今天,我总结自己的大学生活,给目前还在学校的学弟学妹们分享自己的一些心得感悟,同时也算自勉,任何时候,都要有自己的想法和原则。

1. 大学里,比找对象更重要的是找榜样

我不追星,不羡慕富二代,因为他们不能代表我们大多数人的实际情况。我们平凡,我

们普通,能做到的,就是通过踏踏实实的努力,将自己的小梦想变为现实。所以,我给自己找的榜样,是靠自己的实力、胆量,靠着拼搏精神和常年的自律意识来实现自己梦想的人。

我的学长老徐,我已经写过很多次了,他比我大一岁,现在成功创业,并在多个协会就职。抛开一些虚名不说,我最佩服的,是他与众不同的思想和敢想敢干的心态。大学时他创建社团,开幕式时,他请到了一些山东的作家、诗人和书画家,有的已经年过六十,还有的,甚至从外地坐车赶来,给一个20多岁的年轻人捧场。

一开始我实在想不通,但后来我都看到了。他足够努力,在各类征文比赛中拿过大奖,本科时就出了自己的报纸杂志,自学平面设计,做网站,开公司……有了这些起点之后,又不断走出去,认识各类优秀的人。

我问他:"好的人脉是怎么得来的?"

他说:"好的人脉不是让你每天窝在宿舍迎合舍友,首先你要努力让自己变强大,让别人看到你的价值;之后要不断走出去,和比你厉害的人交往时,要主动付出,这样人才愿意帮你。"

除此之外,他还教了我很多很多,我一一记在心里,并慢慢实践。这些年我一直把他当作我的大哥和榜样,学到很多,也得到很多。

他最看重人品:"能力帮你到哪里,人品让你留在哪里。"

2. 在大学,不一定要按部就班地生活

在网上看到一段特别的话。那一年我参加高考后填志愿的时候,问父母该选什么专业什么学校,我爸妈说:"别问我们该怎么办,我们还没活明白呢,你自己选一个最喜欢事情的去做,哪怕是这个学校十节课里你只喜欢一节,只要你觉得值得就可以,不要按照我们或者世上其他人那样去改变了自己本来应该有的生活。"

我的眼眶湿润,因为我的父母,一直这样鼓励我,选你喜欢的事去做,找你自己喜欢的人,在一起。他们从来不约束我,我一直处于放养状态。我胆子很大,喜欢顺着自己的心走,当我发现大学里一些课程古板老套之后,我没有选择留在那里玩手机,去做了自己喜欢的事情。时间宝贵,我浪费不起。我不是一个听话的乖学生,我觉得大学的可贵在于自由,这种自由不是说我们有大把时间可以浪费可以随波逐流,而是你可以自由地去追逐自己的梦想,有着选择自己未来的可能性。

其实很多人不懂学习,按部就班,只是被动吸收,这个时代变化很快,学校环境和社会环境差别很多。我们要做的,首先是从框架中跳出来,将死的知识和活的生活联系,学以致用;同时也要往更高更远处看,不要局限在自己身边的一亩三分地。

3. 大学,是你培养生活品质的关键时期

有读者和我说,因为家庭条件不好,他没有旅行过,没去过电影院,没去过咖啡馆……其实我想说的是,首先,我的家庭条件也不好,但我们都成年了,想花钱,可以自己赚;同时,那些东西也花不了几个钱,偶尔的享受,对自己生活品质的提升有很大帮助。

一直很火的一个词是"穷人思维",与之相对的,自然是"富人思维"。说白了,道理很简单,你只有敢花钱,投资自己,提升生活品质之后,才会有动力去追求更好的生活。穷则变,如果穷,还很顽固,死守着自己那一套,不愿意敞开心扉学习的话,眼界和格局自然也就那样了。眼界决定境界,格局决定结局,说了很多遍了,提升生活品质,就是提升自身综合素质的重要一步。

回归自身,我家因为前些年遭遇了一些挫折,现在的条件很一般。所以我上大学后,生活费都是自己赚的,周末代课,一个月不到两千,寒暑假打工,能赚几千块钱。记得有个同学和我一起打工,结束后我说我们一起去看电影吧,他说,不行,我要攒钱为以后买房子做准备。拿着手里的五十块钱,我实在看不到楼房在哪里。除满足生活基本需求之外,其他的钱,我也不会攒(当然也没几个钱),全部用来买书,看电影,穷游,报学习班……后来我攒钱买了单反,自学摄影。我觉得这些都是提高生活品质和自身素质的东西,年轻,更重要的不是守财,而是投资自己,看眼界。

自己越来越优秀,以后得到的会更多。

4. 大学,是你学会人际交往的第一步

在网上看到许多关于人际交往的话题,因为游戏发生争吵,因为生活习惯发生矛盾等等。大学是一个小社会,在这环境里,人际交往是重中之重。

看到一段话:社交聚会要求人们做出牺牲,而一个人越具备独特的个性,就越难做出这样的牺牲。人都应该有个性,但学会适当让步,你会发现很多事原来也不过如此。

朋友读了篇文分享给我,我觉得要处理好人际关系一定要注意以下几点。

第一,不要想着能从别人那里得到什么,而要想到能给予对方什么。

第二,要善于发现周围人的优点,多赞美,当然这得是发自真心的话。

第三,不要总是给周围人传播负能量,我相信大家都喜欢爱笑的朋友。

第四,和别人相处一定要让对方感觉舒服,也就是说尽量不要麻烦别人,当你自己独立了,而不依附于任何人,喜欢你的人自然会向你靠拢。

第五,吃亏是福,有些小事也没必要太过于计较,退一步海阔天空。触犯到底线那就另当别论了,但是我认为大学里的大部分矛盾,都来源于小事的累积,所以适当容忍一下对方也未尝不可。

第六,不要太小气,有什么好吃的大家可以一起分享。

第七,得意的时候不要太骄傲,太嘚瑟的人招人厌。

第八,少关注八卦,尽量不要去议论谁。有的事一传十,十传百,可能会给自己带来危害。

当然,圈子不同不硬容,人以类聚。但搞好和同学的关系,也是对情商的一种提高。北京外国语大学校长崔希亮说:人文情怀很重要,要关心我们这个世界,包括关心周边的人,关心我们的环境,关心这个世界上发生的任何一件微小的事情。

资料来源:网络博客.

实践训练

训练1-1 我的生命线(课上完成,10分钟)

生命线是你我都有的东西,人手一份,不多不少。人间有多少个生命,就有多少条生命线。生命线就是每人生命走过的路线,这个活动就是画出你人生的路线图。

活动第一部分:画出生命线。

准备工作:(1) 准备一支红蓝铅笔。签字笔也行,一支较鲜艳,一支较暗淡。要用颜色区分心情。(2) 在方框的中部,从左至右画一道横线,长短皆可。(3) 给这条线加上一个箭头,让它成为一条有方向的线。(4) 在不同的节点上标注你认为对自己影响重大的事件,正向事件标注在线条以上,负向事件标注在线条以下。(5) 在线条的左侧,写上"0"这个数字,在线条右方,箭头旁边,写上你为自己预计的寿数(可以写68,也可以写100)。(6) 此刻,在这条标线的最上方,写上你的名字,再写上"生命线"三个字。

活动第二部分：体验生命线

```
┌─────────────────────────────────────────────────────────┐
│  ◆◆◆                                                      │
│ ◇    ◇                                                    │
│◇ 生命 ◇                                                   │
│◇ 的   ◇                                                   │
│◇ 起   ◇                                                   │
│◇ 点   ◇                                                   │
│ ◇    ◇                                                    │
│  ◆◆◆                                                      │
│                                                           │
└─────────────────────────────────────────────────────────┘
```

　　将学生分为 AB 两组，分别扮演哑巴与盲人的角色，盲人在哑巴的指引下，穿越复杂的路况，然后角色互换，游戏重做一次。每人分享两种角色的体验和感觉。

　　活动第三部分：教师点评，将活动与未知的人生道路紧密结合起来，让学生有一个真实的情感体验，珍惜当下，珍惜拥有。

训练 1－2　我的旅行计划（课上完成，5～8 分钟）

　　假期快到了，打算下个月与好友一起外出旅行。可以走到任何你想去的地方，想想都觉得很惬意……在旅行之前，总得有个计划吧，上网查查资料，做好出门的准备！

　　2～5 人一组，分享自己的旅游计划，每人 2 分钟。讨论并记录下：

　　(1) 你的旅游计划是什么？

_____

　　(2) 制定这个计划经过了哪几个步骤？首先考虑的因素，其次考虑的因素：

_____
_____
_____

　　(3) 如何落实这个旅游计划？

_____
_____

　　(4) 这个过程与职业生涯规划有哪些相似之处？

_____
_____

　　(5) 总结归纳出职业规划的作用。

_____
_____
_____

课后作业

　　知识点复习
　　1. 什么是职业生涯？什么是职业生涯规划？
　　2. 职业生涯规划的一般步骤是什么？
　　3. 从职业生涯基本原则出发，尝试分析个体与环境之间的关系。
　　实训项目
　　选取与本专业相关的一位成功人士，了解他的成长和发展历程，写下你的感悟。

学习情境二

职业自我探索（一）

情境案例 《西游记》中的人物性格

《西游记》是我国四大古典名著之一，它向人们展示了一个绚丽多彩的神魔世界，但又处处可见现实社会的投影。作品塑造的唐僧师徒四人鲜明的人物形象及个性特征，对后世具有重要的借鉴和思考价值。

顽皮机智的孙悟空 孙悟空天资聪敏，思想跟行动都敏捷如风，学得一身高强的法术，吹一口气，就能够七十二变，并且有法宝金箍棒，筋斗云一驾，就能够上天下地。悟空仍有猴性，他精明顽皮，爱捉弄人。他故意叫猪八戒去巡山探路，自己则变作小虫，暗中监视爱偷懒的八戒，可见他心思细密和顽皮的本性。孙悟空天不怕，地不怕，所以他敢一闹海龙王，二闹阎王殿，三闹天宫，并且还和佛祖打赌，由此可见他叛逆、不愿受拘束、不墨守成规的个性。充沛的生命力、大无畏的精神、笃实的性格和乐观的个性，使得他不怕吃苦，勇于面对挑战。他这一种冒险犯难的精神，充分显现了英雄的特质，但是争强好胜、心高气傲以及性急如火却是他的弱点。

功利憨厚的猪八戒 猪八戒给人"好吃懒做、自私自利"，"损人利己、见利忘义"的感觉。但在随师父西去取经的曲折道路上，他虽然没有悟空神通广大，却也立下了不少战功。你看他在智取芭蕉扇、四探无底洞、大战盘丝洞中，真是悟空斗魔降妖的好帮手。猪八戒是吴老先生笔下的一个戏剧性人物，虽然有着许多的缺点，而我们一点儿也不觉得他丑陋。相反地，在他的这些缺点背后，透露出来憨厚老实富有人情味的一面，却给我们留下了深刻的印象。正如林语堂先生所说，他是一个"充满人欲的艺术形象"。猪八戒让我们觉得可亲又可爱。

严格执着的唐僧 小说中作者把唐僧坚韧不拔、执着追求的性格进行了进一步的刻画，成为许多人学习的楷模。作为师父，他对徒弟要求很严，经常教导徒儿"要以慈悲为怀"。大徒弟尽管机智不凡，本领高强，但在连伤"良家三人性命"后，师父也不能顾及情面，而将他逐回老家；作为僧侣，他行善好施，为民除害，为人们播撒着善良的种子；作为求学者，令人们赞叹不已的是他那坚强的意志和执着追求的精神。他不仅对徒弟要求严格，而且自己也从不懈怠，不为财色迷惑，不为死亡屈服。不达目的誓不罢休的坚强信念，使他终成正果。唐僧给我们的启示是："世上无难事，只怕有心人。"

忠心耿耿的沙和尚　沙和尚是唐僧取经途中的一个忠诚卫士,也是让师父操心最少的一个徒儿,千里肩挑重担,没有半句怨言。师兄闹矛盾时,他从中调停和解;师父遇难时,他挺身而出,以死相救。尽管平时少言寡语,但在保护师父的战斗中冲锋陷阵,英勇无比。沙和尚忠心耿耿任劳任怨的态度,永远值得我们学习和借鉴。

唐僧师徒四人的性格风马牛不相及,却形成了一个优秀的团队,共同合作完成了西天取经的任务。衡量一个团队是否优秀的标准是它的共同目标能否实现。每个人都是企业的生命之源,团队的核心竞争力最终都要归结到每个员工身上。我们只有具备了深刻的自我认知后,明确自己的优劣势,才能在团队中找准自己所处的位置,明晰自己的角色和定位,才能更好更快地融入团队,进而给团队带来效益。

资料来源:百度文库.

【思考与讨论】

1. 结合案例,从四个人物中选择其一,着重分析和阐述人物的性格特点。

2.《西游记》中唐僧、孙悟空、猪八戒、沙和尚的人物性格都很鲜明,在现实生活中,这四种性格都有潜在的优点和缺点。你是什么性格?你是否发挥了性格中的优势?

任务一　探求职业自我

知识目标

1. 了解职业自我的基本概念及其分类。
2. 通过冰山模型,更加全面深入地认识职业自我。
3. 了解职业测评及相关职业测评系统的一些基本知识。
4. 掌握北森"朗途"动力测验的结构、内容与测验维度解释。

能力目标

1. 能够积极关注自身的职业特质,不断审视自我。
2. 进行职业测评并学会分析、解读自己的测评报表,从而全面、客观地认识自我。

任务分析

系统化职业规划是一个"从内而外"的过程。"知己"是职业生涯规划的第一步,也是最难的一步。科学的职业测评系统是准确地进行自我测评的有效工具,通过本章节的学习,能够对职业测评的原理有所了解,主要是通过具体的操作实践,学会运用相关知识,读懂自己的测评报表,从而有效掌握自身性格特征、发展潜力等。人是一个复杂的有机体,如果没有这方面的意识,人可能一辈子也不了解自己。

一、职业自我

人生的发展,离不开对自我的不断审视,但每次审视的目的不同,角度不一样,结果当然也不一样。举例说明,比如恋爱的时候,大多数人会对自己进行分析,从而出现了"般配"一词。在这个特定的情境内,审视在意的是能否携手共度人生的相关特质,如外貌、健康、经济能力、是否孝顺长辈,等等。如今在求职之际,我们把目光再度投向自己时,作为一名"准职业人"应该关注什么呢? 概括地讲,需要关注的是自身那些与职业活动有关的特质,简单地说就是职业自我。与大学生求职就业相关的个体因素很多,综合起来,可以分为六大类(如图2-1)。

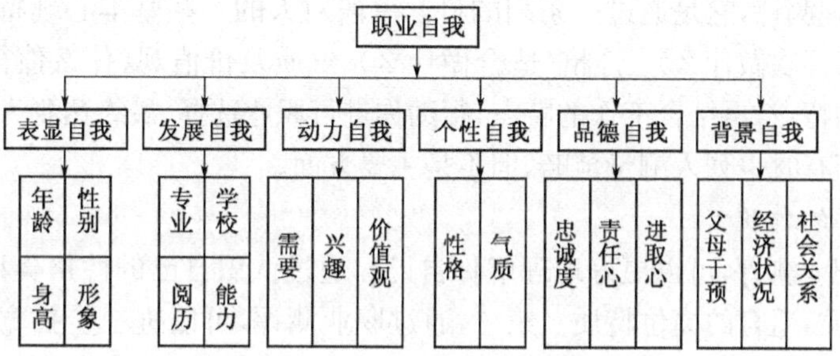

图 2-1 职业自我的结构图

六类因素在职业自我中的地位并不相同。表显因素是人们可以直观看到的因素,最为凸显;而背景因素主要涉及个体发展的背景,隐藏于个人身后,对于个人起着支持和约束作用;其余四类则代表了个人较为内在的职业特质,涉及个人的职业动力倾向、职业实力、职业行为风格、职业品德等方面。

二、冰山模型

为了更好地理解职业自我的概念,可以结合"冰山模型",再更进一步进行阐述。

所谓"冰山模型"(如图2-2),就是将人员个体素质的不同表现形式划分为表面的"冰山以上部分"和深藏的"冰山以下部分"。其中,"冰山以上部分"包括基本知识、基本技能,是外在表现,大部分与工作所要求的技能相关,我们能够在较短的时间内使用一定的手段进行

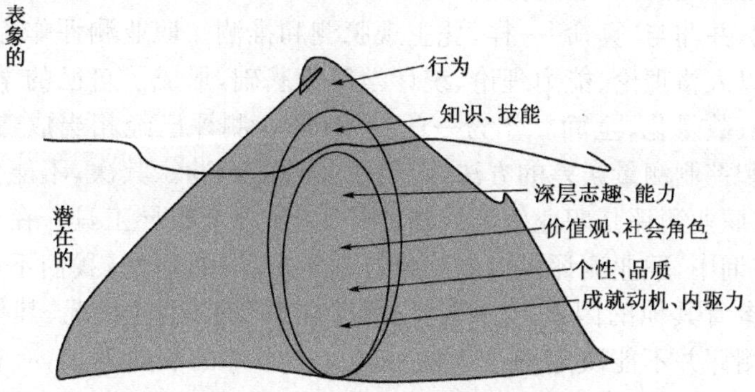

图 2-2 自我认知的冰山模型

测量,如考察资格证书,简历,考试,面谈,也可以通过培训、锻炼等办法来改变和发展。而"冰山以下部分"包括社会角色、自我形象、特质和动机,是人内在的、难以测量的部分,往往很难度量和准确表述,又很少与工作内容直接关联。只有其主观能动性变化影响到工作时,其对工作的影响才会体现出来。考察这些方面的东西,每个管理者有自己独特的思维方式和理念,但往往因其偏好而有所局限。管理学界及心理学有着一些测量手段,但往往因复杂而不易采用或效果不够准确。它们不太容易通过外界的影响而得到改变,但却对人员的行为与表现起着关键性作用。

三、职业测评基础知识

1. 职业测评

职业测评是一种了解个人与职业相关的各种心理特征的方法。准确地说,职业测评是应用到职场上的心理测评,它是通过一系列的科学手段对人的一些基本心理特征,包括能力(擅长做什么)、兴趣(喜欢做什么)、性格(适合做什么)、气质及价值观(什么值得做)等进行测量与评估,分析你的特点,再结合工作的特点,帮助你进行职业选择,最终达到人与职业的最佳匹配。身高、体重等有时也列入测量范畴,但不是主要方面。

2. 职业测评的作用

第一,通过职业测评,可以更好地理解你自己。通过认识自己的性格类型和动力特点,了解自己的性格特质,适合的岗位特质。第二,通过职业测评,可以进一步扩宽思路。通过对自己的性格、心态的了解,对适合自己的岗位特质、职业的理解,认识到更多的可能性,从而拓宽自己的思路和择业范围。第三,通过职业测评,可以更好地规划职业生涯。根据报告提出的个性特点、适合的岗位特质、适合的职业、发展建议,可以更清晰地规划自己的职业生涯。第四,职业测评属于第三方的客观评价。测评报告中对个性、动力的分析,可作为寻找工作时第三方的客观评价,使用人单位更深地理解个人的优劣势,更好地达到人岗匹配、人与组织的匹配,也使个人在发展过程中少走弯路。

3. 进行职业测评时的注意事项

首先,做测评时建议最好一次完成。其次,做测评时应保持平静的心态,以自己的第一感觉(直觉)做答,而不应以你认为正确的答案作答;以自己平时的表现答题,而不要以自己希望的表现答题。通常不要在生病的时候做测评。

4. 对职业测评的正确认识

首先,不能把职业测评当作"算命"。职业测评作为心理测评工具,与个人职业发展结合的紧密程度,并非与"算命"一样,凭主观臆测和推测。职业测评作为一门学科,有着很长的历史,它以人格理论、能力理论、统计学等为基础,形成了自己的学科体系,其测评结果也更加客观、数量化、全面。作为一门技术,职业测评已经相当成熟,有严谨的规范和步骤,有检验和控制测量误差的方法,经受了实践的考验。其次,不能仅依靠职业测评的结果做决策。职业测评是职业生涯规划的开始,是一个辅导工具。在企业的人才选拔和个人的职业咨询中,职业测评可以起到很好的参考作用,但是,我们不能将它作为唯一的标准,还必须参看其他的因素,如职业发展阶段、机遇、经济状况、其他个体的深层原因。同样,职业测评并不能决定一个人的成功。一个好的职业发展,有很多因素在起作用,比如了解个人、有良好的机遇、积极的行动和遵循匹配的原则,不是其中某一个因素就可以决定成功的。

四、北森职业测评简介

职业测评能够快速、科学地发现个人的特点和问题。在职业测评后，受测者需要在职业指导师的帮助下进行更个性化的咨询与生涯设计，也就是说职业测评是职业生涯规划的开始。目前，全国各大高校普遍使用的是由北森测评开发的"北森朗途大学生职业规划测评"（以下简称"朗途"系统）和"CareerSky大学生职业生涯规划测评"（以下简称"CareerSky"系统）两个系统。

"朗途"系统考虑了对职业最有决定作用的性格与动力因素，通过测评深入分析学生的性格倾向与动机特征，来明确学生存在的潜在优势与不足，从而定位可能的发展方向，并给出相关的指导建议。"CareerSky"系统是一款针对大学生的职业生涯规划系统探索流程，是集职业规划相关领域于一体的平台。它包括了解自我、了解职业、职业决策与行动三个大的模块，实现对大学生职业生涯规划的帮助，全面解决当前大学生普遍存在的职业规划困惑：自我了解不清楚、人生目标不明确、对职业茫然无知、思想不能转化成行动等问题。

总而言之，朗途与CareerSky作为较好的职业测评工具，各有千秋。朗途操作便捷、快速，报告建议被广泛认可；CareerSky严谨、系统，有丰富的职业信息库，对学生实现全方位职业规划指导。下面我们以"朗途"系统为例，着重解读其中的动力测验部分。

五、北森"朗途"系统动力测验

1. 动机的含义与作用

动机是引起、维持和指引人们从事某种活动的内在动力，是人类行为动力中调控机制的重要组成部分，是人类行为的原动力。它具有以下几个方面的作用：一是指引着个体行为的方向、任务选择、注意分配；二是决定着行为动力强度的大小、努力的程序以及行为的坚持性、克服困难的程度；三是可以用来解释或说明个体行为发生的原因和理由。

2. 动力测验的结构、内容与测验维度解释

"朗途"系统中的动力测验部分（2.2版）由四个分量表构成，即：影响愿望、成功愿望、挫折承受、人际交往。每个分量表具体内容如下：

（1）影响愿望。在组织行为过程中，力图获得、巩固和利用权力的内在需要，试图以自己的思想、意图影响和控制他人，控制环境和牵引对自己有影响的作用力的愿望。人员的影响愿望有两种形式：个人影响愿望和组织影响愿望。作为职员，首要的任务不是自身完成多少工作，而是组织、领导下属共同努力以达到组织的目标。因而，从一般意义上说，职员必须具备较高的影响愿望。在企业中，影响愿望非常重要，尤其是对管理人员和销售人员。

高分个体(百分位>75%)：	低分个体(百分位<25%)：
• 愿意主动影响、控制或引导他人 • 有对他人进行情绪、行为上的控制和影响的强烈愿望 • 希望处在那些能够表现个人影响力的职位上 • 非常在意自己在组织中的地位和他人心目中的位置 • 通常不宜让两名有强烈权力动机的人处在同一职位上,易导致冲突	• 满足于现状,不愿与他人产生权力之争 • 如果影响愿望低于30%,你希望他人按照自己的想法做事,不愿强求他人 • 所带领的团队规范化程度容易不高,做事效率不高 • 对于管理人员推进工作会有较大的影响,做事效率不高

（2）成功愿望。在面对任务情境时,朝向高标准,设置具有挑战性的工作目标,并为实现这一目标进行艰苦努力,希望获得优秀成绩的欲望。所包含的内容是:为自己设立优秀标准并为之奋斗,有强烈的自信心。

高分个体(百分位>75%)：	低分个体(百分位<25%)：
• 对自己有较高的期望,做事主动、意志坚强、精力充沛、不达目的不罢休 • 重大局,不贪小利,不感情用事 • 做事常有很强的目标方向性 • 喜欢对所发生的事情负责	• 追求个人高目标的愿望不强 • 如果成功愿望低于30%,表示做事心态平和,对事情不愿强求 • 倾向于容忍自己的不高追求或失败 • 做事的主动性较弱,不愿主动承担责任 • 团队意识和组织归属感弱 • 喜欢较为轻松、没有压力的生活

（3）挫折承受。在现在或将来可能遇到的挫折、困难和失败面前的心态、情绪反应以及特定的行为方式。用来测查被测者在不确定情境下是否愿意承担风险和责任;在遇到挫折和困难时是否能坚持努力、毫不放弃。它反映了一个人挑战逆境的决心和动力。

高分个体(百分位>75%)：	低分个体(百分位<25%)：
• 意志顽强,在逆境中不失斗志 • 在新的或不确定情景下敢于探索,不惧怕失败 • 对情绪能很好地调节	• 做事小心谨慎,尽量避免出差错 • 过分在意结果,做没有把握的事情时犹豫不决 • 压力感受强,易受情景影响

（4）人际交往。在生活和工作中对人际关系的关注与重视程度,与他人建立并保持良好关系的愿望和技巧,以及能够获得的人际支持的程度。人际交往可以反映被测者是否善于利用人际资源、取得他人的信任和支持,结果是促使人们相互和睦、关心,形成良好的人际氛围。

高分个体(百分位>75%)：	低分个体(百分位<25%)：
• 重视人际关系,愿意在人际关系上投入时间和精力 • 能够获得广泛的人际支持 • 具有较好的人际交往技能	• 更愿意依靠自己的力量完成事情,注重在人群中的独立地位 • 喜欢与少数兴趣相投的人保持交往 • 在人际交往中一般不采取主动,而是顺其自然

案例 2 - 1　规划前先探索自己

王荣是一个喜欢自我探索的人,职业规划测评正好能够帮助她进行深入的探索,同时,我也让她参加了我们的新生职业辅导员工作坊项目,对她进行了系统的职业规划的培训,培训的过程中王荣写下了让我们这些专业人士都很赞赏的自我探索报告。

王荣的自我探索报告(性格部分)

根据性格测试的结果,我的性格类型是 INFP,能量倾向上是内向的,接受信息的方式是直觉型,处理信息的方式是情感型,行动方式是知觉型。

事实上,我觉得这种非此即彼的性格类型划分并不符合我的实际性格表现。我的性格是多层次的,比如,在能量倾向方面,我通常在心中思考问题,更愿意在经过挑选的小群体中分享个人的情况,但是,我也喜欢成为注意的中心,而且反应快。在感觉或直觉的选择中,我既善于理解字面以外的含义,对一切事情都要寻求一个内在意义,也注重看到、听到、触到、嗅到的具体感受,既自觉不自觉地挖掘深层的内在意义,又注重可测量的真实可靠的事。处理信息方面,我既是思考型,亦具情感处理倾向,我喜欢逻辑的分析,决策时也善于运用感觉和直觉。在行动方式上,我喜欢理解生活,但又倾向于让生活有条不紊。

可以说,我的性格偏向内向、直觉、情感和知觉型,但又在一定程度上滑向另一端。

总的来说,我是敏感的,内向的,感受能力很强,但又乐于与人交往交流,喜欢思考问题,逻辑地分析问题,倾向于梳理条理。

资料来源:方伟主编. 大学生职业生涯规划咨询案例教程[M]. 北京:北京大学出版社,2008.(节选)

启示:"人生规划其实是一个比较专业的问题,需要按照一个科学的流程对自我进行规划。"由王荣的自我分析可以看出,她学会了系统地对自己特点进行分析,既结合了测评的结果,同时也有自己的思考。总体来说,王荣喜欢帮助别人,有较好的人际沟通能力,追求成就的欲望比较强烈。当然最了解自我、最有资格评价自己的人还是她自己。

任务二　职业性格探索

知识目标

1. 了解气质的涵义、分类及特点,通过评估明晰个人的职业气质。
2. 掌握 MBTI 的四个维度,通过评估明晰个人的职业性格。

扫一扫可见微课
"气质与性格"

能力目标

认识自身气质、MBTI 类型的偏好倾向,体会不同的气质、MBTI 类型在沟通中的表现倾向。

任务分析

如果说个体在职业活动中选择"做不做"、"做什么"受其动机、兴趣等的影响,"做得怎么样"受其智力、能力的制约,而"怎么做"则在更多意义上受其气质、性格的影响。不同气质、性格类型的人在解决问题的方式等方面存在很大的差异。通过本章节的学习,旨在引导同学们更加清晰地了解个性自我,寻求气质、性格与职业的最佳匹配。

知识链接

一、气质的含义

所谓气质,是指人们进行心理活动时或在行为方式上表现出来的强度、速度、稳定性、灵活性和指向性等动态特征,这些特征与生俱来。气质特征影响广泛,涉及个体活动的方方面面。正如美国心理学家雷蒙德·卡特尔(Raymond. B. Cattell)所言,气质是描绘一个人在获取他的目标时如何行动的特质,他决定了一个人的一般"风格与节奏",决定了一个人的行动是温和的还是急躁的。

气质的形成较多地可归结于遗传的因素,诸如"这孩子,和他父亲一样急"等此类的评价,形象地说明了气质的先赋性。许多研究也证实,新生的婴儿并非如原先认为的那样是一块"白板",可以随意塑造,而是已经具有某些特定行为类型的倾向性,这些倾向性最终在行为中体现出的程度与后天的环境、教育有关,但气质不会因为后天的塑造而完全改变。气质的先赋性使其可塑性很小,个体气质在若干年内都可能保持相当的稳定性。气质无所谓好坏,每个类型都有其有利与不利的一面。

二、气质类型及特点

人的气质千差万别,古今中外很多学者对气质进行了大量研究,提出了不同的气质类型划分方法。前苏联著名生理学家巴甫洛夫的高级神经活动类型学说为气质类型提供了科学的解释,同时他借用了古希腊医生希波克拉底的气质类型的名称,将气质分为胆汁质、多血质、粘液质和抑郁质四种类型,并概括了每一种气质类型的典型特征。在现实生活中,有些人是某种气质的典型代表,但是纯粹属于某一气质类型的人也不多,多数人则是两种或者两种以上气质的混合型。

任何一种气质类型都有积极与消极的方面,因此,气质并不能决定一个人活动的社会价值和成就的高低,但气质会影响人的活动效率,并具有一定的职业适应性,见表2-1所示。

表2-1 各种气质类型的心理特征及适宜职业

神经过程的基本特性			高级神经活动类型	主要心理特征	气质类型	适宜职业
强度	平衡性	灵活性				
强	不平衡		兴奋型	兴奋性高、反应迅速、热情直率、暴躁、不易约束	胆汁质	社交、政治、经济、军事、地质、推销、主持、演说

神经过程的基本特性			高级神经活动类型	主要心理特征	气质类型	适宜职业
强度	平衡性	灵活性				
强	平衡	灵活	活泼型	兴奋性高、活泼好动、反应敏捷、善交际、浮躁轻率	多血质	社交、推销、采购、外交、管理、律师、记者、演员
强	平衡	不灵活	安静型	兴奋性较低、安静沉稳、活动少、反应慢、内心少外露	粘液质	自然科学研究、教育、医生、财务会计
弱	不平衡		抑郁型	感受性强、细心、敏感多疑、胆小、不活泼、行动迟缓	抑郁质	研究、会计、化验、雕刻、刺绣、检查、打字

三、性格

性格,源于拉丁文 charakter 一词,意为铭刻、标记、特性,即用以表示人和事物的特征。通常是指人格的一部分,即个性最主要的特征和核心部分,表现在人的态度和行为方式中独特而稳定的心理特征的总和,也就是个人对现实稳定的态度和习惯化了的行为方式。我国心理学界倾向于把性格定义为:一个人经由生活经历所积累的稳定行为习惯倾向。性格是具有核心意义的个性心理特征,是一个人社会本质的集中体现,与能力、气质相比较,性格具有直接的社会意义。它贯穿于人的全部行为之中,既表现出一个人对人、对事、对己的态度,又反映出他的习惯性的行为方式,是一个人品德和世界观的具体标志,精神面貌的综合反映。人的性格特征直接影响着人际关系、活动效果,具有直接的社会意义,因而可以做出优劣评价。

性格是稳定的、独特的心理特征,一旦形成就比较稳定。但性格并非天赋,与气质相比,性格的成因复杂,是外部因素和内部因素交互作用的产物,因而又具有一定的可塑性。大学生在成长的过程中,在家庭、学校、社会等环境和教育条件影响下,一定要通过自己的主动实践活动塑造良好、健全的性格。

四、MBTI 介绍

MBTI(Myers-Briggs Type Indicator)建立在瑞士著名心理学家荣格(Carl Jung)个性类型学说基础之上,迈尔斯(Katharine C. Briggs)母女研究并发展了荣格的理论,从而形成了一种人格测量工具 MBTI。MBTI 的分析帮助人们认识为什么人的兴趣不同、擅长不同的工作,而且有时难以互相理解。MBTI 作为一种心理学工具是在严谨的基础上开发出来的,MBTI 最初得到实际应用是在 1956 年左右,在最初的 15 年间,它一直在不停地发展着,大量的有价值数据被收集。随着测量工具理论的进一步发展,MBTI 量表的信度与效度也得到了逐步的检验。经过 50 多年对人的共性和差异性的研究和实践,MBTI 已经成为全球最流行的个性心理分析工具,在大学、企业、政府部门中广为应用。

五、MBTI 的四个维度

MBTI 用于衡量个人类型偏好(preference),或称作倾向。所谓偏好,是一种天生的倾向性,是一种特定的行为和思考方式。比如:"他们把注意力集中在何处? 从哪里获得动力?""他们获取信息的方法""他们做决定的方法""他们对外在世界如何取向?"等。这些偏好没有好与坏的区别,却形成了人与人之间的不同。它们各自识别了一些人类正常和有价值的行为。下面就逐次介绍 MBTI 的四个维度。

1. 能量倾向

能量倾向纬度 (E/I)	外倾 E(Extraversion) 注意力和能量主要指向外部世界的人和事,而从与人交往和行动中得到活力 • 关注外部环境 • 喜欢用谈话的方式进行沟通 • 通过谈话形成自己的意见 • 用实际操作或讨论的方式能学到最好 • 兴趣广泛(广度) • 好与人交往,善于表达 • 先行动,后思考 • 在工作和人际关系中都积极主动
	内倾 I(Introversion) 注意力和能量集中于自己的内心世界,从对思想、回忆和情感的反思中得到活力 • 关注自己的内心世界 • 更愿意用书面方式沟通 • 通过思考形成自己的意见 • 用思考、在头脑中练习的方式学得最好 • 兴趣专注(深度) • 安静而显得内向 • 先思考,后行动 • 当情景或事件对他们具有重要意义时会采取主动

2. 接受信息

接受信息方式 维度(S/N)	感觉 S(Sensing) 用自己的五官来获取信息;喜欢收集实实在在的、确实已出现的信息;对于周围所发生的事件观察细微,特别关注现实 • 着眼于当前的实际情况 • 现实、具体 • 关注真实的、实际存在的事情 • 注意力敏锐,并能记住细节 • 经过仔细周详的推理一步步得出结论 • 通过实际运用来理解抽象的思维和理论 • 相信自己的经验
	直觉 N(Intuition) 通过想象、无意识等超越感觉的方式来获取信息,喜欢看整个事件的全貌,关注事实之间的关联,想要抓住事件的模式,特别善于看到新的可能性 • 着眼于未来的可能性 • 富于想象力和创造力 • 关注数据所代表的模式和意义 • 当细节与某一模式相关时才能够记起 • 靠直觉很快得出结论 • 希望在应用理论之前先能对其意义进行澄清 • 相信自己的灵感

3. 处理信息

处理信息维度 （T/F）	思考　T（Thinking） 通过分析某一行动或选择的逻辑后果做决定；会将自己在情景中分离出来，对自己的正反两方面进行客观分析；从分析和确认事件中的错误及解决问题中获得活力 • 好分析的 • 运用因果推理 • 以逻辑的方式解决问题 • 爱讲理的 • 可能显得不近人情 • 公平意味着每个人都能得到平等的待遇
	情感　F（Feeling） 喜欢考虑对自己和别人来说什么是最重要的；会在头脑中将自己放在情景中所涉及的所有人的位置上并试图理解别人的感受，然后在此基础上根据自己的价值判断做出决定，从对他人表达赞赏和支持中获得活力；目标是创造和谐的氛围，把每一个人都当作一个独特的个体来对待 • 善于体贴他人、感同身受 • 受个人价值观的引导 • 衡量决定对他人产生的后果和影响 • 寻求和谐的气氛和积极的人际交往 • 富有同情心 • 可能会显得心肠太软 • 公平意味着每个人都被作为独立的个体来对待

4. 行动方式

行动方式纬度 （J/P）	判断　J（Judging） 喜欢将事情管理得井井有条，过一种有计划的、井然有序的生活；喜欢做出决定，完成后继续下面的工作；生活通常会比较有规划、有秩序，喜欢把事情敲定下来，按照计划和日程安排对他们来说很重要，从完成任务中获得能量 • 有计划的 • 喜欢组织管理自己的生活 • 按部就班 • 善于制定短期计划和长期计划 • 喜欢把事情落实敲定 • 力图避免最后一秒才做决定或完成任务的压力
	知觉　P（Perceiving） 喜欢一种灵活的、自发的方式生活，更愿意去体验和理解生活，而不是去控制；详细的计划或最后的决定会使他们感到被束缚；愿意对新的信息和选择保持开放，直到最后一分钟；足智多谋，善于调节自己适应当前场合的需要，并从中获得能量 • 自发的 • 灵活的、即兴的 • 随意 • 喜欢开放、获取 • 适应、改变方向 • 不喜欢把事情确定下来，以留有改变的可能性 • 从最后关头的压力中得到动力

性格类型并不能解释一切，"人的性格远比它更复杂"。认识性格类型的目的，是帮助你更了解自己，促进你和别人的关系。每个人都会在某种程度上运用某一种倾向，这代表我们的性格类型，是我们所偏好的倾向。哪一种性格类型最符合你，是由你自己来做最后判断的。性格类型没有对与错，而在工作或人际关系上，也没有更好或更坏的组合。每一种性格类型给每一个人都能带来独特的优点。你可以用性格类型去理解和原谅自己，但不能以它作为任何事情的借口。不要让你的性格类型左右你选择任何事业、活动或人际关系。

案例分析

案例 2-2 "回家"的故事

小王和小李，是同窗，也是同乡，而两个人的性格却截然相反……

快放寒假了，小王和小李两人准备一起坐火车回家。回家的前一天，小王出去打了一上午的球，下午洗完澡睡了半天觉。而小李则早早地开始收拾回家要准备的东西，衣服、书都放到了该放的地方，寒假准备看的书也早从图书馆借回来放到自己的背包里。第二天早上，当小李早早收拾好东西站到小王的宿舍门口时，小王刚刚把乱糟糟的包收拾好。在小李的催促下，慌乱中小王又找不到自己的手机。等小王收拾妥当，两人赶到火车站的时候，已经开始检票了。

小王看着一脸大汗的小李，心想："这不正好吗？干什么那么紧张？那么早来火车站干什么啊？以后可不能和小李一起回家了，压力太大了。"

小李看着满不在乎的小王，心想："要是路上堵车了，这不就晚了吗？为什么不能早一点来火车站等呢？那多保险啊。以后可不能和小王一起回家了，压力太大了。"

资料来源：根据网络资料自编.

【思考与讨论】

1. 结合所学的知识，分析小王和小李分别属于什么性格类型。
2. 结合自身实际，列出一些事例并和同学一起分析自己属于什么性格类型。

任务三 职业技能探索

知识目标

1. 理解职业技能的含义。
2. 了解技能与能力的关系。

高职学生职业发展与就业指导

掌握技能探索的方法。

不同的岗位有不同的技能要求。识别自己的技能对于职业生涯选择和寻找工作都很重要,因为在招聘中,招聘官会想方设法了解应聘者实际能做什么,即具有什么样的技能。通过本章节的学习,旨在引导同学们更加清晰地了解掌握专业技能是就业的根本,也是顺利就业的途径之一。

一、职业技能的含义

在心理学中,技能被定义为"通过练习而形成的合乎法则的活动方式",那么职业技能就是指通过练习而形成的合乎法则的与人的职业有关的活动方式。具体来说就是学生将来就业所需要的知识、经验、技术的总和,是胜任岗位所需的实际操作技能。

学生是否具备良好的职业技能是能否顺利就业的前提。根据《国务院关于大力推进职业教育改革与发展的决定》中关于"加强职业指导和就业服务,拓宽毕业生就业渠道"的精神,调动学生学习职业技能的积极性,帮助学生提高职业技能就显得尤为重要。

我国近代职业教育的倡导者黄炎培先生说:"一个人职业和才能相当不相当,相差很大。用经济眼光看起来,要是相当,不晓得增加多少效能;要是不相当,不晓得埋没了多少人才。就个人而论,相当,不晓得有多少快乐;不相当,不晓得有多少怨苦。"因此,一个人只有选准了与自己能力倾向相吻合的职业才能如鱼得水,否则,就会影响职业活动的效率。

二、技能与能力的关系

能力(ability)与技能(skill)是两个完全不同的词汇,两者既有区别,又有联系。

1. 区别

(1)从性质上来看,技能是指顺利完成一定任务的活动方式,属于具体的操作程序;能力则是顺利完成活动任务的个性心理特征,属于个性表现的倾向性。

(2)从范围上来看,技能的活动方式有特定性,某种活动方式只适用于某类活动并影响该活动的效率;能力,尤其是一般能力,作为一种个性心理特征具有普遍性,它表现在各种活动中,并影响活动的效率。

(3)从来源上来看,技能是后天的,能力则除了要受后天的环境教育等因素的影响外,还要受个体先天遗传因素的影响。

(4)从发展来看,个体的能力尤其是智力的发展与技能的获得在时间上是不同步的,智力的发展较早,技能的获得相对要晚一些。技能的获得和运用是无止境的,而智力的发展却是有止境的,技能的掌握和能力、智力的发展在水平上并非完全一致。

2. 联系

（1）技能的形成以一定的能力为前提，在技能的形成过程中，体现着个体能力发展的水平和个别差异，个体掌握技能的难易程度和速度有赖于已有的能力水平。

（2）技能的形成能促进能力的发展，要形成和提高能力，必须掌握与之相对应的基本技能。

由此可见，能力和技能相互促进又彼此制约，其实我们可以把技能看成是一个习得的、具体的能力。

三、职业技能的内容及测评

1. 职业技能的内容

职业咨询师辛迪尼·梵（Sidney Fine）和理查德·鲍尔斯（Richard Bolles）把技能分为三个基本类别：内容性技能（又叫专业知识技能）、功能性技能（又叫可迁移性技能）和适应性技能（又叫自我管理技能）。其中内容性技能是指那些需要通过教育或者培训才能获得的知识或能力，需要不断学习，不断更新，如 IT 知识、office 知识等；功能性技能是指完成某件事情的程序或方法，如管理能力、销售能力、陈列物品的能力等；适应性技能是被用来描述或说明个体具有的某些特征，体现了个体完成一件事情的态度、情绪等，更像是个人品质，而不是单纯的技能，如责任心、亲和力等。一般来说，专业知识技能是大学生求职的资格和门槛。可迁移技能是用人单位最看重的技能，它关系到大学生求职的成功与否。自我管理技能是大学生最宝贵的个人财富，将会影响大学生整个职业生涯的成败。

2. 职业技能的评估

一般职业能力倾向测验和特殊职业能力倾向测验是比较常见的能力评估的方法。前者常用的包括美国联邦政府劳工部编制的一般能力倾向成套测验（GATB）、英国心理学家瑞文设计的瑞文标准推理测验（SPM）、韦克斯勒成人智力量表（WAIS）等，后者常用的包括明尼苏达文书测验（MCT）、明尼苏达机械拼合测验（MMAT）、明尼苏达空间关系测验（MSRT）和明尼苏达书面形状测验（MPFT）、本纳特机械理解测验（BMCT）等。这些测验，一些学校或测评机构已经具备测试条件，有条件的话可以进行测试。

案例分析

案例 2-3　2013 年必备的四项工作技能

尽管企业明年仍将对花在员工身上的每个子儿斤斤计较，但他们同时也希望员工表现出更高超的技能和更好的业绩。

对于希望获得成功的员工而言，仅仅拥有基本的能力是不够的。

专家说，为了在明年获得晋升或找到工作，有四项工作技能是必备的：

1. 清晰沟通

不管在哪个层级的岗位上，沟通技能都是员工晋升的关键。

总部位于纽约的会计咨询公司普华永道（Pricewaterhouse Coopers）的美国招聘负责人霍利·保罗（Holly Paul）说："这实际上就是清晰表达你的观点的能力和通过沟通建立关系的能力。"

尤其是对求职者而言，清晰沟通可以给雇主留下有关他们工作风格的初步印象。保罗说："我凭五分钟的对话就能感受到他们的热情，并充分理解什么对他们来说是重要的。"例如，随着职场沟通越来越多地转移到网上，有些员工丧失了或根本没有培养出做报告的能力，还有人不能写出超过140字的流畅文章。

加利福尼亚门洛帕克（Menlo Park）的人力咨询公司 Robert Half Internationa 的高级执行总监保罗·麦克唐纳（Paul McDonald）说："在某些方面，科技削弱了我们流畅写作的能力。有些人是如此匆忙，总是要同时执行多项任务"，而且他们跳过了拼写检查和校对等基本步骤。

2. 建立个人品牌

人力资源主管在调查求职者时会查看其博客、Twitter 等专业社交网站，它们对搜索结果是否满意是很重要的。

纽约哈帕克（Hauppauge）的职场培训服务机构 Dale Carnegie Training 的首席执行长彼得·汉达尔（Peter Handal）说："这是你的品牌，这是你展示自己的方式。如果你发布了一些会令你自己困窘的信息，别人会看得到的。"

员工也应该确保他们的个人品牌有吸引力并且给雇主留下良好印象。纽约的高管兼职业生涯教练梅雷迪思·哈伯菲尔德（Meredith Haberfeld）说："越来越多的企业开始寻找员工代表，他们发推文、写博客，以建立读者群，撰写吸引眼球、时髦有趣的帖子。"

哈伯菲尔德有一位客户的员工最近在她的个人 Facebook 主页上发了一个边吃中餐边抽"大麻烟"的帖子。

哈伯菲尔德说："我在 Facebook 上看到了这个帖子。她的主管也看到了。"

3. 灵活性

明年在企业努力迅速响应客户需求的同时，对员工而言，快速应对雇主不断变化的需求的能力将变得很重要。

汉达尔说："许多公司希望我们在如何走出个人的舒适区、如何适应变化方面为员工提供帮助。有些人明年的工作内容可能会跟现在有所不同。"

佛罗里达州劳德代尔堡（Fort Lauderdale）房地产服务公司 Stiles 的人力资源副总裁乔治·布韦（George Boue）说，掌握新技能的能力是最重要的。他说："我们希望知道，如果我们推出一个新项目或一些新工具，现有的员工是否愿意学习它。"

4. 提高工作效率

专家称，2013 年，员工应找到新方法来提高工作效率。根据弗吉尼亚州阿灵顿（Arlington）职场研究与咨询公司 Corporate Executive Board 最近进行的一项调查，公司管理层希望明年的员工业绩比当前水平提高 20%。

麦克唐纳说："你在工作中是否会自愿去承接一些项目？你是否在寻找创新方法来帮助你的企业？真正令你脱颖而出的方法是积极表现。"

正在考虑在未来几年增加员工的公司希望现有员工的工作方式能够顺应企业增长的需求。哈伯菲尔德说："我的客户正在寻找能很好地理解需要与需求，而不是需要由别人告诉他这些的员工。"

在考虑明年要扩张的企业中，招聘经理们自身也需要强化某些技能。纽约的组织心理学家本·达特纳（Ben Dattner）说："在过去这几年中，识别人才、雇用人才的能力没有了用武之地。随着经济的好转，公司不得不努力保有有才华的员工。公司已经减掉了脂肪，现在它们必须锻炼肌肉了。"

资料来源：华尔街日报中文网络版.

结合自身实际,分析你自己具备了哪些职业技能。

拓展阅读

报告显示95后认为就业成功首要因素为专业技能

近日,赶集网与数字100市场调研公司联合发布国内首份《2017年职教毕业生就业趋势报告》,报告专门针对2017年职业教育毕业生,覆盖一、二、三线城市,对95后职教毕业生的人群画像、求职准备与规划、就业趋势、生活状态等多个维度进行分析,为社会大众了解这类群体提供专业的观察角度,给企业单位人才招聘提供参考性的建议。报告显示,大多数95后职教毕业生求职青睐网络渠道,认为就业成功的首要因素为专业技能,并且对未来职场充满希望和信心,他们认为职场就是一个"不断提升自己的场所",并憧憬着"北上广深"的工作与生活。

多数95后入职归功"专业技能",呐喊"不看学历看能力"

赶集网《2017年职教毕业生就业趋势报告》显示,积极主动的职教毕业生,职场上更注重培养自己的社会技能,在他们的意识里:"专业技能""优秀的综合能力""经验及社会实践能力"成为促使求职成功的主要三大因素,其中"专业技能"是首要因素。值得一提的是,"应聘技巧""学历""口才"等则被认为是阻碍就业成功的主要因素。

由此可见,企业在招聘时更要关注到95后职教毕业生的实操能力,当员工自我能力的空白与现实职场需求之间的矛盾越来越凸显,这种专业性劳动人才的需求显得尤为重要。

"我们在招聘过程中也在逐渐改变传统观念,不能以学历的高低来进行人才的取舍。在工作中我们会发现,有些能力强的职教毕业生能很快地融入整个团队中,熟悉工作流程。不仅如此,他们还干劲儿十足,业绩也不错。"某大型机械制造公司HR张女士说道。

报告显示,职教毕业生在已获得就业岗位时,如有更好的就业机会,近六成的学生会选择"保持原有协议",其择业诚信度较高。此外,据众多HR透露,职教毕业的职场新人做事比较踏实、为人也很朴实,这让他们在用人单位拥有很高的美誉度和信任度。

六成95后职教毕业生倾向网络招聘,行业迎重大利好

随着互联网的不断普及,网络招聘网站成为毕业生获取就业信息、求职应聘的重要途径。赶集网《2017年职教毕业生就业趋势报告》结果显示,在职教毕业生获得就业信息的重要渠道中,人才交流会、网络查询、校内网络公布的招聘信息、本校及外校的就业指导部门位居前列。其中,54.1%的毕业生青睐网络查询,这成为职教毕业生获取就业信息渠道的不二选择。此外,职教毕业生在求职渠道选择上,也更偏重网络投递简历,占比59.4%。

不难看出,作为一种新兴的人才招聘方式,网络招聘已经逐渐得到求职群体的认可和青睐,精准化、多元化、专业化的求职服务给毕业生就业带来便捷,快速更新的招聘信息也给求职者带来很多机会。而与此同时,用人单位对网络招聘依赖程度也不断提高,相比传统招聘方式,网络招聘更加简化、高效。赶集网作为国内专业的蓝领招聘平台,会给用人单位、95

后求职者提供优质服务,尽力满足其多样化和个性化的需求。

北上广 VS 回老家职教毕业生就业地选择呈均衡态势

"选择哪个城市职业发展"是毕业生热议的话题,报告显示,职教毕业生选择到大城市就业的主要原因在于经济发展比较好,而选择回老家的则是出于对陪伴感的需求。其中,四成职教毕业生仍把"北上广深"作为理想追逐目标,这部分毕业生主要看重该城市经济发达,期望薪酬基本在8 001元以上。有趣的是,有两成的人表示,"对象去哪,我去哪",毕业不分手不再是嘴上说说而已。

赶集网招聘负责人王磊表示,赶集网今年以来接收到95后的求职需求越来越多,尤其在毕业季期间,职校毕业生投递简历数量猛增,刚刚踏入社会的他们,拥有一技之长,对未来就业充满希望,心态积极乐观,面对行业选择上他们关注个人价值的体现,对于岗位抉择却更在乎"学有所用"。

作为国内专业的蓝领招聘平台,赶集网一直关注95后职教毕业生群体,他们将成为未来年轻劳动力的核心骨。赶集网《2017年职教毕业生就业趋势报告》通过对95后职教毕业生的分析,让社会真正关注到这一群体,"不看学历看能力"是他们内心的渴求,也是赶集网一直所呼吁的,企业招聘更要关注到这点,给职教毕业生一个展现职场能力的平台,帮助他们实现职业理想。

 **实践训练**

训练 2-1　树的意想(课上完成,5分钟)

指导语:请画一棵树,在完成后请你介绍自己的画。在介绍时要注意介绍以下问题:

1. 树名。
2. 果实名(如果有果实的话)。
3. 季节。
4. 作画时的心情。

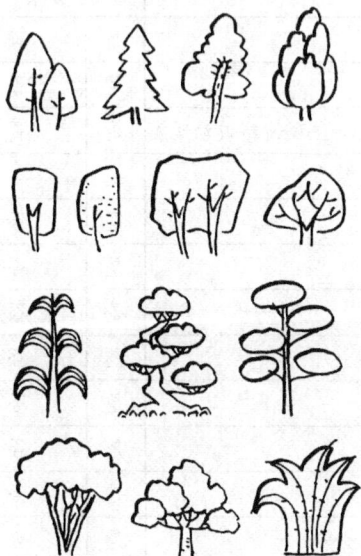

第一模块　职业生涯规划

训练 2－2　告诉自己"我是谁?"（课上完成,10 分钟）

用 10 分钟的时间,在"我是谁"的活动单上,写下 20 个"我是……"的词句。要求尽量反映个人特点,真正代表自己。

1. 我是＿＿＿＿＿＿＿＿＿＿;　　　2. 我是＿＿＿＿＿＿＿＿＿＿;

3. 我是＿＿＿＿＿＿＿＿＿＿;　　　4. 我是＿＿＿＿＿＿＿＿＿＿;

5. 我是＿＿＿＿＿＿＿＿＿＿;　　　6. 我是＿＿＿＿＿＿＿＿＿＿;

7. 我是＿＿＿＿＿＿＿＿＿＿;　　　8. 我是＿＿＿＿＿＿＿＿＿＿;

9. 我是＿＿＿＿＿＿＿＿＿＿;　　　10. 我是＿＿＿＿＿＿＿＿＿＿;

11. 我是＿＿＿＿＿＿＿＿＿＿;　　　12. 我是＿＿＿＿＿＿＿＿＿＿;

13. 我是＿＿＿＿＿＿＿＿＿＿;　　　14. 我是＿＿＿＿＿＿＿＿＿＿;

15. 我是＿＿＿＿＿＿＿＿＿＿;　　　16. 我是＿＿＿＿＿＿＿＿＿＿;

17. 我是＿＿＿＿＿＿＿＿＿＿;　　　18. 我是＿＿＿＿＿＿＿＿＿＿;

19. 我是＿＿＿＿＿＿＿＿＿＿;　　　20. 我是＿＿＿＿＿＿＿＿＿＿。

仔细分析自己的分类,从中能得到什么启发?

＿＿

＿＿

训练 2－3　你属于哪种气质类型?（课上完成,5 分钟）

如果你看戏迟到了,你最有可能是下列哪种表现呢?选择一种,由此来判断你属于哪种气质类型。

A. 你面红耳赤地与检票员争吵起来,企图推开检票员,径直跑到自己的座位上去,并且还会埋怨说,戏院时钟走得太快了;

B. 你明白检票员不会放你进去,不与检票员发生争吵,而是悄悄跑到楼上另寻一个地方看戏剧表演;

C. 检票员不让你进去,便想反正第一场戏不太精彩,还是暂且到小卖部呆一会儿,待幕间休息再进去;

D. 你对此情景感叹自己老是不走运,偶尔来一次戏院,就这样倒霉,接着就垂头丧气地回家了。

你的选择(　　),你属于＿＿＿＿＿＿＿＿＿＿＿＿＿＿＿＿＿＿＿＿＿＿

训练 2－4　内向与外向小测验（课上完成,5 分钟）

说明:回答下面的问题,在"是"或"否"上画圈。

序号	题　目	答案	
1	你有时会莫名其妙地高兴,有时又会莫名其妙地沮丧吗?	是	否
2	你喜欢行动更甚于制订行动计划吗?	是	否
3	你常常会因为某些明显的原因,或是没有什么原因的情况下出现情绪波动吗?	是	否
4	当你参与到某种要求快速行动的项目中,是否感到最高兴?	是	否
5	你易于出现情绪化吗?	是	否
6	当你试图集中注意力时,是否会常常出现走神的情况?	是	否
7	在结交新朋友时,你通常是主动的一方吗?	是	否
8	你的行为是否倾向于快速、确定?	是	否
9	甚至是在你参加一个会议时,是否会经常"魂游物外"?	是	否
10	你认为自己是一个活泼的人吗?	是	否
11	你有时会情绪高昂沸腾,有时又相当低沉吗?	是	否
12	如果阻止你参与到大量的社交活动中,你是否会非常不高兴?	是	否

结果：

题号	2,4,7,8,10,12	1,3,5,6,9,11
得分		
类型	外向	内向

训练 2-5　阅读以下对话,尝试从接受信息方式的维度,分析小张和小田性格类型的差别 (课上完成,5分钟)

小张:什么时间了?

小田:很晚了。

小张:(颇有些吃惊)我问的是"时间"!

小田:(坚持)快到熄灯的时间了?

小张:(变得不耐烦了)喂! 你看看我的嘴! 请你告诉我现在的"时间"?

小田:(同样不耐烦的)十点刚过?

小张:(气急败坏)我问的是具体时间,几分几秒? 明确的答案!

小田:你怎么这么挑剔啊!

这时的小张决定自己去看时间!

训练 2-6　该不该"开除"? (课上完成,5分钟)

如果你是一名校长,有一个学生违反学校规章制度2次,你跟他谈,说第3次就按制度执行(开除学籍),但今天他又违反了,你会如何处理?

写下你的处理意见:

_____

_____

训练 2-7　考试前的聚会 (课上完成,5分钟)

今天是周六,你周一上午有个重要的考试。这时,你接到一个好朋友的电话,他/她约你今天晚上吃饭聚会。去还是不去,你如何决定?

你的决定:

_____

_____

训练 2-8　识别你的技能 (课上完成,5分钟)

指导语:检查下列技能的分类和具体技能。在"我的技能"中勾出你认为是自己强项的技能,也可以在左边添加列表中所没有的一项具体技能。

技能分类	具体技能	我的技能
沟通	写作、交谈、外语、劝说、倾听	
创造力	产生新想法、想出新的解决方法、有想象力	
人际关系	与他人相处的能力、交际手段、冲突解决、理解他人、成为一名团队高手	
手工和机械	建筑、操作、维修、装配、安装、驾驶交通工具	

技能分类	具体技能	我的技能
数学	数学技能、计算机、分析数据、预算、使用数据技术	
信息技术和办公室工作	操作键盘、字处理、电子表格、数据库管理、网页设计与管理、做记录	
销售	劝说他人、磋商、促进、时髦打扮	
科学	调查、研究、编译、系统化、诊断、评估	
客户服务	服务客户、处理抱怨、应付难缠的人	
病人服务	看护、诊断、招待、引导、咨询、安慰、处理紧急情况	
其他技能		

训练 2－9　360 度评估（课后实训）

结合自己实际，完成 360 度评估(部分课上完成，其余课外按要求完成)

	优点	缺点
自我评价		
家人评价		
老师评价		
亲密朋友评价		
同学评价		
其他社会关系评价		

课后作业

知识点复习

1. 什么是职业自我？职业自我包括哪六个方面？

2. 什么是气质？气质的四种类型的特点以及气质与选择职业之间的关系。

3. 什么是性格？性格与选择职业之间的关系。

4. 了解人的性格偏好组合和每一种类型相关的性格特点，并尝试判断自己的性格类型。

5. 通过对性格和气质的掌握，更好地理解什么是个性自我？

实训项目

1. 结合自己实际，完成 360 度评估。

2. 对照性格理论中的解释和工作匹配类型分析一下自己，试分析自己属于哪种类型，有何特征，是否符合自己的认识，对自己和适合的工作方向有何新的发现。完成一篇 1 000 字以内探索自我性格与职业发展的短文。

职业自我探索（二）

情境案例　选择·放弃

　　刘立早,23岁,重庆人,现为清华大学建筑系2003级本科生。1998年,刘立早第一次参加高考,以612分的成绩被浙江大学录取,但是低于他报考的生物医学工程、计算机和建筑专业的录取分数,被调剂到化工系。当面对一个自己不喜欢的专业时,刘立早却并没有把它当作是一个很大的负担去学。他把专业知识的学习当作是一种学习能力的培养,然后不断去提升自己的综合能力。

　　2002年,刘立早以本专业第一名的成绩毕业,并被保送到清华化学反应工程专业硕博连读。但这时的刘立早经过对个人兴趣爱好和特长的全面分析和权衡,他决定选择建筑专业作为自己发展的方向。在做出这个决定之前,他曾经想过去旁听建筑系的课,但是不可以,也没有机会,因为建筑对于专业性要求是非常非常强的,是一个文、理、艺、工结合在一起的学科,一个毫无专业背景的人不可能去考它的研究生。

　　2003年3月,刘立早从清华大学申请退学,回到了阔别5年的中学母校,准备第二次参加高考,填报志愿时,直到最后一刻,刘立早才写上了清华大学,而建筑是他填的唯一专业,也没有填服从调配。他觉得既然付出这么大代价来追求自己的理想,那自己肯定不可能让它再第二次出什么差错。刘立早最终以644分的成绩考入清华大学建筑系,实现了自己的愿望。

　　当记者采访他时,问道:"你用五年的时间完成了这个蜕变,那下一个五年,我们再见你的时候你会跟我们说什么?'我很热爱建筑,我当时的选择是对的',或许说,刘立早已经在进行第三次高考了。"

　　而刘立早的回答是:"这种事情是不会发生的,因为,我是在做一个很慎重的决定,而这个慎重的决定是经过深思熟虑之后才得出来的结论。我觉得建筑会是我的终身职业,它是我以后的发展道路。但是我刚才说过了,我不会去在乎我到底能取得多少的成果。我不会觉得我现在已经一门钻进建筑里面去了,我就一定要在它里面有怎么样的一个作为。人活着的时候,应该是尽情地享受自己的这种状态、自己的生活,不应该是为了什么生计,为了什么名誉,为了什么成就而活着,而应该为了自己的爱好,为了自己所追求的东西,为了自己每天都能开心快乐。"

　　资料来源:网络.面对面.2003年8月28日.(改编)

启示：人生是有限的，人的精力也是有限的，我们不可能什么都做好、什么都能干，总有所长有所短。人们在选择未来职业发展的时候，选择自己擅长的，选择自己有兴趣的，那将有助于你更好地成长，更快地获得成功。

任务一　盘点工作需要

知识目标

1. 了解需要的概念及其分类。
2. 掌握马斯洛需要层次理论，理解职业对满足需要的重要性。

能力目标

分析自我的需要，结合实际，进一步考察职业的适合性。

任务分析

职业心理动力系统的基础是需要，兴趣、价值观都是需要的表现形式。通过本章节的学习，可以进一步了解人的需要与其职业的关系，其目的是为了帮助同学们决定职业选择的方向，在未来的职业生涯中获得需要的满足。

知识链接

一、需要的含义

1. 什么是需要？

需要是指人类对某种目标取得的渴求和欲望，反映有机体内部环境或外部生活条件的某些缺失或不足，是对客观现实的反映。需要的根本特征是它的动力性，它促使人追求一定的目标，以行动求得自身的满足。人的需要是由所生活的环境决定的，所以人类的需要是随社会的发展而发展的，人的需要随着满足需要的对象范围的不断扩大而变化。

2. 需要的分类

按照起源，需要可以分为自然性需要和社会性需要。

（1）自然性需要是本能的机体需要，也称生理性需要。如对空气、热量、食物、水、运动、休息、呼吸和排泄的需要等。

（2）社会性需要是后天习得的需要。通常是根据外部条件和行为的道德规范有意识地调节自己，从社会要求转化来的。当个人认识到这些要求的必要性时，社会的要求就可能转化为个人的需要。如对劳动生产、社会交往、文化学习的需要，对道德、威信、审美的需要，等等。

按照对象划分，需要可以分为物质需要和精神需要。

（1）物质需要既包括人们对自然界产物的需要，也包括对社会文化物品的需要。在物质需要中，既有自然性需要的内容，也有社会性需要的内容。例如对空气、阳光、家具、服饰的需要就是物质需要。

（2）精神需要是人所特有的需要。指人在认识、交往、道德、审美和创造等方面的需要。

二、马斯洛的需求层次理论

马斯洛（Abraham H. Maslow），美国当代最有影响的心理学家，人本主义心理学的创始人之一。他通过对各种人物的观察和对一些人物传记的考查，把人类行为的动力从理论上和原则上作了系统的整理，提出了著名的心理学说——需求层次论。马斯洛将人的需求分为以下五个层次（见表3-1）：

表3-1 马斯洛的需求层次与管理措施

需要层次	诱因（追求的目标）	管理制度与措施
生理需要	工资、健康的工作环境、各种福利	身体保障（医疗设备）、工作时间（休息）、住宅设施、福利设施
安全需要	职位的保障、意外事故的防止	职业保证、退休金制度、健康保险制度、意外保险制度
归属和爱的需要	友谊（良好的人群关系）、团体的接纳与组织的一致	协谈制度、利润分配制度、团体活动制度、互助金制度、娱乐制度、教育训练制度
尊重需要	地位、名誉、权力、责任、与他人工资的相对高低	人事考核制度、晋升制度、表彰制度、奖金制度、选拔进修制度、委员会参与制度
自我实现需要	能发挥个人特长的组织环境，具有挑战性的工作	决策参与制度、提案制度、研究发展计划、劳资会议

1. 生理需要

这是与有机体生存有直接关系的需要，是需要中最基本、最强烈、最明显的一种。包括饮食、饮水、住所、排泄和睡眠等，这种需要是人与动物共有的，容易觉知、容易满足，周期循环比较明显。马斯洛认为，现代心理学过分强调了在现代社会中生理需要决定人的行为的重要性，其实，这一层次的需要即便没得到满足，人仍可能追求更高的需要。

2. 安全需要

包括住宅、工作场所、秩序、安全感、可预测性等的需要，目的在于减少生活中的不确定性，和生理需求一样，在安全需求没有得到满足之前，人们唯一关心的就是这种需求。例如，儿童的这种需要若得不到满足，就会变得焦虑不安。

3. 归属和爱的需要

追求与他人交往，形成健康亲密的关系，渴望彼此关心、尊敬和信任，具体体现为希望家人相亲相爱、朋友诚信可靠、人际关系和谐。这种需要如得不到满足，会感到孤独、空虚、失落。

4. 尊重的需要

人们对尊重的需要可分成两类：自尊和来自他人的尊重。自尊包括对获得信心、能力、本领、成就、独立和自由等的愿望；来自他人的尊重包括威望、承认、接受、关心、地位、名誉和赏识等。这些需要如果受挫，容易使人产生自卑感、软弱感、无能感。

5. 自我实现的需要

它位于需要层次的顶峰，是指个人使自己成为自己理想的人，最充分地发挥个人潜能的需要。比如,音乐家必须创作音乐,画家必须作画,诗人必须写诗,"一个人能成为什么,他就必须成为什么",这种需要就是自我实现。但马斯洛认为,只有少数人能真正得以自我实现,而且每个人对自我现实状态的设想以及实现的方式通常也不同。

1954年,马斯洛又在尊重的需要和自我实现的需要之间增加"认知的需要"和"审美的需要"两个层次,而使人的需要形成七个层次。马斯洛认为以上五种需要是按层次的高低排列的,即从最低层次的生理需要,到最高层次的自我实现的需要,需要的满足也是按上述顺序依次递进的。他认为,人的一生实际上都处在不断地追求之中,人是一个不断有所需求的动物,"几乎很少达到完全满足的状态,一个欲望得到满足之后,另一个欲望就立刻产生了"。他提醒人们不要过于拘泥地理解诸需要的顺序,决不能以为只有当人们对食物的欲望得到完全的满足后,才会出现对安全的需要,或者只有充分满足了对安全的需要后,才会滋生出对爱的需要。

需要层次论强调人的需要是多种多样多层次的,具有复杂的结构,重视调动人的积极性,突出高级需要在个性中的地位和作用,具有其积极意义。

案例分析

案例 3-1　事业生涯满意度的调查

美国洛克波特学院创办人尼可拉斯·劳尔对 1 500 名职员事业生涯满意度的调查结果:

工作状态	人群比例
如热衷于玩游戏般投入工作,期盼上班,渴望工作	10%
多数时间乐在工作,对工作满意与否,依情况而定	20%
毫不费力地处理工作中的各种情况,没有太大感觉	30%
因受环境所逼而工作,厌恶而抗拒地进行每日一成不变的工作	30%
强烈地怨恨工作,犹如在水深火热之中煎熬。可谓职业炼狱	10%

资料来源:顾雪英著.大学生职业指导[M].北京:人民教育出版社,2005.

【思考与讨论】

结合上述案例,试分析自己三年大学生活中的满意度如何。如果可以重来,你将如何重新计划与打算。

1. 了解兴趣和职业的关系。
2. 掌握霍兰德的6种人格特征和职业类型的关系。

能力目标

能够借助相关工具和资源,有意识地使用霍兰德模型来对职业进行考察并评估其与自身职业兴趣的适配度。

任务分析

兴趣是影响人们工作满意度、职业稳定性和职业成就感的重要因素,它也是职业生涯规划中进行自我探索的重要内容。通过本章节的学习,我们将和同学们一起寻找"你的兴趣在哪里? 你到底想干什么?"这两个问题的答案,进而帮助每一位同学都能找到自己感兴趣的职业。

知识链接

一、兴趣与职业

兴趣是重要的心理特征之一,是一个人力求认识某种事物或从事某种活动的心理倾向。兴趣是内心的动力和快乐的最终来源。真实的兴趣指的是无论能力高低,无论外界如何评价,我们依然乐此不疲的事情。职业兴趣是兴趣在职业方面的表现,是指人们对某种职业活动具有的比较稳定而持久的心理倾向,使人对某种职业给予优先注意,并向往之,拥有职业兴趣将增加个人的工作满意度、职业稳定性和职业成就感。

实际生活中,兴趣和职业往往是交织在一起的。在规划自己的职业生涯时,我们不仅需要知道自己有能力从事什么样的工作,更重要的是需要知道自己对哪类工作感兴趣。大量研究表明,我们的满足度、幸福感往往来自从事某种活动,而不是无所事事或单纯的享乐游玩,这也正是工作原本的意义所在。因此,兴趣与工作满意度、职业稳定性和职业成就感之间都存在着明显的关联。首先,兴趣是职业生涯选择的重要参考依据。一个人只有对某个领域感兴趣,他才会积极地去感知和关注该领域。其次,兴趣可以增强人的职业适应性。这是因为兴趣作为一种精神力量,可以调动人的全部精力,使人集中精力去获得知识,认真研究,克服困难,创造性地开展工作。再次,兴趣还是保证个人职业生涯稳定发展的重要因素。当一个人对自己从事的职业感兴趣时,就容易从中获得满足感,不管遇到什么挫折和困难,不会轻言放弃,从而保证了职业发展的稳定性。

就人生的不同阶段而言,职业兴趣与职业选择之间的必然联系程度不同。在一开始的阶段,我们要解决一些很实际的问题,可能不能够过于强调兴趣,如果暂时不能按自己的兴趣去选择职业,可以平时多了解这方面的资讯,更好地充实自己,当机会降临的时候,才不会错过。当然有时也可以把兴趣转化为爱好,同样可以陶冶性情,按兴趣去工作只是让自己更容易成功,生活更加快乐,但并不是让自己幸福快乐的唯一途径。在工作了几年之后,通常人到中年都会有回归自我的倾向,那时的个人在实力、经验、职业成熟度等方面都有了很好的积累,就可以选择那些更偏向自己兴趣的职业了。

二、霍兰德的6种人格和职业类型

约翰·霍兰德(John Holland)是美国著名的职业指导专家。他于1959年提出了职业兴趣理论,认为人的人格类型可分为现实型、研究型、艺术型、社会型、企业型(管理型)和常规型(传统型)六种类型。同样,在我们的社会环境中,也有着对应的六类职业,并且,这六种人和六大职业类型,都按照一个固定的顺序排成一个六角形,如图3-1所示。

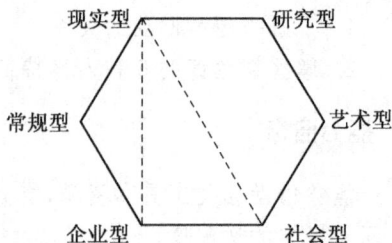

图3-1 霍兰德六角形模型

霍兰德提出了六角形模型来解释六种职业类型之间的关系:在六角形模型上任何两种类型之间的距离越近,其职业环境及职业兴趣的相似程度就越高。

六角形模型直观地描述了类型理论,帮助人们确定其人格模式与环境的一致性程度,提高对人格特质与工作环境之间的一致或者不一致的认识。

1. 现实型(R)

具有这类倾向的个体,愿意使用工具从事操作性强的工作;动手能力强,做事手脚灵活,动作协调;喜欢做体力工作、户外活动;更喜欢与物打交道;不善言辞,不善交际。

(1)职业偏好:喜欢用手、工具、机器制造或修理东西。愿意从事实物性的工作、体力活动,喜欢户外活动或操作机器,而不喜欢在办公室工作。

(2)职业环境要求:使用手工或机械技能对物体、工具、机器、动物等进行操作,与"事物"工作的能力比与"人"打交道的能力更为重要。

(3)职业类型:各类工程技术工作、农业工作;通常需要一定体力,需要运用工具或操作机械。

(4)主要职业:工程师、技术员;机械操作员、维修安装工人、木工、电工、鞋匠等;司机;测绘员、描图员;农民、牧民、渔民等。

(5)人物代表:宇航员杨利伟。

2. 研究型(I)

具有这类倾向的个体,抽象能力强,求知欲强,肯动脑筋,善思考,不愿动手;喜欢独立和富有创造性的工作;喜欢探索和理解事物;知识渊博,有学识才能,不善于领导他人。

(1)职业偏好:喜欢探索和理解事物,学习研究那些需要分析、思考的抽象问题,喜欢阅读和讨论有关科学性的论题,喜欢独立工作,对未知问题的挑战充满兴趣。

(2)职业环境要求:具有分析研究问题、运用复杂和抽象的思考创造性地解决问题的能力,谨慎缜密,能运用智慧独立地工作,有一定的写作能力。

(3)职业类型:主要指科学研究和科学实验工作。

(4)主要职业:自然科学和社会科学方面的研究人员、专家;化学、冶金、电子、无线电、电视、飞机等方面的工程师、技术人员;飞行驾驶员、计算机操作人员等。

（5）人物代表："杂交水稻之父"袁隆平。

3. 艺术型（A）

具有这类倾向的个体，喜欢以各种艺术形式的创作来表现自己的才能，实现自身价值；具有特殊的艺术才能和个性；乐于创造新颖的、与众不同的艺术成果，渴望表现自己的个性；喜欢艺术性质的职业和环境，不善于事务工作。

（1）职业偏好：喜欢自我表达，喜欢文学、音乐、艺术和表演等具有创造性、变化性的工作，重视作品的原创性和创意。

（2）职业环境要求：创造力，对情感的表现能力，以非传统的方式来表现自己；相当自由、开放。

（3）职业类型：主要指各种艺术创造工作。

（4）主要职业：音乐、舞蹈、戏剧等方面的演员、编导、教师；文学、艺术等方面的评论员；广播节目的主持人、编辑、作者；画家、书法家、摄影家；艺术、家具、珠宝、房屋装饰等行业的设计师等。

（5）人物代表：导演冯小刚。

4. 社会型（S）

具有这类倾向的个体，喜欢从事为他人服务和教育他人的工作；喜欢参与解决人们共同关心的社会问题，渴望发挥自己的社会作用；比较看重社会义务和社会道德。

（1）职业偏好：喜欢与人合作，热情关心他人的幸福，愿意帮助别人成长或解决困难、为他人提供服务。

（2）职业环境要求：人际交往能力，教导、医治、帮助他人等方面的技能，对他人表现出精神上的关爱，愿意担负社会责任。

（3）职业类型：主要指各种直接为他人服务的工作，如医疗服务、教育服务、生活服务等。

（4）主要职业：教师、保育员、行政人员；医护人员；衣食住行服务行业的经理、管理人员和服务人员；福利人员等。

（5）人物代表：著名护士南丁格尔。

5. 企业型（E）

具有这类倾向的个体，喜欢领导和支配别人，通过领导、劝说他人或推销自己的观念、产品而达到个人或组织的目标，希望成就一番事业。

（1）职业偏好：精力充沛、自信、善交际，具有领导才能；喜欢竞争，敢冒风险；喜欢权力、地位和物质财富。

（2）职业环境要求：说服他人或支配他人的能力，敢于承担风险，目标导向。

（3）职业类型：主要指那些组织与影响他人共同完成组织目标的工作。

（4）主要职业：律师、政治运动领袖、营销商、市场部经理、电视制片人、保险代理。

（5）人物代表：阿里巴巴创始人马云。

6. 传统型（C）

具有这类倾向的个体，喜欢按计划办事，习惯接受他人的智慧和领导，自己不谋求领导职位；不喜欢冒险和竞争；工作踏实，忠诚可靠，遵守纪律。

（1）职业偏好：喜欢固定的、有秩序的工作或活动，希望确切地知道工作的要求和标准，愿意在一个大的机构中处于从属地位,对文字、数据和事物进行细致有序的系统处理以达到特定的标准。

（2）职业环境要求：文书技巧,组织能力,听取并遵从指示的能力,能够按时完成工作并达到严格的标准,有组织有计划。

（3）职业类型：主要指与文件档案、图书资料、统计报表相关的各类科室工作。

（4）主要职业：会计、出纳、统计人员;打字员;办公室人员;秘书和文书;图书管理员;旅游、外贸职员;保管员;邮递员;审计人员;人事职员等。

三、六种类型之间的关系

依据此六角形模型,霍兰德又发展了三个概念,它们分别是一致性、分化性以及适配性。以一致性举例说明,任何两种类型之间的距离越近,其职业环境及人格特质的相似程度就越高。如企业型和社会型在六角形模型中是相邻的类型,它们的相似也最高,这两种类型的人都比其他类型的人更喜欢与人打交道,只是他们打交道的方式不同而已。另外,适配性是其中最为重要的一个假设,它指不同类型的人需要不同的生活或工作环境,人与职业配合得当,其适配性就高。依据霍兰德的假设,通过适配性的高低,可以预测个人的职业满意度、职业稳定性以及职业成就。分化性是指内在的六种兴趣强度差别的程度:分化性越高,表示这六个类型中有的兴趣类型特别突出;分化性越低,表示这六种兴趣类型之间的差别不大。

四、兴趣与能力

兴趣虽然与能力有密切关系,但兴趣并不是能力,也不代表成就,而是无论遇到什么,都会产生动力的源泉,所以兴趣测试的分数并不代表能力的高低,因此,高兴趣不等于高能力。把兴趣转化为工作技能或者培养新的兴趣,本身就是一种工作适应能力。正确看待兴趣,学会获得平衡与适应现实,是我们探讨兴趣的根本目的。

案例分析

案例 3-2　郭晶晶:赢在职业兴趣

2008 年 8 月 17 日,2008 年北京奥运会女子 3 米跳板跳水决赛在国家游泳中心"水立方"进行。"跳水皇后"郭晶晶以总分 415.35 分的高分成功卫冕。作为国内现役运动员的代表,郭晶晶是跳水"梦之队"的领军人物,曾多次获得世界冠军。然而,辉煌的背后是她一步步走过的荆棘之路。5 岁练跳水,15 岁首次参加奥运会一无所获,1998 年参加世锦赛,仅获女子 3 米跳板亚军,在之后的几年赛事中,她始终与奥运会冠军宝座失之交臂。巨大的压力,残酷的现实,并没有让她意志消沉、打退堂鼓。相反,基于对跳水运动的喜爱,她以坚韧的毅力和不服输的信心,加之更为艰苦的训练坚持着。2004 年,她终于从雅典奥运会拿回 2 枚金牌。如今,早可以光荣引退的她,仍在向 2008 年奥运冠军冲刺,最终获得了 2 枚沉甸甸的金牌,演绎了一出完美的落幕。

作为一名老运动员，郭晶晶承受着长年伤痛的困扰，在一次次大型比赛中取得了辉煌的战绩，是什么让她征战赛场多年却依然保持着良好的业绩？她成功的背后又有什么经历和特质？是什么动力在一路支撑着他？郭晶晶说："因为喜欢，才会投入，才会愿意付出。"郭晶晶在跳板上的成功，是职业与兴趣结合的最佳体现。她喜欢跳水这项运动，为了实现那完美一跳而不停地去修正肢体动作，不断地在重复练习中改进不足，缔造完美。

由此可见，兴趣是成功的奠基石，兴趣对职业发展的影响是职业是否能走向真正成功的重要决定因素。对职业的兴趣能让自己全身心地投入工作中，不计较得失，更能忍受成功前的寂寞，加快职业生涯发展的步伐。

启示："人生只有一次，不应该浪费在没有快乐、没有成就感的领域"，如果你对一个行业没有激情、没有热爱、没有兴趣，是不可能做好的。

任务三 澄清职业价值

扫一扫可见微课
"职业价值观"

知识目标

1. 了解价值观及价值观的特征。
2. 理解职业价值观的内涵、类型，掌握职业价值观澄清的步骤。

能力目标

了解价值观对个人职业选择和发展所起到的激励、影响作用，在职业规划中能重视对个人价值观的澄清，愿意在今后的生活中不断反思。

任务分析

通过前面章节的学习，我们已经了解了气质、性格、需要、技能、兴趣在职业生涯规划过程中的重要性和作用，也相信每位同学对自己的职业生涯有了一定的规划。但在现实生活中，我们又常常会做一些与自己的兴趣、性格等相违背的事情或决定，这是因为最后的决定往往是由自己的价值观所确定的。通过本章节的学习，将最终解释"为什么做"的问题。

知识链接

一、职业价值观

职业生涯规划大师舒伯认为职业价值观是个人追求的与职业有关的目标，亦即个人的内在需求及在从事活动时所追求的工作特质或属性，它是人生观在职业问题上的反映。

你在工作中寻找的是什么？你判断工作"好"与"坏"的标准是什么？在许多场合，我们往往要在一些得失中做出选择，而左右我们选择的往往就是我们的"职业价值观"，也可称为择业观。例如,是要工作舒适轻松,还是要高标准的工资待遇;要成就一番事业,还是要安稳太平。当两者有矛盾冲突时,最终影响我们决策的是存在于内心的职业价值观。它是人们对待职业的一种信念和态度,或是人们在职业生活中表现出来的一种价值取向。

二、职业价值观的类型

美国心理学家米尔顿·罗克奇(Milton Rokeach)致力于对信仰、态度,尤其是价值观的研究,设计了罗克奇价值观调查问卷。它包括两种价值观类型,每一种类型有 18 项具体内容。第一种类型,称为终极价值观,指的是一种期望存在的终极状况,他是一个人希望通过一生而实现的目标;另一类称为工具价值观,这种价值观指的是偏爱的行为方式或实现终极价值观的手段。

价值观的变化可以归因于许多不同的因素,其中之一的因素是基本的需要的满足转向高层次的需要,另一个因素就是人们越来越相信人的生活质量与获得物质条件同等重要。许多人在职业上走偏了路,是因为没有弄清楚"终极价值"和"工具价值"这两者之间的差异,常常费心于那些并非真正想要的工具价值上,因此才会遭受那么多的痛苦。

职业价值观的类型是多种多样的,美国心理学家洛特克在他的著作《人类价值观的本质》中,提出了 13 种价值观。

(1)成就感:提升社会地位,得到社会认同;希望工作能受到他人认可,对工作的完成和挑战成功感到满足。

(2)美感追求:能有机会多方面地欣赏周围的人、事、物或任何自己觉得重要且有意义的事物。

(3)挑战:能有机会运用聪明才智来解决困难;舍弃传统的方法,而选择创新的方法处理事务。

(4)健康:包括身体和心理健康,工作能够免于焦虑、紧张和恐惧;希望能够心平气和地处理事务。

(5)收入与财富:工作能够明显、有效地改变自己的财务状况;希望能够得到金钱所能买到的东西。

(6)独立性:在工作中能有弹性,可以充分掌握自己的时间和行动,自由度高。

(7)爱、家庭、人际关系:关心他人,与别人分享,协助别人解决问题;体贴、关爱,对周围的人慷慨。

(8)道德观:能与组织的目标、价值观、宗教观和工作使命不相冲突,紧密结合。

(9)欢乐:享受生命,结交新朋友,与别人共处,一同享受美好时光。

(10)权力:能够影响或控制他人,使他人按照自己的意思去行动。

(11)安全感:能够满足基本的需求,有安全感,远离突如其来的变动。

(12)自我成长:能够追求求知方面的刺激,寻求更圆融的人生,在智慧、知识、人生的体会上有所提升。

(13)协助别人:体会和认识到自己的付出对团队是有帮助的,别人因为你的行动而受益颇多。

三、大学生职业价值观

大学生的职业价值观是大学生这一特殊群体对于职业评价、职业选择和职业价值取向等的总体看法,在一定程度上反映了大学生的择业方向和标准,并对他们的工作态度、工作积极性,乃至对社会的稳定和发展都有着重要的影响。大学生的职业价值观具有以下几层含义。

(1)大学生的职业价值观以大学生的职业认知状况为基础。大学生的职业认知状况是指大学生在择业的过程中对职业、对自己以及对与职业有关的事物的认识、了解以及择业时做出的推理和决策。大学生职业认知水平直接影响着大学生的职业选择。

(2)大学生的职业价值观以大学生的职业理想为目标导向。职业理想是指人们在世界观、人生观和价值观的指导下对未来职业的向往和追求,既包括对职业种类和职业方向的追求,也包括对未来职业或事业上所能取得的成就的追求。青年大学生正是世界观、人生观的形成时期,也是职业理想的孕育时期。

(3)大学生的职业价值观以职业评价方式为标准。职业评价是主体对职业的社会地位、社会意义、劳动报酬、劳动强度、工作环境等的综合认识和评价。职业评价直接影响大学生对待工作的态度,还会对职业选择和择业意向产生直接影响。

(4)大学生职业价值观以职业选择结果为取向。职业选择是指择业者根据自己的职业意愿和职业能力,在众多职业中选择其中一种具有倾向性的职业作为自己所从事的职业。价值目标、职业收入、行业选择、地域倾向以及工作条件等成为大学生职业选择的影响因素。不同的择业主体具有不同的价值取向。

四、价值观与职业选择

在为自己做职业生涯规划之前,一定要清楚和明确自己的价值观和职业价值观。价值观和职业价值观决定了哪些因素对你是重要的,哪些是不重要的,哪些是你优先考虑和选择的,哪些不是。

对自己的价值观,特别是职业价值观进行分析时,可以参照学者们所提出的价值观类型,看自己到底属于哪一种。其实,我们可以把不同职业价值观的内容加以归纳总结,根据它们所体现的主要方面,来确定自己的职业价值观中主要的因素是什么。张再生教授把这些因素总结为三类,并认为职业价值观的分析可以从以下三个方面展开。

第一,发展因素,包括符合兴趣爱好、机会均等、公平竞争、工作有挑战性、能发挥自身才能、工作自主性大、能提供培训机会、晋升机会多、专业对口、发展空间大、出国机会多等等,这些职业要素都与个人发展有关,因此称之为发展因素。

第二,保健因素,包括工资高、福利好、保险全、职业稳定、工作环境舒适、交通便捷、生活方便等等,这些职业要素与福利待遇和生活有关,因此称之为保健因素。

第三,声望因素,包括单位知名度、单位规模和权力大,行政级别和社会地位高,等等,这些职业要素都与职业声望地位有关,因此称之为声望因素。职业价值观是一个复杂的多维度的心理因素,对职业的选择和衡量有多种要素的参与,但各要素起的作用是不同的。从当前的实际来看,许多调查显示,大学生的职业价值观越来越重视发展因素,而对保健因素和声望因素的重视程度则因人而异,差别较大。

职业价值观是影响职业选择的重要因素,对工作的满意程度和期望是由职业价值观决定的,不同的人因职业价值观不同,选择工作的标准是不同的。在经济条件比较好的情形下,大学毕业生就可能有很多职业选择,在面临选择的时候,最终决定的结果是受到其自身职业价值观的影响。

案例分析

案例3-3 渔夫与商人的对话

一个美国商人坐在墨西哥海边一个小渔村的码头上,看着一个墨西哥渔夫划着一艘小船靠岸。小船上有好几条金枪鱼,商人问渔夫要多少时间才能抓到这么多鱼?渔夫说,只要一会儿功夫就抓到了。商人接着问道:"你为什么不待久一点,多抓一些鱼呢?"渔夫说道:"这些鱼已经足够我一家人生活所需啦!"

商人又问:"那么你一天剩下那么多时间都在干什么?"渔夫解释:"我每天睡到自然醒,出海抓几条鱼,回来后跟孩子们玩一玩,再跟老婆睡个午觉,黄昏时晃到村子里喝点小酒,跟哥儿们玩玩吉他,我的日子过得充满又忙碌!"

美国商人不以为然,帮他出主意,他说:"我是美国哈佛大学企管硕士,我可以帮你忙!你应该每天多花一些时间去抓鱼,赚更多的钱,去买条大一点的船,再买更多渔船,你就可以拥有一个渔船队,自己开一家罐头工厂。这样你就可以控制整个生产、加工处理和销售。然后你可以离开这个小渔村,搬到墨西哥城,再搬到洛杉矶,最后到纽约,在那里经营你不断扩充的企业。"

墨西哥渔夫问:"这又要花多少时间呢?"美国人回答:"十五到二十年。"

"然后呢?"

美国人大笑着说:"然后你就可以在家当皇帝啦!时机一到,你就可以宣布股票上市,到时候你就发啦!你可以几亿几亿地赚!"

"再然后呢?"

美国人说:"到那个时候你就可以退休啦!你可以搬到海边的小渔村去住,每天睡到自然醒,出海随便抓几条鱼,跟孩子们玩一玩,再跟老婆睡个午觉,黄昏时,晃到村子里喝点小酒,跟哥儿们玩玩吉他喽!"

渔夫疑惑地说:"我现在不就是这样了吗?"

资料来源:网络.

启示:在倡导以人为本、崇尚人性化的当今社会,人们持什么价值观本无可厚非。但实践表明,人的职业价值观会影响他的从业状况。比如,在选择职业时,又要工作舒适轻松,又要工资高、奖金高,就常常相矛盾。那么在最后的选择中,我们是倾向于收入高,还是倾向于工作轻松呢?又比如,择业时又想要有突出成就,又想安稳太平,也常让我们内心感到很矛盾。想出成就,常常要冒风险;而无所作为,则常常最稳妥,在这两者之间我们会做出怎样的选择呢?

微言教育"就业大家谈"系列微访谈详解

访谈嘉宾：

张凤有　教育部全国高等学校学生信息咨询与就业指导中心主任

张其光　清华大学就业指导中心主任

周荣　中国人民大学就业中心主任

岳长涛　中国石油大学(北京)就业指导中心主任

张高　百度公司校园品牌部总监

裴清宁　中国铁路工程总公司党委干部部副部长

周洲　北京矿冶研究总院人力资源部主任

吴正杲　华图宏阳股份副总裁

张蔚　济南南湖软件科技有限公司总经理

临近岁末，伴随着 2015 届高校毕业生穿梭于各大招聘会现场的身影，高校毕业生就业创业的话题再度升温。2015 年全国高校毕业生将达 749 万人，比 2014 年增加 22 万人。

为帮助高校毕业生及时知悉 2015 年的就业形势、特点，了解就业流程，掌握就业技巧，11 月 19 日到 12 月 10 日，教育部新闻办官方微博@微言教育，连续推出 7 场"就业大家谈"系列微访谈，邀请相关主管部门负责人、高校就业部门负责人、用人单位人力资源部门负责人、创业型企业负责人等，直接与网友互动，解疑释惑，指点迷津，助力高校毕业生走好就业创业路。

就业形势咋看待——坚持理想，苦练内功，合理确定就业期望值

问：近期有新闻报道指出，英语专业毕业生太多，就业压力很大，就业率低，英语专业目前就业形势如何？

张其光：随着我们国家国际交往的增加，对于外语类人才会有更大的需求。目前全民的外语水平都有提高，外语专业的毕业生可能要向复合型发展，增强职业竞争力。

张凤有：据统计分析，2014 年英语专业毕业生就业情况良好。随着国家最近推出的国际经济发展战略如"一带一路"、"互联互通"、亚太自由贸易区等，外语外贸类专业需求可能会有所增长。

问：现在很多高收入行业像 IT、金融等，都招收的是理工科学生，文科毕业生的竞争优势在哪里？

周荣：近期发布的一项中国高校校友在上市公司任职排行榜网络调查显示，中国人民大学以 816 位上市公司高管校友位居榜首。从数据可以看出，文科毕业生在职业发展中的竞争优势还是很明显的。很多文科毕业生，学习、应变能力强，适应能力强，在新领域能很快学习到新技能、新知识，开辟新事业。

问：如何看待大专毕业生就业问题？有什么建议？

张凤有：大专毕业生的就业政策和本科毕业生基本上是一致的。大专生的求职定位主要是应用型、技术型岗位，应合理确定自己的就业期望值，在校期间注重提高实践动手能力。

职业发展咋规划——导师引路，终身学习，扎根岗位成就梦想

问：有人说国企就是铁饭碗，进了国企就高枕无忧了，论资排辈就好。实际情况如何？国企的上升空间真的不大吗？

裴清宁：国企首先是个企业，绝不是进去后就可以高枕无忧的。国企一般规模都比较大，随着现代企业制度的不断完善，各种考核制度的不断实施，发展空间也很大，但是能否发展的关键取决于个人的综合素质和努力程度。

周洲：我们是一个相对开放的平台，不存在论资排辈的情况。应届毕业生进入单位后，大部分都会进入到科研课题小组中，小组中的成员均可成为你的引导老师，课题负责人就是你的责任导师。像目前北京矿冶研究总院在创业板上市的当升科技，就是从两三个人组成的课题组发展起来的。

问：央企在促进员工终身学习方面有哪些举措，能提供什么条件？

裴清宁：央企都有专门的培训机构，负责员工的学习培训，也有相应的培训规划、培训经费，单位会根据不同的培训对象和需求，有针对性地进行系列培训。

周洲：每年都会有定期的管理类、经济类、市场类等方面课程培训，同时还有一些在线学习平台，供员工随时充电。另外，还有在职的学历教育以及根据工作需要出国进修培训的机会。

专业和兴趣咋取舍——潜能导向，慎重抉择，成长空间最大化

问：面对就业，应该为了解决生存问题找一份能接受的工作干着，还是为了理想选择不妥协？

周荣：理想和梦想应结合起来，在与现实妥协的同时，保持自己的梦想，追逐自己的理想。开始工作时的艰苦是必然的，但只要坚持，凭借自己的实力，一定会实现"面朝大海，春暖花开"的人生梦想。

问：如果面临选择，一份工作专业对口但不太喜欢，一份工作干着开心但荒废专业，该如何选择？

周荣：职业选择要以兴趣为主，在求职过程中，知道"我是谁"，比知道"我要去哪里"更重要。在工作中常常问问自己，你为谁工作，你是否喜欢自己的工作，在工作中是否感受到了快乐。最适合你的工作不一定与你的专业相关，而是能最大程度发挥你的能力。

岳长涛：这是个人职业生涯规划的问题，要慎重做出选择。如果你选择自己感兴趣而无法和专业更好结合的工作，并且想立志在此领域做出一番成就，可以坚持自己的梦想，但是也一定要做好充分的心理准备，可能要付出更多的努力和汗水。

用人单位看重啥——综合素质，职业素养，岗位适应能力最关键

问：国企招聘最看重什么？

周洲：最看重的是学生对此行业的热情、专业能力、个人品质等。简历只要能把自己的能力、学习成绩、实践经历、个人特点等如实地表达清楚就好，无需太过花哨。

问：用人单位面试主要考察毕业生哪几个方面素质？

张其光：面试分为很多种类，包括结构化、半结构化、非结构化等，有单独的，有群体的，有常规的，有情景的，主要考察面试者的综合素质。企业往往看重面试者的价值取向、职业素养、个性潜能等，还有对行业或企业的熟悉程度、抗压能力和适应能力。

问:什么样的自我介绍,算得上是完美讲述呢?

张其光:首先要自信,要突出自己的特点和优势。另外要有故事,要通过令人印象深刻的案例来体现自己的素质和潜力。此外要和应聘的单位相结合,表明自己是最适合的人选。

就业准备该咋做——及时关注,科学规划,走好职场第一步

问:哪里能查询到权威的就业信息?

张凤有:毕业生可浏览各类就业信息网站,包括中央有关部门主办的全国性就业信息网站(如教育部新职业网)、地方有关部门主办的就业信息网站、各高校就业信息网站及校内BBS求职版面、其他专业性就业网站等。

问:如何第一时间获取央企的招聘信息?

周洲:央企招聘旺季一般是在当年10月到第二年3月,学校的就业信息网、用人单位的网站都会有相关的招聘信息。最好的方法就是登录用人单位的网站。

问:大学新生如何提前做好职业规划?

张其光:在低年级要学习生涯规划的一些基本知识,更好地自我认知,了解自己的志趣和个性,选择适合自己的方向。高年级学生可以进行一些职业探索,增强职业适应力和胜任力。

创业需要啥支持——平台支持,资源整合,创业教育要跟上

问:大学生创业需要具备哪些必要的素质? 如何提高大学生创业的成功率?

吴正杲:创业无非是一个发现需求并满足需求的过程,现在的互联网信息发展已经将空间和地域的距离缩小到了最短,只要能够创新地解决任何一个需求的痛点,创业就不难成功。创业需要具备的必要素质有两点:一是有一双敏锐的眼睛可以发现问题,二是有能力组织资源解决这一问题。

问:在优化大学生创业环境方面,高校和社会该如何努力?

张凤有:教育部高度重视大学生创新创业教育,正在研究出台新的举措。高校应加强对学生创新意识、创新精神、创业能力的培养,积极从人财物诸方面为大学生创业创造条件。

问:大学生创业者亟须哪些创业支持?

张蔚:创业支持应该集中在塑造创业精神、营造创业氛围,应该给创业者提供低成本乃至免费的创业场所,应该搭建平台,在创业过程中给予创业者资金、业务、人力等方面的担保和支持。

问:在北上广等大城市创业,会不会机会更多一些?

张蔚:像北上广这样的大城市确实创业机会更多,比如中关村创业大街有联想之星、@3W咖啡、@车库咖啡,再比如苏州有@36氪、南湖梦等17家云彩创新孵化器。这些孵化器为创业者提供免费的办公场所及投融资等创业服务。

吴正杲:北上广等大城市机会多,但竞争也更激烈。如果创业项目是精耕细作、小而美的,那就紧跟客户;如果创业项目是要树立高地、辐射全国的,那就紧紧抓住互联网,这两条都跟北上广无关。

问:本科生创业和研究生创业,哪个成功几率大?

张其光:既可以毕业后直接创业,也可以工作一段时间后再创业,国内外的实践都证明后者的成功率可能更高。创业最核心是要有企业家的精神和创新创业的意识,和学历层次没有直接关系。

问：大学生该如何更好地利用网络创业？哪些创业方向更适合互联网？

张高：互联网企业的本质是"平台＋团队"，所以特别适合大学生创业，目前淘宝是一个很好的形式，但是只用到了大学生的运营和营销能力，大学生的潜力远没有被开发出来。百度会为大学生推出开放云平台，让他们利用自己的技术和创新能力构建先进的创业平台，这样他们的团队不光是通过运营，而是更多地利用自己的技术和创新创造更有价值的企业。

三方协议怎么签——慎重签约，保障权益，坚持诚信不欺瞒

问：签订就业协议需要关注或注意哪些方面？可以改签吗？

张凤有：在签订就业协议或劳动合同时，首先要注意与用人单位签订的协议或合同是否符合我国劳动合同法，对单位的相关信息、合同期限、工作内容、地点、时间及劳动报酬和社会保险是否都有明确规定，还应重点关注劳动合同内对试用期的说明。

张其光：签订三方协议要慎重考虑，不要违约，这也是建立社会诚信的需要。

问：如果就业过程中发生纠纷，该到哪里投诉？如何维权？

张凤有：建议先向学校联系咨询，寻求帮助。同时，毕业生有权向用人单位的上级主管部门提出申诉，也可提交给当地的劳动争议仲裁机构进行调解和仲裁，或直接向人民法院提起诉讼。对用人单位有违反劳动保障法的情况，毕业生可向人力资源社会保障部门举报、投诉。

问：派遣证有什么作用？如果延期毕业，会不会影响三方协议和派遣证的领取？

张其光：派遣证也叫报到证，签订三方协议后，学校向教育主管部门上报就业方案，审批通过后为学生办理报到证，每年七八月毕业生毕业前领取。报到证是人事关系接转的依据，是办理户口、档案的凭证。延期毕业，可等到毕业时再办理相关手续。

档案问题咋解决——高度重视，妥善处理，为人事档案安好家

问：毕业后未及时就业，档案可以在学校存放多久？第二年还能以应届生身份求职吗？

张凤有：可将档案转至生源地或经学校同意暂时留在学校，按照政策学校只代为保管两年。如果超过两年未落实工作单位，学校会将档案转至生源所在地。如果档案存在学校，第二年再找工作是否按应届毕业生享受就业待遇，具体可咨询各省高校毕业生就业工作部门。

问：如果毕业后不进入事业单位，选择创业或者民营企业，档案是不是就没用了？

张其光：档案实际是指人事档案，是适应我们国家人事管理的一项制度安排，是个人经历的记录，也是人事管理和服务的依据。它与转正定级、职称评定、办理各种人事手续、工龄计算、养老等都有关系。毕业生一定要重视，妥善处理档案。在我国目前的人事管理体制下，从长远考虑，妥善处理档案还是有必要的。

 **实践训练**

训练3-1 我的岛屿计划（课上完成，5分钟）

假设在你去度假的途中，你所乘坐的轮船突然发生了意外故障，必须紧急靠岸。这时候，轮船正好处于下列6个岛屿中间。幸运的是，你可以凭自己的兴趣选择一个岛屿靠岸。要知道，这些岛屿只能通过轮船与外界联系。而由于天气原因，今后至少半年内船只都无法出航，而且你还要等待境外的轮船运送人员和器材前来维修你所乘坐的轮船。因此一旦靠岸，你可能需要在这个岛上呆很长一段时间（至少一年）。

请按一、二、三的顺序挑出 3 个岛屿。

R：自然原始的岛屿。岛上自然生态保持得很好，有各种野生动物。居民以手工见长，自己种植花果蔬菜、修缮房屋、打造器物、制作工具，喜欢户外运动。

I：深思冥想的岛屿。有多处天文馆、科技博览馆及图书馆。居民喜好观察、学习，崇尚和追求真知，常有机会和来自各地的哲学家、科学家、心理学家等交换心得。

A：美丽浪漫的岛屿。充满了美术馆、音乐厅、街头雕塑和街边艺人，弥漫着浓厚的艺术文化气息。居民保留了传统的舞蹈、音乐与绘画，许多文艺界的朋友都喜欢来这里找寻灵感。

S：友善亲切的岛屿。居民个性温和、友善、乐于助人，社区均自成一个密切互动的服务网络，人们重视互助合作，重视教育，关怀他人，充满人文气息。

E：显赫富庶的岛屿。居民善于企业经营和贸易，能言善道。经济高度发展，处处是高级饭店、俱乐部、高尔夫球场。来往者多是企业家、经理人、政治家、律师等。

C：现代、井然的岛屿。岛上建筑十分现代化，是进步的都市形态，以完善的户政管理、地政管理、金融管理见长。岛民个性冷静保守，处事有条不紊，善于组织规划，细心高效。

1. 自己第一选择的 3 个岛屿的顺序是(写下所选岛屿的字母)：

(1) _____　　(2) _____　　(3) _____

2. 同一岛屿的人交流一下：自己为什么选择这个岛屿，看看大家有什么共同的兴趣爱好。

_____

训练 3 - 2　价值观拍卖会(课上完成，15 分钟)

大屏幕上显示着 15 种价值观：

1. 为大众谋福利	2. 有良好的艺术审美氛围
3. 创新，发展新事物	4. 自己思考，独立行事
5. 有成就感	6. 独立自主，依己意进行
7. 得到别人的尊敬和崇拜	8. 发挥领导、管理和影响他人的能力
9. 收入丰厚	10. 生活安定
11. 有良好的工作环境	12. 人际关系和谐、融洽
13. 与志同道合的人一起工作	14. 选择自己所喜爱的生活方式
15. 工作富有变化不单调	

活动分成两小组进行。假设每个人有 10 万元，每项价值观底价 10 000 元，每次喊价不得低于 10 000元。根据屏幕上的 15 个拍卖品，先填写调查问卷的第一项，然后开始拍卖，一个团队代表一个投标者。

1. 屏幕上列举的许多价值观中，我最喜欢的五个以及喜欢的原因。

我最喜欢的价值观用词分别是：

(1) _____　　(2) _____　　(3) _____　　(4) _____　　(5) _____

喜欢的原因：

_____

_____

_____

2. 活动结束后，列举我们这一组所买到的价值观。我们这一组是怎么选出所要买的价值观的？如果碰到有组员并不认为那是他所要的呢？而这些中哪些是我支持买的，哪些是我不支持买的及其原因。

_____

_____

_____

3. 当组员决定想买的价值观并不是我喜欢的,我会(   )

A. 没关系,以大局为重,牺牲自己;

B. 不管别人怎么说,我会坚持不把我手上的 10 万元捐出去,因为那不是我真正想要的! 而我有这样的权利;

C. 我会把我想买的告诉组员,并希望他们能体谅我,甚至帮我把它买下来。

训练 3-3　职业兴趣探索(课后实训)

(1) 列出到目前为止你感觉最快乐的三件事情。它们的共同点是什么?

_____

(2) 平时最爱看哪类报纸、杂志? 看得最多的是哪个版块? 里面什么内容吸引你?

_____

(3) 最爱听的讲座,里面什么东西吸引你?

_____

(4) 最喜欢的课程,为什么喜欢?

_____

(5) 最爱浏览的网站和网页,最爱浏览的内容是什么?

_____

(6) 做什么事经常忘记时间?

_____

(7) 寒暑假都在做什么? 为什么?

_____

(8) 平时喜欢参加哪些运动? 为什么?

_____

(9) 参加哪些社团和学生工作? 为什么参加?

_____

(10) 最喜欢的三种职业。哪些特征吸引你?

_____

(11) 喜欢你所学的专业吗? 为什么?

_____

_____

知识点复习

    1. 什么是需要？什么是马斯洛需要层次理论？分辨需要与需求之间的区别。

    2. 什么是兴趣？兴趣与选择职业之间的关系。

    3. 什么是霍兰德的 6 种人格和职业类型？

    4. 什么是价值观？你的价值观会对你的职业选择和人生产生什么样的影响？其他人的价值观会对你的生活造成什么样的影响？

    5. 通过对需要、兴趣和价值观的掌握，更好地理解什么是动力自我？

实训项目

    登录北森朗途在线测试系统，进行职业能力倾向测试。（打印一份测评报告备用）

职业环境探索

情境案例 选对池塘钓大鱼

我依照杰克的做法挂好钩,上好饵,将鱼线抛向水面,然后用支架托起鱼竿,做出放松身心聆听教诲的模样。杰克的话很长,为了让读者更好理解,在转述时,我将其分成不同的层次:

◆ **选择水域**

"接着,就要挑选一片水域。如果你想钓鲤鱼或者鲫鱼,那么必须在淡水区域,譬如在五大湖,或者在一条不太湍急的小河边。在平静如镜的水面,你享受的是一种悠闲和自得。如果你想在海边的岩石边,就可以看斜阳西下。如果你想钓到鲸鱼,也许需要驾着渔船进入深海,享受惊涛骇浪的刺激。"

"你可以看出来,我的选择与海明威不一样,他喜欢与鲨鱼在大海中搏斗,而我则更愿意悠闲自在地钓虹鳟。从垂钓者的角度来说,钓什么鱼并不重要,重要的是我们是否知道自己真正需要什么。"

"你也许会认为,这个问题是否太幼稚了,只有傻瓜才会想到在池塘里钓鲸鱼。是的!当然这只是一种比喻,任何事情都是一个选择的过程。譬如说当我们选择了要钓什么鱼的时候,我首先就要选择区域。这也就是为什么我来到这里的原因。"

◆ **选择池塘**

"鱼并非均匀地分配在所有的水域上,同一区域,有人能钓到大鲤鱼,而另一些人则钓到的总是小鱼。因此,选择池塘变得十分重要了。

在这个池塘钓鱼,我是经过反复选择的,而你则是完全盲目的,尽管我们碰巧遇在一起了,但是我们却是有区别的。这种区别在于我知道自己的选择,而你是随机,也许你能有好机会,但是机会不可能总是惠顾你。真正的成功需要积累和理智的选择。"

鱼又上钩了,又是一条大红尾鲤鱼。我羡慕地看着鱼被杰克钓上来。

杰克似乎察觉到了我的神情,他微微一笑。"你知道吗? 为了选择这个鱼池,我做了长时间的观察和分析,了解水深和藻类的繁殖状况。"

"但是,这不过是钓鱼啊!"我的言下之意是,何必那么认真呢,这不过是一种休闲娱乐吗?

"是的! 这的确是一种娱乐,似乎应该更轻松些。但是,如果我们选错了池塘,拿着鱼竿傻傻地坐在池塘边,那就是休闲吗?如果那样的话,还不如坐在花园的长椅上眯着眼睛晒太阳呢?我们也许没必要将钓鱼当成一种体育比赛,但是也不能完全不用心思。这是一种人生态度。一旦你养成了这种态度,你就能从中获得某种乐趣——思考的乐趣。"

资料来源:雷恩·吉尔森. 彭书淮编译. 选对池塘钓大鱼[M]. 北京:机械工业出版社,2004.

【思考与讨论】

思考钓鱼与职业生涯规划之间的联系以及区别。

任务一 分析宏观环境

扫一扫可见微课
"职业环境探索"

知识目标

1. 了解我国对产业、行业的划分及其概述。
2. 掌握职业宏观环境变化的新趋势、新特点。

能力目标

能够对自己所在的职业环境进行科学、客观、全面的分析,以便更好地规划自己未来的职业生涯。

任务分析

孙子兵法云:"知己知彼,百战不殆。"要做好职业生涯规划,除了要了解自我,知道"我能做什么"外,还必须进行环境分析,知道"环境允许我做什么"。通过本章节的学习,主要使学生能够了解职业宏观环境中的相关情况,探索其对个人职业发展的意义和价值。

知识链接

一、与职业相关的概念

1. 产业

广义的概念指生产物质产品和提供劳务活动的集合体。狭义的概念指生产物质产品的

第一模块 职业生涯规划

61

集合体。在自然经济占统治地位的情况下,虽然存在着许多种类的手工业生产,但都不称为产业。在社会大生产条件下,各企业向着专业化方向发展,形成互相联系的各类生产部门。这时便把从事某方面专业生产,并具有本身特点的行业称为产业。对产业结构的划分,现在比较普遍和经常使用的有以下方法:

(1) 把社会再生产分为生产生产资料的部类和生产生活资料的部类。

(2) 把国民经济分为农业、轻工业和重工业三大部类。

(3) 把产业分为第一产业、第二产业和第三产业。

(4) 把生产分为劳动密集型、资金密集型和知识密集型等类型。

2. 行业

行业一般是指其按生产同类产品或具有相同工艺过程或提供同类劳动服务划分的经济活动类别,也就是说一个行业是从事相同性质经济活动的所有单位的集合,如饮食行业、服装行业、机械行业等。行业的划分:

(1) 道琼斯分类法。道琼斯分类法将大多数股票分为工业、运输业和公用事业三类。

(2) 标准行业分类法。为了便于汇总各国的统计资料,进行对比,联合国经济和社会事务统计局曾制定了一个《全部经济活动国际标准行业分类》,简称《国际标准行业分类》,建议各国采用。它把国民经济划分为 10 个门类,对每个门类再划分大类、中类、小类。

二、宏观环境变化趋势分析

当今时代,全球化、知识化、信息化和多元化发展趋势的进一步加强,使我们每一个人都面临着全新的挑战。职业生涯规划需要了解宏观环境变化的趋势,需要应对职业环境的复杂性和多变性。

1. 全球化

"地球是平的",全球化已不仅局限于经济全球化,而且渗透于我们生活中的各个方面。日本的地震海啸使世界许多国家都感受到了核辐射的威胁,美国华尔街金融危机使全世界爆发严重的经济危机。全球化的时代背景下,每个人的职业发展不可避免地要与国际社会的经济发展变化相关联。因此,职业生涯规划要有全球化眼光,必须在这一鲜明的时代背景下进行规划和发展。

2. 知识经济

以信息革命为代表的第三次科技革命推动世界经济由物质经济转向知识经济,经济发展动力由以资金、物质、人力为主转向以技术、信息、资金为主。尤其是发达国家的经济比以往任何时候都更加依赖于知识的生产扩散和应用。此外,技术发明、创新及其转移和普及时间的缩短,加快了科技转化为生产力的速度,也使得职业的更新变化速度越来越快。

3. 互联网带来的变革

互联网改变了或正在改变着我们的生活方式、工作方式以及思维方式。互联网跨地区、跨领域,超越了时间、空间的限制,打破了国家和地区有形和无形的壁垒,首次将人类引领到了全球性的资源共享社区和"自由贸易区"。在网络时代,人们面对最大的资源——知识和人力资本,可谓唾手可得。不管你现在的工作和收入与互联网有没有关系,你都应该感受到这场历史变革。

4. 文化的多元化

当今世界不同地区、不同文化、不同种族、不同宗教信仰的人们交往日益频繁,我们的职业环境面临的是多元文化员工的复杂性和不确定性,这就要求我们必须学会改变原来的文化传统和思维方式,承认差异,学会与有着不同文化背景的同事有效沟通,和睦相处。因此,要在文化多元化的环境中生活、工作和发展,就必须学会适应文化多元化的工作环境。

三、行业环境分析

行业的环境将直接影响到企业的发展状况,进而影响到个人职业生涯的发展。行业分析主要包括行业经济情况分析、国内外重大事件对行业的影响分析以及行业的发展前景分析几个方面。

1. 行业经济情况分析

行业经济会受到经济、政治、科技、国家政策变动的影响而呈现出不同的波动性。在进行职业生涯规划和择业时,大学生应该经常关注行业的变化情况,对将要从事的行业情况做出判断:分析该行业在社会中的作用怎样,对大众生活会有什么样的影响;了解该行业具有哪方面的竞争优势,而这种优势会持续多长时间;行业目前是朝阳行业还是逐渐萎缩的行业,等等。

2. 国内外重大事件对行业的影响分析

行业的发展会受到国际或国内重大事件的影响,进而影响到该行业能否提供较多的职业机会。比如,2015年3月,在十二届全国人大三次会议上,李克强总理在政府工作报告中提出制定"互联网＋"行动计划,推动移动互联网、云计算、大数据、物联网等与现代制造业结合,促进电子商务、工业互联网和互联网金融健康发展,引导互联网企业拓展国际市场。

3. 行业发展前景分析

行业发展的前景包括行业内和行业外两方面的分析。从行业内部分析来看,行业自身的生命力如何,社会大众的需求如何,是否有资金、技术的支持,等等,均会对行业的发展产生影响;而从行业的外部来分析,国家根据经济与社会发展出台的相关产业的鼓励扶持或限制政策也会对行业的发展前景产生直接影响。

四、地理环境分析

一个城市的地理环境会对该城市居民的工作、学习和生活产生直接影响,如城市的气候条件、行业基础、人文环境、文化品位、居民素质、城市规划及市政环境、发展定位和发展战略等方面的差异会直接影响到大学生的职业选择和发展前途。比如,同样作为国际化大都市的北京与上海,两者在地理环境上存在明显的不同:北京浓厚的历史文化底蕴承载着现代文明,所以文化产业比较发达;而上海较为发达的产业则是金融产业。所以,我们在进行职业生涯规划时,根据自己的喜好选择地理环境好、有利于自身发展的一些特定城市,也是可以理解的。

五、组织环境分析

组织环境对个人职业发展有着重要的影响,当组织环境适宜个人发展时,个人职业更容易取得成功。因此,大学生在进行职业生涯规划和择业时,必须认真考察自己"中意"的组织(机关企业事业单位、公司等)。从组织内部环境看,影响职业发展的因素是多方面的,但至少应该了解以下基本情况。

1. 组织的类型与属性

组织的类型与属性不同,对人力资源的要求也就不同,如高新技术企业会以技术创新开发人才需求为主,资本密集型企业强调员工的技术,知识密集型企业注重员工的科研能力,劳动密集型企业对员工的体能有着特殊的要求。

2. 组织的发展阶段

一个组织的发展会分为创业期、发展期、稳定期、衰退期四个不同的阶段。组织的发展阶段对人员的素质要求和职业发展影响很大。创业期的企业可能更注重人才的综合能力;发展期的企业随着生产规模扩大、产品结构调整或升级、新生产工艺的引进,会对员工的创新提出更高的要求;稳定期的企业可能更注重技术和规范;衰退期的企业需要信心、魄力等。

3. 组织的发展战略及前景

组织的发展战略主要指根据组织的经营战略、人才战略、发展重点、发展方向、核心竞争能力以及面临的机遇和挑战,科学预测组织的发展前景。

4. 组织的管理方式和文化

在选择进入某个组织前,要弄清楚该组织的管理方式属于民主型、制度型还是灵活型,同时了解组织的薪资收入空间和薪资制度、个人发展岗位轮换制度,如果觉得自己不能接受组织的管理方式和规章制度,就不要轻易选择这家组织。

组织文化是组织成员在长期的生产经营活动中形成并遵循的最高目标、价值标准、基本信念和行为规范。在选择进入某个组织前,要弄清楚该组织怎样对待新员工,是否要经常值班,是否干涉员工的生活,是否给员工培训和成长机会等。如果个人价值观和企业文化有冲突,不能认同企业的价值理念,就难以对组织产生忠诚感和满意度,更难以获得个人职业发展。

5. 组织中的人力资源状况

在一个组织中,各种资源都有其重要性,然而人力资源更加显得重要。组织中的人力资源状况是指组织目前的人员年龄、专业、学历结构是什么样的,组织中的人力资源发展政策是什么样的,等等。如果员工知道组织的人力资源规划,知道组织未来需要的人才类型和各类人才的需求量,就会知道自己的职业发展会有什么样的机会,进而制定出较为合理的职业发展规划。

案例 4-1　行业之选

俗话说:"男怕入错行,女怕嫁错郎"。在男女同样叱咤职场的今天,无论男性还是女性毕业生,能否选对行业都非常关键。职业是按劳动者的工作内容来划分,行业是按雇主的产品和服务内容来划分。即使从事同一职业,不同行业,其工作环境、内容、薪资待遇等都是不同的。例如在零售业做会计,和在咨询行业、金融业做会计是不一样的。求职选择要综合考虑行业的差异性,才能得到最优解。同样是你心仪的职业,如果有机会挤进高薪行业中,便可能得到更丰厚的报酬。

腾讯-麦可思调查发现,近 4 个月,2010 届本科毕业生签约的五大高薪行业为:采矿业(2 567元)、电信及电子信息服务业(2 526 元),金融、保险、房地产业(2 468 元),电力、燃气、公共环卫服务业(2 466 元),商业服务(咨询、法律、保安等)(2 269 元);高职高专毕业生签约的五大高薪行业为:电力、燃气、公共环卫服务业(2 300 元),采矿业(2 287 元),金融、保险、房地产业(2 198 元),电信及电子信息服务业(2 172 元),建筑业(2 101 元)。可以看到,本科与高职毕业生签约的高薪行业中,有 4 个是重合的,高职毕业生的签约薪资略低。

从行业对 2010 届大学毕业生的需求量来看,当前制造业仍是签约比例最高的热门行业,有20%的已签约大学毕业生签约于该行业。值得注意的是,居于五大高薪行业的电信及电子信息服务业也在签约量最大的五个热门行业之列,并且"金融、保险、房地产业"、"建筑业"也分别成为本科和高职高专毕业生的高薪热门专业。

资料来源:网络.腾讯-麦可思.2010 届大学毕业生求职分析报告.

启示:虽然说"三百六十行,行行出状元",但是,不同行业的状元所得到的回报是完全不同的。做相同的事情为什么薪资的差别那么大,就是因为你选择的行业的回报率不高,所以,行业和个人发展息息相关,选择什么样的行业,就有了什么样的发展空间。

任务二　畅想职业世界

知识目标

1. 了解职业的概念、特性及其分类结构。
2. 掌握探索工作世界的方法。
3. 了解能力与技能的概念,从而理解能力、技能与职业的关系。

能力目标

能够主动了解和自己专业相关的职业,以积极的心态面对工作世界。

任务分析

"选择职业是人生的大事,因为职业决定了一个人的未来,选择职业,就是选择将来的自己。"本章节通过学习和了解外部职业世界,让同学们能掌握一些常用的探索工作世界的方法,以寻求胜任心仪的工作。

知识链接

一、职业

1. 职业的定义

《现代汉语词典》解释说,职业是指个人在社会中所从事的作为主要生活来源的工作。这一定义比较宽泛,属于广义的职业范畴,而我们通常所指的职业是狭义的职业范畴,即职业是人们为了谋生和发展而从事的相对稳定的、有收入的、专门类别的社会劳动,即人们所获得的一系列社会位置。它是人们的生活方式、经济状况、文化水平、行为模式、思想情操的综合反映,也是一个人的权利、义务、责任、地位的一般性表征。

2. 职业的特性

职业特性反映了劳动者在长期的实践活动中所形成的与其他形式的劳动相区别的本质属性。职业具备以下几个特点:

(1) 社会性。职业使每个以个体存在的劳动者获得了社会身份,得到了社会承认。人们的各种社会活动也大多建立在职业的基础上。

(2) 经济性。个人通过职业活动获得一定的经济收入或报酬。

(3) 技术性。不存在没有技术的职业。一个人无论从事何种职业,都必须具备该职业所需要的专业知识和技术。

(4) 群体性。从形式上表现为一定数量的劳动者所形成的职业活动,实质上是一定数量的劳动者所从事的不同工序、工艺流程表现出的协作关系,以及由此产生的人际关系。

(5) 规范性。劳动者所从事的职业活动必须符合国家法律规定和社会伦理道德准则,而劳动者本身也应遵守相应的法律法规。

(6) 时代性。职业随时代的发展而变化,新的职业不断产生,原来的职业也在获得新的时代内容,某些职业也随之消失。

3. 新旧职业的对比

一批旧的职业已经或正在消失,如电报员、电报投递员、照相馆里的着色工、铅字制版工;而新职业层出不穷,如短信写手、农民经济人、职业道歉人、职业讨债人、职业道谢人、新闻线人、代驾员,等等。这类新的职业往往呈现出诸如工作自由度提高、工作方式多样化、职业变动频率加大、知识与能力本位并举、新知识成为重要的生产要素等一系列基本特征。

二、了解职业世界

1. 有关职业世界的一些基本事实

大学生在探索职业世界时,应了解和自己专业相关的职业有哪些,学习专业知识的目的是帮助人更好地发展自己,绝不是限制人的发展。当我们用更广阔的思路来看职业世界时,会更容易理解下面的一些基本事实:

(1)目前职业世界中有超过 20 000 种的职业,对于大多数人来说,都有数种职业适合他们。

(2)调查表明,各个经济收入阶层和各种行业领域的人都热爱自己的工作。

(3)没有哪一种职业能够完全满足你所有的需要,所有的职业都有其局限性和令人失望之处。你需要通过其他活动来平衡你的生活,才有可能感觉到完满。

(4)工作市场和经济形势时常都发生变化,甚至是急剧的变化。有的行业在目前可能充满了机会,但却会在数年内饱和。

(5)转换工作成为一种惯例。

(6)培训和再教育成为常事。

(7)多种工作形式可供选择。

在职业世界中,每个人都有可能找到属于自己的那个职业。一个决定可能不会持续一生,也常常伴随着风险,因此,需要个人不断调整和变化,才能保持满意度。面对职业世界,我们需要学会如何应对工作的变动,而不是一意去回避它。

2. 与具体职业相关的信息

当探索职业世界涉及某个具体工作时,需要了解的信息更为细致,通常包括以下八个方面:① 公司文化和规范;② 工作内容和职责;③ 工作要求的知识、技能和素质;④ 工作要求的资历和资格;⑤ 工作时间、地点和环境;⑥ 工作的可发展空间;⑦ 薪酬待遇和福利;⑧ 如果要去应聘,还需要了解公司的招聘文化。

3. 形成预期的职业库

职业世界的信息浩如烟海,很多学生在探索职业世界时,根本不清楚该如何进行。如果有一个范围,则相对会简单许多。首先,要结合自我探索中自己适合的职业,加上心目中理想的职业,通过"头脑风暴"的方法,形成一个自己的"职业清单"。其次,分析职业清单中所列职业的共同点,就可能启发你想到更多值得探索的职业。最后,结合自身能力和价值观再次从职业清单中进行筛选,最终就得到你预期的职业库。

研究表明:在形成预期职业库的时候,库的大小根据自己的情况要有适当的平衡,通常5~10 个职业是比较适中的。在信息探索过程中,抛开自己固有的想法,保持开放的心态,就容易获得客观的信息。

三、探索职业世界的方法

1.《中华人民共和国职业分类大典》探索法

《中华人民共和国职业分类大典》(简称《大典》)参照国际职业分类标准,从我国实际出发,按照工作性质的同一性原则,对我国的职业进行了系统划分与归类,全面客观地反映了现阶段我国社会的职业结构状况。根据我国国民经济现状,1999 年颁布的《大典》将我国职业划分为 8 个大类,66 个中类,413 个小类,1 838 个职业(细类)。2005 年、2007 年分别对现代制造业、现代服务业和信息产业领域增补了 77 个、31 个新职业。这种职业分类基本上包括了社会上的各行各业,体现了大职业的观念。然而,这一职业分类只分到职业项目,没有给出职业岗位。社会职业岗位是由社会劳动生产过程中的组织和社会经济、政治、文化、生活中的组织决定的。

2. 工作世界地图探索法

美国考试中心(ACT)在兴趣的两维基础上,将职业群体的具体位置标定在坐标图上,从而得到工作世界地图,如图 4-1 所示。该图共 12 个区域、20 个职业群被标定在图中。同学们可以根据自己的兴趣类型在该图中的位置,通过与不同职业群的远近位置比较,进一步扩展与自己的职业相关的网络资讯的搜索范围。

图 4-1 职业分类图(Prediger(1993)美国大学考试中心(ACT))

一个工作系列的位置由其首要的工作任务决定,总共有四种首要的工作任务:数据、观念、物、人。

(1) 数据(事实,记录,文件,数字,计算,商业过程,系统性程序)。数据性任务是不与人直接打交道的任务,它通过人来促进商品/服务的消费(例如,通过组织或传达事实、指示、产品等)。销售代理商、会计以及空中交通管制者的工作主要是与数据打交道。

(2) 观念(抽象概念,理论,知识,觉察,洞察力,以新的方式表达或做事情,例如,用文字、方程式或音乐)。观念性任务是个人头脑中的工作,如创造、发现、解释和综合抽象概念或抽象概念的应用。科学家、音乐家和哲学家的工作主要是与观念打交道。

(3) 物(机器,工具,生物,材料如食物、木头或金属)。物的任务是与人无关的任务,如制造、运输、维修和修理。砖匠、农夫和机械工的工作主要是与物打交道。

(4) 人(帮助、照顾人们,为他们服务,提供信息或卖东西给他们)。人的任务是人际间的任务,如看护、教育、服务、娱乐、说服或领导他人……总之,是要在人类行为中引起一些改变。教师、销售人员和言语治疗师的工作主要是与人打交道。

3. 由近及远探索法

所谓近和远,是指信息与探索者的距离。通常近的信息比较丰富,远的信息更为深入;近的信息较易获得,远的信息则需要更多的投入和与环境的互动才能了解。所以,从近至远的探索是一个范围逐渐缩小、了解逐渐加深的过程。

举例说明(顺序由近及远),非正式评估(听说的职业)→兴趣测验的领域定位→印刷品及视听材料→计算机辅助信息→与家人或朋友的讨论→与从业人员交流→实地参观→发展合作式的工作经验→暑假打工→专业实习。

4. 生涯人物访谈法

生涯人物访谈处于近与远的中间,在效率和信息的真实性上有比较好的平衡。这种方式是指大家对身居自己感兴趣职位的人进行采访。接受访谈者应是我们称之为"生涯人物"的人,在这个职位上已经工作了三至五年甚至更长时间。为防止访谈中的主观影响,应至少访谈两人以上,如既与成绩卓然者谈,也与默默无闻者谈,则效果会更好,见表4-1所示。建议大家在正式进行访谈前,至少做两件事:一是为自己准备一个"30秒广告",因为在访谈过程中,对方可能会问到你的职业兴趣和目标;二是对需要提出的问题做一些准备,这样有助于访谈的深入进行,能够取得较高的效率。

表4-1 生涯人物问题访谈清单

职业资讯方面	生涯经验方面
1. 工作性质、任务或内容	1. 个人教育或训练背景
2. 工作环境、工作地点	2. 投入该职业的决策过程
3. 所需教育、训练或经验	3. 生涯发展历程
4. 所需个人资格、技能	4. 工作心得:乐趣和困难
5. 收入或薪资范围、福利	5. 对工作的看法
6. 工作时间	6. 获得成功的条件
7. 相关就业机会	7. 未来规划
8. 进修和升迁机会	8. 对后来者的建议
9. 组织文化和规范	
10.未来发展前景	

我们身处一个资讯发达的时代,搜寻工作信息的方法有很多很多,例如行业展览会、信息面试、角色扮演等也都是不错的途径。对于工作世界的探索,光讲方法是不够的,关键还要做到有心,随时留意周围的信息。一次谈话、一份身边的广告,都可能帮助你逐渐建立起对工作世界的了解。另外,对于工作世界的探索只有太晚没有太早。

案例分析

案例 4 - 2 有哪些近几年被 90 后、95 后追捧的新职业?

这个问题很赞,终于给了我动力,细细翻阅美世的《2017 全球人才趋势调研报告》(以下简称《人才趋势》)。

未来的工作将是怎样的? 哪些工作会受欢迎?

不仅是年轻人在思考这个问题,企业也在思考,美世也在思考。

通过这次针对 20 个行业,横跨 37 个国家,覆盖 400 多名企业高管、1 700 位 HR 以及 5 400 名员工的调研。我们发现了 4 个有趣的趋势:

趋势 1:高价值工作将关注设计与创新。

本次调研中,63% 受访的中国 HR 预计在未来三年将更关注设计与创新。这一数据在全球市场上是最高的。

这并不让人意外。

中国已经走在了科技发展的最前沿。随着人工智能、大数据以及自动化的发展,未来的工作也会开始进化。阿法狗已经证明,在某些领域,机器能比人做得更好;而在另一些领域,尤其是那些需要感性人才和理性机器配合的岗位,则变得前途光明。

当然,知易行难。企业还不能做到对员工创新的支持。那么对职场人来说,如何将创新印在自己的骨子里,如何成为敢于尝试敢于冒险的人才,将是决定我们未来的重要因素。

趋势 2:数字化的世界需要数字化的人才。

从移动互联网,到云存储,到大数据分析,到物联网,到 3D 打印,到机器学习,到人工智能,未来的所有工作都会在数字端,在云端完成。加拿大作家 Steuart Henderson Britt 有一句对数字化很有趣的点评:抛开数字化经营,就像是在黑暗中对人微笑。你知道自己在做什么,但也就你知道而已。

趋势 3:个性化的工作将受到追捧。

如今的年轻人越来越强调个性化,个性化趋势是科技发展带来的。

回想一下,大工业时代产线上的工人可以有个性吗? 他们没法发挥个性,他们都是生产线上的螺丝钉,依附于企业,服从于企业,脱离了企业,他们的技能很难养活自己。

如今,在互联网时代,这一代人有足够的资本要求个性,因为有了足够的能力,他们不需要依附于企业,不需要依附于公司,如果企业不提供良好的平台,他们完全可以去其他企业打拼,这就是所谓的 U 盘式生存状态。

随着自由职业的兴起,员工正在寻求更灵活,更具个性化的工作安排。不少企业已经意识到这一点,如今已经开始采取个性化的方案,设计个性化且有价值的福利,提供更多的弹性给员工。

趋势 4:多样化的技能组合。

未来的企业需要的人才,都是"斜杠人才"。当然这里说的斜杠人才,不是我们一般认为的美食博主/自媒体。更多的是领导力、数据分析能力等对于企业发展至关重要的能力。

不少企业已经把培养斜杠人才作为重点方向,培养人才掌握多样化技能可以令企业不偏离市场需求。HR与员工都将设计思维、创新能力、全球视野列为未来最需要的技能。

总之,未来能获得追捧的工作:关注设计和创新;拥抱数字化的岗位;保持灵活性和个性的工作;要求不止一项工作技能。

说到这里,你想到了什么岗位?

如果科技的颠覆将成为市场的新常态,那么我们如何为未来做好准备?

资料来源:知乎. 作者:美世咨询. 链接:https://www. zhihu. com/question/63209968/answer/207586683

启示:数字时代的到来,催生了许多与网络相关的新兴职业,如网络编辑、网络写手、数字版权经纪人等。由于这些职业需要创新精神和挑战意识,得到了越来越多年轻人的青睐。可以预计未来十年,对于"什么是职业",人们又将会产生一种全新的认识。

任务三　职业资格认证

知识目标

1. 了解从业资格、执业资格等相关概念,了解就业准入控制和职业资格证书制度。
2. 了解职业技能鉴定的相关内容、条件和方式。

能力目标

了解自己所学专业相关职业资格认证的情况,并制定出自己近期的考证计划。

任务分析

随着企业用人观念不断发生变化,如今那些既拥有大学高等教育背景,同时又取得国家相关职业资格证的大学生求职者,相当"抢手"。同时"应该参加何种考证?""考什么才有用?"则又成了学生中的普遍难题。本章节将帮助你系统了解有关职业认证、技能鉴定的具体情况,帮助大家理性制定符合自身职业发展的考证计划。

知识链接

一、与职业资格相关的概念

1. 从业资格

指从事某一专业(工种)学识、技术和能力的起点标准,也就是基本标准。

2. 执业资格

指国家对某些责任较大、社会通用性强,关系国家、社会公共利益的专业(工种)实行准入控制,是依法独立开业或从事某一特定专业(工种)的学识、技能和能力的必备标准。

3. 职业资格

是对从事某一职业的劳动者所必备的学识、技术和能力的基本要求。职业资格包括从业资格和执业资格。职业资格是一种综合的能力评价,包括从事某种职业所需要的生理和心理素质、思想品质素质、职业道德、职业知识、技能和技巧,也包括从事某种职业所必需的实践经验等。

职业资格分别由国务院劳动、人事行政部门通过学历认定、资格考试、专家评定、职业技能鉴定等方式进行评价,对合格者授予国家职业资格证书。

二、职业资格证书制度

1. 职业资格证书

职业资格证书是通过证书认定的考核鉴定机构,按照国家规定的职业标准或任职条件,对劳动者的技能水平或职业资格进行客观、公正、科学、规范的评价和鉴定的结果,是劳动者具备某种职业所需的专门知识和技能的证明。

职业资格证书是国家对申请人(即劳动者)专业(工种)、学识、技术、能力的认可,是求职、任职、独立开业和单位录用的主要依据,也是境外就业、对外劳务合作人员办理技能水平公证的有效证件。职业资格证书与职业活动密切相连,反映了特定职业的实际工作标准和规范。

从 2017 年开始,国家按照规定的条件和程序将职业资格纳入国家职业资格目录,实行清单式管理,目录之外一律不得许可和认定职业资格,目录之内除准入类职业资格外一律不得与就业创业挂钩。设置准入类职业资格,其所涉职业(工种)必须关系公共利益或涉及国家安全、公共安全、人身健康、生命财产安全,且必须有法律法规或国务院决定作为依据;设置水平评价类职业资格,其所涉职业(工种)应具有较强的专业性和社会通用性,技术技能要求较高,行业管理和人才队伍建设确实有需求。要求人力资源社会保障部门要加强监督管理,各地区、各部门未经批准不得在目录之外自行设置国家职业资格,严禁在目录之外开展职业资格许可和认定工作,坚决防止已取消的职业资格"死灰复燃",对违法违规设置实施的职业资格事项,发现一起、严肃查处一起。行业协会、学会等社会组织和企事业单位依据市场需要自行开展能力水平评价活动,不得变相开展资格资质许可和认定,证书不得使用"中华人民共和国"、"中国"、"中华"、"国家"、"全国"、"职业资格"或"人员资格"等字样和国徽标志。对资格资质持有人因不具备应有职业水平导致重大过失的,负责许可认定的单位也要承担相应责任。

2. 职业资格证书制度

国家职业资格证书制度是劳动就业制度的一项重要内容,也是一种特殊形式的国家考试制度。它是指按照国家制定的职业技能标准或任职资格条件,通过政府认定的考核鉴定机构,对劳动者的技能水平或职业资格进行客观公正、科学规范的评价和鉴定,对合格者授予相应的国家职业资格证书。

1998 年我国正式确定了国家职业资格证书制度的等级设置为 5 个级别:国家职业资格五级(初级),国家职业资格四级(中级),国家职业资格三级(高级),国家职业资格二级(技师级)、国家职业资格一级(高级技师级)。

3. 职业资格证书与学历证书的区别

职业资格是对从事某一职业所必备的学识、技术和能力的基本要求,反映了劳动者为适应职业劳动需要而运用特定的知识、技术和技能的能力。与学历文凭不同,学历文凭主要反映学生学习的经历,是文化理论知识水平的证明。职业资格与职业劳动的具体要求密切结合,更直接、更准确地反映了特定职业的实际工作标准和操作规范,以及劳动者从事该职业所达到的实际工作能力水平。

三、职业技能鉴定

1. 职业技能鉴定的含义

《劳动法》规定:"由经过政府批准的考核鉴定机构负责对劳动实施者实施职业技能考核鉴定。"职业技能鉴定是国家职业资格证书制度的重要组成部分,是一项基于职业技能水平的考核活动,属于标准参照型考试,它是由考试考核机构对劳动者从事某种职业所应掌握技术理论知识和实际操作能力做出客观的测量和评价。职业技能鉴定是国家职业资格证书制度的重要组成部分。

2. 申报职业技能鉴定的条件

职业技能鉴定是面向社会所有的劳动者,为其按照国家职业技能鉴定的标准提供职业技能鉴定服务。职业技能鉴定的对象具体包括各类大中专院校、职业技术学校和培训机构毕(结)业生,企业、事业单位的在职职工和社会各类人员。参加不同级别鉴定的人员,其申报条件不尽相同,可以根据鉴定公告的要求,确定申报的级别。

3. 职业技能鉴定的内容和方式

国家实施职业技能鉴定的主要内容包括:职业知识、操作技能和职业道德三个方面。这些内容是依据国家职业(技能)标准、职业技能鉴定规范(即考试大纲)和相应教材来确定的,并通过编制试卷来进行鉴定考核。职业技能鉴定的方式分为知识要求考试和操作技能考核两部分。知识要求考试一般采用笔试;技能要求考核一般采用现场操作,通过加工典型工件、生产作业项目、模拟操作等方式进行。

四、就业准入控制

1. 就业准入的概念

就业准入是指根据《劳动法》和《职业教育法》的有关规定,对从事技术复杂,通用性广,涉及国家财产、人民生命安全和消费者利益的职业(工种)的劳动者,必须经过培训,并取得职业资格证书后,方可就业上岗。实行就业准入的职业范围由劳动和社会保障部确定并向社会发布。

2. 国家对实行就业准入的具体规定

职业介绍机构要在显著位置公告实行就业准入的职业范围;各地印制的求职登记表中要有登记职业资格证书的栏目;用人单位招聘广告栏中也应有相应职业资格要求。职业介绍机构的工作人员在工作过程中,对国家规定实行就业准入的职业,应要求求职者出示职业资格证书并进行查验,凭证推荐就业;用人单位要凭证招聘用工。从事就业准入职业的新生劳动力,就业前必须经过一到三年的职业培训,并取得职业资格证书;对招收未取得相应职业资格证书人员的用人单位,劳动监察机构应依法查处,并责令其改正;对从事个体工商经营的人员,要取得职业资格证书后工商部门才予以办理开业手续。

3．职业资格证书制度与就业准入控制的关系

职业资格包括从业资格和执业资格。从业资格可以通过学历认定或考试取得,供用人单位参考;而执业资格必须通过考试方可取得,考试由国家定期举行。绝大部分的职业资格证书证明的是从业资格,并不作准入控制;在特定的领域,在一定范围内实行强制性就业准入控制的,是执业资格。国家劳动和社会保障部规定,生产、运输设备操作人员,农林牧渔生产人员,商业及服务业人员,办事人员等从事技术复杂以及涉及国家财产、人民生命安全和消费者利益的90个工种(职业),率先实行就业准入制度,这些人员必须取得职业资格证书后才能就业。

五、职业资格证书对高职毕业生的作用

1．职业资格证书的作用

随着我国人才评价制度逐渐与国际接轨,我国职业准入制度已初步确立,职业资格证书成为人们择业的"通行证"。通过实行就业准入控制,推行职业资格证书制度,一可以规范劳动力市场建设,为劳动者就业创造平等竞争就业的环境;二可以实现劳动力资源合理开发和配置,并使其纳入良性发展轨道;三可以促进劳动者主动提高自身的技术业务素质,使我国的就业从安置型就业转为依靠素质就业,达到使劳动者尽快就业和稳定就业的目的。

2．职业资格证书对高职毕业生的作用

在市场就业中不仅要有学历证书,而且还要有多个职业资格证书,这对提高劳动者素质,引导高职院校学科专业结构和人才培养结构调整,增强高职高专院校毕业生的就业能力、创业能力和工作能力,推动就业准入制度的实施具有重要意义。同样,它表明毕业生具有从事某一职业所必备的学识和技能,是毕业生求职、任职、就业的资格凭证和重要砝码,是用人单位招聘、录用毕业生的主要依据。

案例分析

案例4-3　报关员资格证书考试简介

报关员是指经海关注册,代表所属企业向海关办理进出口货物报关纳税等事务的人员。

主考机构:国家海关总署。

考试性质:国家报关从业人员岗位资格考试。

报考条件:具有高中或中专及以上学历。

考试时间:每年11月份。

报名时间:每年3月份。

考试内容:海关报关实务、国际贸易实务、实用报关英语。

证书效用:考试合格者可获得国家海关总署颁发的《报关员资格证书》,该证书在全国范围内有效,有效期为3年。

启示:我国进出口贸易的快速发展,为报关从业人员提供了巨大的就业空间。据相关行业协会推测,未来几年内,就业市场对报关员的需求将有数十倍的增长。为维护我国对外贸易的正常秩序,保证海关监管任务的完成,国家对报关从业人员有准入资格条件限制。因此,要成为报关员,须先过考试关。据了解,报关员资格考试难度较大,全国的平均考试合格率仅为8%。物以稀为贵,因此报关员证书的含金量相当高。

拓展阅读

经济转型为大学生就业提供新机遇

今年高校毕业生达765万人,再创历史新高。大学生就业情况成为各界关注的焦点。

判断大学生就业形势如何,一个核心指标就是签约率。教育部门数据显示,截至今年5月1日,2016届毕业生签约率比去年同期略有上升。

"从4月份的监测数据来看,多数监测省份进入市场求职的高校毕业生人数低于上年同期。这从一个侧面说明目前大学生就业形势总体平稳。"人力资源和社会保障部劳动科学研究所所长郑东亮说。

"进入市场求职的高校毕业生人数减少,说明大学生在人力资源市场的就业压力有所减轻。"人社部劳动科学研究所陈云博士说。

智联招聘近日发布的调查报告也显示,虽然应届毕业生供给不断攀升,但大学生选择"就业形势非常严峻"的比例却呈现下降趋势,半数应届毕业生认为目前就业形势可以接受。

"当前毕业生就业形势总体平稳,但平稳中也有压力。"陈云指出,2016年我国高校毕业生规模达到765万人,为历年之最,再加上近年来每年二三十万未就业高校毕业生需要继续求职,供给压力进一步加大。从结构看,适合部分专业高校毕业生的岗位相对不足,煤炭、钢铁等传统行业用人需求下降,招聘单位数量和岗位数量减少,在市场需求整体趋弱和高校毕业生规模继续扩大的情况下,部分地区仍将面临就业岗位减少、高校毕业生就业任务艰巨的形势。

对外经济贸易大学劳动与社会保障系主任李长安指出,大学生就业难问题不是现在才有的,即使在1999年高校扩招以前,大学生就业也并非容易的事。1998年,教育部公布的直属院校毕业生初次就业率只有70%左右。因此,要用动态的眼光看待我国大学生就业难问题。

"从国际上看,我国大学生的初次就业率和二次就业率仍处于中上水平。比如印度的大学生初次就业率不到50%,而我国高校毕业生初次就业率为70%左右、二次就业率超过90%。有工作意愿的大学生基本在当年年底都能实现有工作可做。"李长安说。

"目前所谓的大学生就业难,很多情况并不是说找不到工作。一方面,从就业过程看,主要是工作搜寻时间长、整个择业过程难,这包括就业信息获得、择业成本、家庭期望、各种应聘与考试准备等因素,使得大学生在选择就业上需要花费更多心思和精力。另一方面,从就业结果看,找到一个合适的满意工作难,因为薪酬水平低于预期、工作地点和工作条件不满意、岗位职能与专业不对口等原因,一些大学生对自己找到的就业岗位不是很满意。"陈云说。

压力之下也有机遇。目前我国经济增速总体上仍保持在合理的中高速区间,经济规模不断扩大,经济结构不断优化,经济活动领域不断拓展,为毕业生就业提供了基础条件保障。

"实施中国制造2025、'互联网＋',大力发展现代生产性服务业、生活性服务业,以及传统产业的转型升级,存在着大量稳定和提升现有岗位、创造新岗位的机会。"郑东亮说。

"从人力资源市场供求和企业招聘情况看,当前对毕业生需求较为旺盛的,主要还是转型升级启动早、力度大、取得明显进展和成效的地区和行业。"陈云指出,经济转型升级和结构调整优化是解决大学生就业的根本动力。

传统产业的转型升级,需要更多高素质人才支撑。随着传统产业行业加速转型升级,包括部分经营较好的私营企业在内的众多企业对员工文化水平要求提高,对高素质人才的需求进一步提升。比如,广东湛江市大力推动产业结构转型升级,进一步提升当地产业的整体实力和经济综合竞争力,带动经济迈上新水平,以促进高学历人才实现更充分就业。

新兴产业发展也为大学生就业提供了新的机遇和空间。近年来,信息技术和计算机服务、金融、电子商务等现代制造和服务业发展迅速,提供了大量适合毕业生的就业岗位。从人力资源市场数据反映出来的情况看,这些行业市场需求和企业实际用工都在增加。

"新技术、新业态、新模式的大量涌现,平台经济和分享经济的爆发式增长,新的就业资源和机会不断被开发,配置机制也更加灵活,大学生就业观念和方式更加多元化,创造了许多就业机会,也为大学生创业就业提供了机遇。"陈云说。据有关部门统计,"十二五"期间,有100万毕业生通过创业实现就业,其中很大一部分是在新经济领域。

随着区域经济发展,信息化和交通物流等基础条件改善,二、三线城市和中西部地区在吸纳大学生就业方面的能力增强,拓展了大学生择业空间。得益于大数据等高新技术产业的发展,贵州省已成为大学生就业的净流入地。

陈云判断,随着经济转型升级持续推进,结构改革加力深化,只要经济发展长期向好的大趋势不变,未来一个时期大学生就业形势仍将延续总体稳定的态势。但在当前就业形势更趋复杂的情况下,要多措并举,稳定实体经济增长,加强财税、金融、产业、投资等多项政策的协同配合,促进和保持就业岗位的持续供给,实现经济发展与扩大就业的良性互动。

在各级人社部门的共同努力下,高校毕业生公共就业服务的受益面不断扩大。人社部劳动科学研究所研究员张丽宾介绍,2015年所做的关于积极就业政策效果评估的结果显示,超过七成毕业生接受过某项或多项就业公共服务。

"要进一步完善有关大学生就业创业的政策和服务体系,让毕业生在校和离校后都能接受职业指导、职业规划、就业信息服务、职业培训、实习见习、创业教育和创业服务等系列就业创业的政策扶持和服务。"陈云表示,毕业生就业主管部门和相关职能部门要进一步完善工作协调机制,加强政策和服务的针对性,突出重点帮扶对象,实现精准扶持。同时,要出台政策,进一步加大引导和促进高校毕业生到中西部地区、基层单位和中小微企业就业的力度。

(记者　韩秉志)

训练 4 - 1　找兼职(课上完成,5 分钟)

大学生进行实习或兼职的时候,以下几类工作是比较流行的,请比较分析其优劣,指出大学生如何根据个人条件找到合适的实习或者兼职岗位?(选择 1~2 个加以说明)

(1) 家教　　　　　(2) 导游　　　　　(3) 促销员　　　　　(4) 翻译

(5) 服务生　　　　(6) 企业实习生　　(7) 礼仪人员

_____

_____

训练 4 - 2　我的家族职业树(课上完成,10 分钟)

你知道家族中的成员都从事些什么工作吗?你对他们的工作有什么看法呢?让我们通过家族树的探索,来帮助你了解家人对你的职业期待以及你的自我期许究竟与家族职业有哪些关联?

请对照下面列出来的问题,把答案填写在空格中。

1. 我家族中最多人从事的职业是:

_____

2. 我想要从事这种职业吗?为什么?

_____

3. 爸爸(妈妈)如何形容他(她)的职业?爸爸(妈妈)平时会提到哪些职业?他(她)怎么说的?

_____

4. 爸爸(妈妈)的想法对我的影响是:

_____

5. 家族中还有谁对职业的想法对我影响深刻?他们怎么说?

_____

_____

6. 家族彼此羡慕的职业是?

_____

7. 对他们的想法我觉得:

_____

8. 我觉得家人对我未来选择职业的影响是:

_____

家人对各职业的评价往往表现了他们的好恶,例如:"千万不要当艺术家,可能连三餐都吃不饱","当医生好,不仅收入高,社会地位又高"等。

9. 我的家人最常提到有关职业的事是:

_____

10. 对我的影响是:

_____

11. 哪些职业是我绝不考虑,哪些职业是我有考虑的:

_____

12. 选择职业时,我还重视哪些条件:

_____

训练 4-3　我的"关系网"(课上完成,10 分钟)

赶紧告诉我的亲朋好友,我要工作啦!

第一类:包括那些最易接近的人,如密友、亲戚等,写下尽可能多的名字。重点记下 10 个左右可能给你带来工作机会的人的名字。尤其是你的学兄、学姐、老师,还有你的亲戚朋友,千万别忘了经常与他们保持联系。相同的背景及丰富的社会资源对你的求职帮助很大。

1. _____　2. _____　3. _____　4. _____　5. _____

6. _____　7. _____　8. _____　9. _____　10. _____

第二类:一般朋友或点头之交应归于此类。他们毕竟认识你,有可能也会相助。这类人中还应包括你所接触的社会人士。

1. _____　2. _____　3. _____　4. _____　5. _____

第三类:包括素昧平生但你却有充分理由相信会对你的求职有帮助的。你有可能从第一类或第二类朋友中听到过他们,或者在报纸或企业名录中查到过他们(包括成功校友)。

1. _____　2. _____　3. _____

训练 4-4　我的专业调查(课后实训)

1. 搜集你所学专业的人才培养计划,尝试描述你的专业及列举出所修课程。

_____

_____

2. 通过报纸、网络等渠道,查找 2～4 个招聘你所学专业的招聘信息,填入下表中。

企业名称	企业性质	招聘岗位	岗位要求

3. 通过各种渠道,了解什么是"岗位说明书",并选择一个与本专业有关的岗位(或从第 2 题中挑选 1 个招聘岗位),结合相关岗位要求或查阅资料,完成该岗位说明书的填写。

训练 4-5　回忆过去的成就(课后实训)

请回忆一下自己取得的成就,也就是那些自己做过的自认为比较成功或是感觉不错的事情。成就不一定是惊天动地的大事,可以是一件别人看起来微不足道的事。

衡量成就的两个标准:(1)你喜欢这一经历;(2)你为结果感到自豪。

1. 工作或者志愿者服务。

2. 学校:学业和课外活动。(请你回忆一下做得比较好的作业:你是否参加过学校的演出,是否参加过某个运动、乐队或合唱队……)

3. 家庭/信仰/娱乐/爱好/个人兴趣。(照顾小孩,做过家具,粉刷过房子,修理过玩具,布置过房间,踢过一场漂亮的足球)

4. 人际关系。(回想一下与人相处的情况,比如:抚慰他人的情绪,帮助别人解决问题,成为别人忠实的搭档,运用自己的魅力将大家组织起来)

5. 生活中的角色。(回忆一下自己在生活中扮演的角色,或是自己作为兄弟姐妹、儿子或女儿、工作者、学生、朋友、信仰者、领导者、追随者、组织中的成员取得的成就)

填写个人的成就表：

年龄	工作或者志愿者服务	学校：学业和课外的成就	在家庭/信仰/娱乐/爱好/个人兴趣方面的成就	人际关系及生活中的角色和其他成就

课后作业

知识点复习

1. 了解与职业相关的概念，如：产业、行业等。

2. 什么是行业环境分析？

3. 什么是从业资格、执业资格？什么是职业资格证书制度？

4. 高职教育实行的"一凭多证"制度，结合自身实际，阐述你对职业资格考试的看法。

实训项目

1. 我的专业调查。

2. 回忆过去的成就。

3. 制定自己近期的考证计划。

第一模块 职业生涯规划

学习情境五
职业决策训练

情境案例 不存在两个完全相同的生涯规划

职业生涯规划有一个特征,也可以说是宗旨:适合的就是最好的。而每一名职业生涯规划指导师也都需要把握一条准则,那就是:你可以帮来访者分析情况,但永远不能代替他做出决定。

我帮很多人做过职业生涯规划方面的咨询,其中有一个案例让我印象深刻:2009年8月,一个大学毕业生来做咨询,想要确定一条适合自己的职业之路。事实上,她的条件非常优秀,外形气质很好,而且能说一口流利的英语,专业也是当下的热门。按照我的判断,她的整体素质非常适合到外企发展。

但是,她说了一段出乎我意料的话:"李老师,我并不想进外企,我希望自己能进国企。相对来说外企竞争太激烈,不稳定。我希望压力小点儿,稳定点儿,希望工作之余有更多的时间和精力去经营自己的爱情、婚姻和家庭。"显然,这个学生并不像当下很多年轻人那样把高薪和外企的名声看得那么重,相反的,她更看重生活的稳定性和家庭要素。

听了她的叙述,我理解了什么样的职业生涯才是她要的,也是能够带给她幸福快乐的。

在一个鼓吹成功学的年代里,人们提起生涯规划想到的就是"怎样做个成功人士"。其实,职业生涯规划的目的从来都不是让每个人都去做伟人和成为精英,它只是按照人们各自不同的需求和条件,帮助他或她设计出适合的职业道路而已。职业生涯规划没有简单的模式可以套用到任何人身上,就像天底下没有两片绝对相同的树叶,同样,也没有两个完全相同的职业生涯规划。

所以,做好个人职业生涯规划的方法之一就是:说出你的故事。

我真心期盼在我们这样一个人人都需要自我管理的时代,每个青年人都能大胆率真地说出自己的过去、现在和未来。

资料来源:青年心理网-《青年心理》.

高职学生职业发展与就业指导

【思考与讨论】

思考你的人生目标究竟是什么？你的人生需要怎样的精彩？

任务一　确立职业目标

知识目标

1. 了解职业定位的含义及其步骤，掌握大学生职业定位的重点。
2. 掌握职业目标设定的方法、职业目标的分解以及如何进行差距分析。

能力目标

掌握正确的目标设立方法，能够为自己的生涯发展设立长远和近期目标并做出相应的行动计划。

任务分析

清晰而长远的职业目标是个人职业发展的不竭动力和指路明灯，它激励人们克服困难，排除干扰与诱惑，向着明确的方向不懈地前进，直至实现目标。通过本章节的学习，帮助同学们进一步明确自己的职业定位，将理想化作具体而明确的目标并分阶段实施，让理想转化为现实。

知识链接

一、明确职业定位

1. 职业定位的含义

职业定位是自我定位和社会定位两者的统一，一个人只有在了解自己和了解职业的基础上才能够给自己做准确定位。因此，职业定位包含以下两层含义：一是确定自己你是谁，你适合做什么工作；二是告诉别人你是谁，你擅长做什么工作。

2. 职业定位的步骤

职业定位可以具体分为以下几个步骤：第一步，要了解自己。主要包括核心价值观念、动力系统、个性特点、天赋能力、缺陷等。方法：可以自我探索，可以请他人做评价，可以借助测评工具充分地了解自己。第二步，要了解职业。包括职业的工作内容、知识要求、技能要求、经验要求、性格要求、工作环境、工作角色等。第三步，要了解自己和职业要求的差距，需要仔细地比较各个方面要求的差距。你可能会有多种职业目标，但是每个目标带给你的好处和弊端不同，你需要根据自己的特点仔细地权衡选择不同目标的利弊得失，还要根据自己的现实条件确定达到目标的方案。第四步，要确定如何把自己的定位展示给面试官。确定了自己的职业取向和发展方向之后，你需要采用适合的方式传达给面试官或者上司，以此获得入门和发展的机会。

3. 职业定位的作用

一是自我认识,通过 SWOT 分析工具(任务三中有 SWOT 分析的详细介绍),能让你更全面地了解自身的优劣、劣势与机遇、挑战;二是工作匹配,找出适合你的工作内容和工作环境;三是发展建议,分析你在不同环境中的优劣势,扬长避短。

4. 几类特殊人群的定位重点

对于大学生而言,定位重点在于澄清自己有什么。大学生常常过高或者过低估价自己,过于看重自己的文凭,或者看重自己的成绩,有的过于低估自己身上的潜质,所以对于大学生而言,既需要认真地分析自己,又需要多了解社会需求,以求准确地定位。对于白领阶层而言,定位重点在于确定轻重缓急。白领阶层在接触社会之后,已经明白了自己的特点,也明白了社会的要求,但是因为定位混乱,在发展的路上非常容易受到外界的干扰。对于管理人员而言,定位重点在于搞明白要什么和放弃什么。管理人员已经取得了较大的成功,但是下一步的发展不是一个简单的追求过程,而是获得和放弃的问题。你可能追求速度,但是要放弃稳定;可能要追求权利,但是要放弃技术;可能要追求挑战,但是要放弃休闲。这个阶段是一个得与失。

二、确定职业目标

1. 职业目标选择遵循的 SMART 原则

(1) 具体的:要用具体、明确的语言清楚地说明要达成的行为标准,不能含糊不清的,同时要注意使用正面语言。

(2) 可衡量的:可以量化的,能度量的,目标可衡量才能计算达成度。

(3) 可能的:目标可以达成,订立目标不要贪多,太多目标等于没有目标。

(4) 有益的:目标要有一定意义,让人感觉目标一旦达成,付出的辛苦是值得的,所得的收获让人内心感到满足和愉悦。

(5) 有期限的:有明确时间限制的。

2. 职业目标分解

职业目标分解是根据观念、知识、能力等的差距,将职业生涯的远大目标分解为有时间规定的长、中、短期目标,直至将目标分解为某确定日期可以采取的具体步骤。目标分解是将目标清晰化、具体化的过程,是将目标量化为可操作的实施方案的有效手段。按照时间可将目标分为长期目标、中期目标和短期目标;按照性质可以分为外职业生涯目标和内职业生涯目标。目标分解,要兼顾内外职业生涯目标,长、中、短期目标两个维度的交叉并用。

3. 差距分析

具体职业目标的确定需要进行差距分析,就是将现实条件与达成职业生涯目标的所需条件对照,找出其中差距。一般的步骤为:一是找出差距,包括思想观念上的差距、知识的差距、心理素质的差距、能力上的差距,等等;二是找出缩小差距的方法,如加强学习、教育培训,与有经验的人讨论交流、实践锻炼等;三是寻找实现途径,如选修相关课程、查询相关资料、了解教育培训方面的信息、兼职等;四是将可能的实现途径列入自己的目标计划内,越详细越具体越好。

三、行动

1. 行动的心态——FIRST 方法

（1）专注。你必须明确你最重要的目标,专注是你成功的第一前提。为了专注,你必须放弃一些东西。"舍得",有时候有"舍"才有所"得"。

（2）执行。按照短期计划,每天进步一点点,达到一定的熟练度或找到一些技巧后,可以逐渐提高任务的难度与标准,尝试不断冲破你的舒适区。

（3）反思。经常思考行动的执行过程,提炼心得与经验,会让你在目标实现的过程中做得更好,效率更高。

（4）反馈。寻求他人的反馈与帮助,不要永远一个人摸索。要知道,一个人总是存在或大或小的盲点。多与人沟通交流,可以借助他人的"慧眼"帮你发现更深的问题。

（5）延续。将你的经验与心得不断转移到下一个步骤,成功贵在坚持。当正确行动已形成习惯,成功可能就像惯性一样接踵而至。

2. 行动度量——TAR 度量方法

（1）时间。确定你行动计划的时间段和你要有效度量的时间段。

（2）行动。按照计划的要求你做了没有,做了打钩或涂黑确认。

（3）结果。如果你行动了,觉得结果如何? 满意还是不满意? 也可以用具体结果或数字来反映。

案例分析

案例 5-1　从普通文员到行政总监

　　林小姐是杭州人,26 岁,大专学历,中文专业,参加工作已 2 年多。刚毕业时,父母托关系把她安排到了一家报社做编辑。但由于文笔不好,工作成绩始终不行,压力越来越大的林小姐就辞职了。第二份工作是一家公司的文员,平时做一些打字之类的琐碎小事,学不到什么东西,于是林小姐又辞职了。后来她又找了几份工作,都和第二份工作差不多。目前林小姐在一家公司做经理秘书,对这份工作,林小姐还是比较满意的。

　　最近同学聚会,林小姐发现周围的老同学个个比自己混得好,有些已当上了经理。再看看自己,经理秘书虽听起来不错,但不过是吃青春饭,说不定哪天就失业了,所以林小姐想换一份稳定的工作。想来想去,除文员、经理秘书这些以外,也想不出其他工作了。她该怎么办呢?

　　◆**职业顾问分析**

　　林小姐的问题,就是典型的"职业迷茫"问题。职业顾问认为,造成"职业迷茫"的直接原因就是缺少职业规划。那么,职业规划到底应该怎么来做呢?

　　科学的职业规划应包括适合自己的职业目标和职业发展路径。

　　一、职业目标

　　职业目标是职业规划的重点,其正确与否直接关系着事业的成败。寻找适合自己的职业目标,应该从以下四点考虑:自身性格与职业的匹配度;兴趣爱好与职业的匹配度;自身特长与职业的匹配度;所选职业的发展趋势。

从职业目标上看,林小姐缺少清晰明确的职业目标。要摆脱目前的状态,须先确定自己的职业目标。

二、职业发展路径

职业目标的不同决定了发展路径的不同,以林小姐为例,如果把行政管理作为职业目标,目前的文员工作是比较符合这个目标的发展路径的。文员—行政助理—行政主管—行政经理—行政总监,可以算是一条很清晰的发展轨迹。

◆规划专家建议

根据对林小姐的职业倾向性测试和工作经验、能力的综合分析发现,林小姐最适合的是行政人事管理类的工作。根据林小姐的情况,专家提出两点建议:一、林小姐尽快进行行政人事管理方面的培训和学习。二、文员的工作已经不适合其年龄和发展了,跳槽也成了当务之急,出来谋求职业的定位点应该在中小型企业的行政部门。中小型公司行政人事联合操作的状况比较多,可以积累人力资源工作经验和能力,然后下一步可以朝行政、人事两条路线行进,无形中拓展了自己的发展层面,最终可发展到企业行政人事总监或者主管行政人事的副总职位。

◆行动计划

在专家的帮助下,通过一段时间的努力,林小姐终于获得了适合的职位。虽然工作辛苦了一些,但获得的是自身实际的职业能力和明晰的发展路线,彻底从职业尴尬局面中解脱出来,走向了职场"得宠"阶段。

资料来源:网络.第一职场.

启示:确定正确的目标和方向,选择正确实现目标的路径都是极其重要的。作为大学生更应该学习正确选择的方法,根据自身实际情况和所追求的目标,做出正确而理性的选择,并进行有计划性和有针对性的准备,正确的选择和有效的准备才能使我们实现自己的职业目标和人生理想。

任务二 解析决策模型

知识目标

1. 了解认知信息加工理论,重点掌握 CASVE 决策模型。
2. 了解不同的决策风格。

能力目标

能够辨认自己在重大问题上常用的决策风格,掌握计划型的决策方法。

任务分析

从本章节开始,我们进入职业生涯的决策环节。有时决策无论大小,可能或多或少都会给同学们带来一些困惑,甚至使他们左右为难。本章节通过介绍相关的决策模型,对一般人的决策过程和行为进行分析,提供科学的思维方式,让同学们即使在各种不同的因素作用下,也能够进行理性的选择和决策。

一、认知信息加工（CIP）理论

认知信息加工（Career Information Processing）是有关生涯发展的新方法。该理论认为，生涯发展就是看一个人如何做出生涯决策以及在生涯问题解决和生涯决策过程中如何使用信息的。

在20世纪90年代初期，桑普森（Samposn）、皮特森（Peterson）和里尔顿（Reardon）提出从信息加工取向看待生涯问题解决的认知信息加工理论。生涯发展的认知信息加工理论基于以下假设：生涯选择以认知和情感的交互作用为基础；进行生涯选择是一个问题解决活动；生涯问题解决者的能力取决于知识和认知操作；生涯决策要求要有动机；生涯咨询的最后目标是促进来访者信息加工技能的发展；生涯咨询的最终目的是增加来访者作为生涯问题解决者和决策制定者的能力。

该理论把生涯发展与咨询的过程视为学习信息加工能力的过程。该理论的提出者按照信息加工的特性构成了一个信息加工金字塔。

1. 位于塔底的领域是知识的领域，包括自我知识和职业知识

"自我知识"是指对自我的了解，包括兴趣、技能、价值观等，是大学生进行生涯决策时最需要考虑的部分。"职业知识"是对各种选择的了解，包括职业、教育和休闲的选择机会。在当今社会，工作、学习和娱乐的选择机会多样，要想有效而负责任地生活，就要根据自己的情况，收集和选择合适自己的机会，通过考察劳动力市场和职业信息，了解这些信息要怎样查找和评估，还要了解教育和培训的各种选择，包括资金支持的来源也要考虑，还有休闲和娱乐的各种选择。

2. 金字塔的中间领域是决策领域，也称为 CASVE 循环

CASVE 循环在整个生涯问题解决和决策制定过程中可以提供指导。CASVE 循环包括了沟通—分析—综合—评估—执行五个阶段。

3. 金字塔最上层的领域是执行领域

也称为元认知，即如何思考生涯问题和生涯决策的制定。这些元认知技能可以帮助我们了解何时要获取更多关于自我知识和职业知识的信息，何时启动 CASVE 循环，何时准备执行一个选择。在元认知中有三种重要的技能：自我对话、自我觉察、控制和监督。"自我对话"是指对自己能做出积极的评价，要有自信认为自己在这个领域是能胜任工作的和有能力的，这样可以产生一种积极的期待，并强化积极的行为。"自我觉察"是指个人能够意识到自己就是任务执行者。优秀的生涯问题解决者和决策制定者能够监督和控制在他们的决定上的内外部影响，因为他们有自我察觉的意识。自我察觉能够帮助我们平衡自身利益和他人利益。"控制和监督"是指问题解决和决策制定过程中的一个重要的部分。优秀的决策制定者能够了解何时需要收集更多的信息来获得对一个问题的彻底的理解。控制和监督能够在冲动性和强迫性之间确保一种最佳的平衡。

二、CASVE 决策模型实现

认知信息加工包括一套循环的一般职业问题解决和决策技能。这个循环称为 CASVE 循环，如图 5-1 所示。

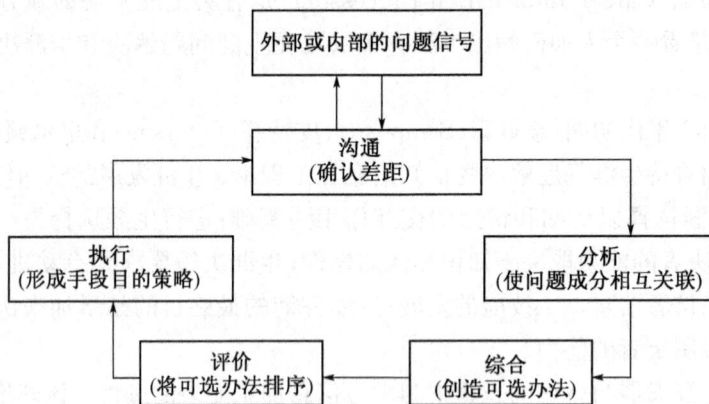

图 5-1　CASVE 循环

1. 沟通

我们每个人都要理解存在的差距，这种差距告诉我们开始有解决问题的需求。这些差距可以是外部的要求，比如不良的工作行为、自我破坏的行为、身体障碍或者抱怨；这些差距也可以是内部的状态，比如抑郁、焦虑或者其他暗含着的不适的情感。沟通的任务是由两个基本的问题构成的：我目前对自己职业选择的想法和感受是怎样的？我期望通过职业咨询获得什么？

2. 分析

澄清或者获得关于自己、职业、决策或元认知方面的知识。这其中包括获得我们需要的知识的步骤。

3. 综合

详细阐述并综合各种可供选择的办法。详细阐述包括考察各种可能性，以发现尽可能多的解决问题的方案。综合阶段旨在逼近那些与自身知识相一致的解决方案。

4. 评价

将所有可供选择的方案区分优先次序并且做出尝试性选择。这包括了在对所有可供选择的方案是否适合自己、环境以及与自己的生活关联最大的人进行研究之后，选择一个最好的可能性。

5. 执行

明确一个计划来执行尝试性的选择。这包括了准备计划、真实性测试和寻找职业的过程。

这个循环是一个回归过程：个体沿着这个循环向后、向前运动，对他们不断形成的决策需要和获得的信息资源进行反应。

三、决策风格

所谓风格,是指不同的人在做事方式上所表现出来的习惯偏好。而决策风格则是人们在做决策时表现出来的比较稳定的决策态度、习惯、方式等综合特征。决策风格对做事的效果和效率影响很大。常见的几种决策风格类型如下:

1. 痛苦挣扎型

这种类型属于不确定型决策。花很多的时间和精力来确认有哪些选择,收集信息、反复比较,却难以做出决定。比如,"对这件事情,我就是拿不定主意"。

2. 拖延型

这种类型属于不确定型决策,总是习惯将对问题的思考和行动都再往后推迟。当事人往往保持这样的心态:"到时候再说吧。"拖延的真实原因可能来自于对现实责任的逃避。

3. 瘫痪型

属于不确定型决策。当事人往往接受了自己做决定的责任,却无法开始决策过程。比如,"我知道我应该开始了,但想到这件事我就害怕"。

4. 冲动型

这种类型属于风险型决策或不确定型决策。当事人往往会抓住遇到的第一个选择,不再考虑其他的选择或收集信息,比如,"先决定,以后再考虑"。

5. 直觉型

属于风险型决策。当事人往往总将自己的直觉感受作为决定的基础。比如,"就是爱你没商量"。

6. 宿命型

属于风险型决策或不确定型决策。遇事不由自己决定,而将决定留给境遇或所谓的命运。比如"顺其自然吧"、"该怎么地就怎么地吧"。

7. 从众型

属于风险型决策或不确定型决策。当事人顺从别人的计划而不是独立地做出决定。比如,"他们都觉得好,我也就觉得好"。

8. 计划型

这种类型属于程序化决策。当事人往往很注重自己的经验,也很了解自己的能力、兴趣和价值观,即使面对复杂的现实决策环境,也能做好妥善的规划。

案例分析

案例 5-2 刘德华的选择

"第一次要面对人生抉择是中五毕业那年,左手拿着无线艺员训练班的报名表格,右手拿着应届高等程度教育课程的报名表,顿时觉得自己的前途都掌握在自己手中。

要继续学业,还是去读艺员训练班?再念两年中学毕业后又何去何从?是再念大学,然后学士、硕士、博士这样一路念下去?还是选修艺员训练班有一技之长,将来无论条件符合与否,台前幕后也好,总算有门专业知识傍身?

一连串的问题此起彼落在我心中想起,魔鬼天使各据一方,展开辩论大会。

反反复复地考虑,我把自己的优点和缺点逐一写在纸上,自己理智地分析利弊;这样念书一直下去适合我的性格吗?我喜欢什么样的人生呢?平稳安定,还是多姿多彩,充满挑战?

直到那一天才明白,人才是自己生命最大的主宰,向左走还是向右走都是自己决定的路,与天无忧。我的心做了我的指南针,只有它才会明白我要的方向,也是它让我选择了左手那张报名表。

资料来源:刘德华《我是这样长大的》

启示:哲学家说:"人生不可能同时踏入两条河流。"因此,我们必须随时做出选择,必须学会舍弃,必须突破一个又一个两难困境,在突破中获得并享受一种力量感。

任务三 决策工具应用

知识目标

1. 了解决策平衡单的四个主题,掌握其使用的具体方法和步骤。
2. 了解 SWOT 分析法的内容及其相关战略。

能力目标

学会使用决策平衡单、SWOT 分析法进行职业选择或解决实际生活中遇到的决策问题。

任务分析

本章节通过对决策平衡单、SWOT 分析法两种决策工具的介绍,更加强化同学们的理性思维,教会大家如何在综合各种信息的基础上进行科学有效的决策,进一步学习突破各种职业决策障碍和转化非理性职业信念的技巧,较好地制定出自己的职业生涯规划。

知识链接

一、决策平衡单

在整个生涯决策的实施过程中,一般人最感到困难的是对不同选择方案如何评估。利用平衡单来决策,将纷乱无序的各种念头变得数量化,一目了然,因而更能做出理性的决定。

平衡单将重大事件的思考方向集中到四个主题上:① 自我物质方面的得失;② 他人物质方面的得失;③ 自我赞许与否(自我精神方面的得失);④ 社会赞许与否(他人精神方面的得失)。它可以帮助决策者具体地分析每一种可能的选择方案,考虑各种方案实施后的利弊得失,最后排定优先顺序,择一而行。

二、决策平衡单在职业选择中的运用

当个体面对多种选择而无法决定时,平衡单是协助个体理智决策的一种有效方法。平衡单的内容主要包括个体可选择的方案、着重的相应因素、因子的评分和加权等。

1. 进行开放性的会谈或思考

作为一名决策者,你可以从以下几个方面进行一次全面、深入的思考。比如,你对将来寻找工作这件事怎么认识,有没有明确、具体的计划?你曾经考虑过各种职业意向,可不可以将最近几个月来仔细考虑过的职业一一列出?是否能给这几个你认为最合适的职业排个先后顺序?将你的注意力集中在两个最优先考虑的职业:A和B,考虑这两种职业各有什么优点和缺点。假如今天你必须下决心做最后的决定,你觉得如何?

2. 列出平衡方格单上所需要考虑的项目

以找工作为例,从"个人物质方面的得失"的角度一般考虑的项目会有:收入、工作的困难、升迁的机会、工作环境的安全、休闲时间、生活变化、对健康的影响、就业机会等因素;从"他人物质方面的得失"的角度一般考虑的项目会有:家庭经济、家庭地位、与家人相处的时间等因素;从"个人精神方面的得失"角度考虑的项目会有:生活方式的改变、成就感、自我实现的程度、兴趣的满足、挑战性、社会声望的提高等因素;从"他人精神方面的得失"的角度考虑的项目会有:父母、师长、配偶等因素。

3. 各项考虑加权计分

平衡方格单上列出来的项目对决策者而言,具有不同程度的重要性,而哪些是最重要的?例如,某一名决策者,考虑"他人精神方面的得失"时认为,来自父母的意见是最重要的,其次是自己女朋友的意见,最后是师长给的建议。那么,该决策者可以给最重要的加权设定为5(一般采用五点量表),也就是来自父母的意见的得分乘以5;较重要的加权设定为4,也就是来自女朋友的意见的得分乘以4,其他可以此类推。

4. 增加其他的选择

如果觉得有新的生涯目标(或职业),可以考虑补充进去。虽然原有的各种选择均已完成加权的计分,但是也可以重新填写平衡方格单,按照以上的步骤继续完成平衡单的加权计分。

需要说明的是平衡单内的所有评分和权重设定都是个体的主观评定,对不同的个人来说,平衡单的内容可能会完全不同。因此,平衡单只能用于个体内比较,而不能进行个体间比较。而通过决策平衡单所得出的最后决定,也不一定是永久的决定,也许只是暂时的决定,因为它是根据"目前"决策者所能搜集到的资料以及决策者对自己了解的程度所做的决定。

三、SWOT 分析法

SWOT 分析法又称为态势分析法,它是由旧金山大学的管理学教授于 20 世纪 80 年代初提出来的。这种方法主要运用于市场营销领域,是市场战略分析家最常用的战略分析方法,他们运用这种方法对企业所处的情景进行准确的分析,并根据分析结果制定企业最终的发展战略,从而提高决策的科学性。而近年来,SWOT分析法又常常被作为生涯决策分析方法使用,用以检查个体的技能、能力、兴趣,分析个人优缺点,评估出自己所感兴趣的不同职业道路的机会和威胁所在。

SWOT四个英文字母分别代表:优势(Strength)、劣势(Weakness)、机会(Opportunity)、威胁(Threat)。从整体上看,SWOT可以分为两部分:第一部分为SW,主要用来分析内部条件;第二部分为OT,主要用来分析外部条件。

利用这种方法可以从中找出对个体有利的、值得发扬的因素,以及对个体不利的、要避开的东西,发现存在的问题,找出解决办法,并明确以后的发展方向。根据这个分析,可以将问题按轻重缓急分类,明确哪些是目前急需解决的问题,哪些是可以稍微拖后一点儿的事情,哪些属于战略目标上的障碍,哪些属于战术上的问题,并将这些研究对象列举出来,依照矩阵形式排列,然后用系统分析的思想,把各种因素相互匹配起来加以分析,从中得出一系列相应的结论,而结论通常带有一定的决策性,有利于领导者(决策者)做出较正确的决策和规划。

四、SWOT分析法在职业选择中的运用

在职业生涯决策的过程中,运用SWOT分析方法可以对自身的优势和劣势,以及一生中可能会有的机遇,职业生涯中可能有的威胁进行全面分析,并将自身条件和外部环境结合起来,制定出科学合理的职业生涯规划。

1. 构建SWOT矩阵

在对自身的优势和劣势,以及周围的职业环境存在的发展机会与外在威胁因素的分析的基础上,构建个人的SWOT矩阵对做出正确的职业选择会有很大的帮助。下面以大学生为例,分别做一个阐述。

(1) 自身优势分析。是指个体可控并可利用的内在积极因素,即与竞争对手相比自己最出色的地方。这包括以下几个方面:具有竞争优势的教育背景;丰富的专业知识和技能;自身具备的特定的可转移技巧(如沟通、职业道德、团队合作等);自身具备的优秀品质(如承受工作压力的能力、创造性、乐观等);曾经拥有过的最宝贵的经历(如工作经验等);广泛的个人关系网络;在专业组织中的影响力等。

(2) 自身劣势分析。是指个体可控并努力改善的内在消极因素,即与竞争对手相比处于落后的方面。这包括以下几个方面:学习成绩一般或较差;缺乏目标,且对自己的认识不足;以往失败的经验或能力的缺陷(如较差的领导能力、人际交往能力、沟通能力和团队合作能力等);负面的人格特征(如职业道德较差、缺乏自律、缺少工作动机、害羞、性格暴躁等)。

(3) 机会分析。是指个体不可控但可以利用的外部积极因素,即有利于职业选择和职业发展的外部积极因素。这包括以下几个方面:国家出台的相关政策支持(如专业晋升的机会、就业机会增加等);专业领域急需人才;职业道路选择带来的独特机会;社会舆论的宣传和肯定;强大的关系网络(如亲朋好友的支持等);地理位置的优势等。

(4) 威胁分析。是指个体不可控但可以使其弱化的外部消极因素,即外部环境中存在

潜在危险的方面。这包括以下几个方面：就业机会减少；同专业竞争人数的增加（如具有丰富技能、经验、知识的竞争者等）；专业领域发展前景不乐观；所选择的单位环境不利于自身的发展等。

2. 制定策略

SWOT 分析工具提供了四种策略，即 SO 策略、WO 策略、ST 策略和 WT 策略。

（1）SO 策略（增长性策略）：就是依靠内部优势去抓住外部机会的策略。以企业为例，一个资源雄厚（内在优势）的企业发现某一市场未曾饱和（外在机会），那么它就应该采取 SO 策略去开拓这一市场。以个人为例，某一学生擅长计算机编程，而 IT 行业正缺乏相关人才，就可以在今后继续加强这方面的优势，让它成为各项素质中最具有竞争力的要素。

（2）WO 策略（扭转型策略）：是利用外部机会来改进内部弱点的策略。以企业为例：一个面对计算机服务需求增长的企业（外在机会），却十分缺乏技术专家（内在劣势），那么就应该采用 WO 策略，培养、招聘技术专家，或直接并购一个技术含量高的计算机公司。以个人为例：你所在的学校一般，专业偏冷，但你自己专业素质与实战技能足够好，前面的弱点因素就会影响甚微。

（3）ST 策略（多种经营策略）：就是利用企业的优势，去避免或减轻外部威胁的打击。以企业为例，如一个企业的销售渠道（内在优势）很多，但是由于各种限制，又不允许经营其他商品（外在威胁），那么就应该采取 ST 策略，走集中型、多样化的道路。以个人为例，金融危机使得就业机会变少，但并不是说实现就业的可能性为零，这种情况下，如果你拥有广泛的关系网络，可以较为轻松地找到理想的工作。

（4）WT 策略（防御型策略）：就是直接克服内部弱点和避免外部威胁的策略。以企业为例，如一个商品质量差（内在劣势）、供应渠道不可靠（外在威胁）的企业，应该采取 WT 策略，强化企业管理、提高产品质量、稳定供应渠道，或走联合、合并之路以谋生存和发展。以个人为例，自身工作经验不足，自己的社交经验不强，与同专业的大学生竞争时处在不利地位，那就有必要在以后多参加社会实践，多积累经验。

使用 SWOT 分析法制定策略，其依据是对研究对象在某一时间段内的内外因素所做的具体分析，这些因素并不是一成不变的，当外部因素发生变化时，直接影响到分析结果的准确性和制定出策略的可行性。这就要求我们在使用 SWOT 分析法时要敏锐地捕捉市场环境的变化因素，并提高对外在形势变化的预见性，根据最新情况对 SWOT 分析策略进行相应的调整。

案例 5－3　决策平衡单、SWOT 分析法使用举例

　　案例一背景介绍：小张是扬州某职业技术学院的应届毕业生，成绩优秀，家境一般。三年级期间，他一方面参加了专转本考试，临近毕业，他收到了所报考的本三院校录取通知书；另一方面，由于表现突出他同时被系部推荐到上海的某公司进行顶岗实习，而这时所在的实习单位也同意与他签订正式合同。面对就业还是升学，小张在学校就业指导人员的帮助下，通过决策平衡单进行了加权分析，最后做出了就业的选择。

小张的决策平衡单（分数范围 1～5）

考虑因素 \ 选项	权重	生涯选项一：就业 ＋	生涯选项一：就业 －	生涯选项二：升学 ＋	生涯选项二：升学 －
个人物质得失					
个人收入	4	3(+12)			2(−8)
健康状况	2	3(+6)		1(+2)	2(−6)
休闲时间	3	2(+6)			
未来发展	2	1(+2)		2(+4)	
升迁状况	1	1(+1)		2(+2)	
社交范围	3		1(−3)		1(−3)
他人物质得失					
家庭收入	5	3(+15)			2(−10)
个人精神得失					
所学应用	2	2(+4)		3(+6)	
进修需求	3	1(+3)		3(+9)	
改变生活方式	3		2(−6)		1(−3)
富挑战性	4	1(+4)		3(+12)	
成就感	5	1(+5)		3(+15)	
他人精神得失					
父亲支持	4	2(+8)		1(+4)	
母亲支持	3	3(+9)		1(+3)	
男/女朋友支持	2		1(−2)		2(+4)
总分		75	11	61	30
		64		31	

　　案例二背景介绍：小赵是扬州某职业技术学院计算机技术专业的应届毕业生，在校期间专业成绩优秀，顺利地通过了国家计算机程序员考试，并持有高级程序员证书，但外语基础略显薄弱。小赵一直是学生干部，但性格有些急躁，在大学二年级曾利用假期在一家规模较大的软件公司实习了近两个月，具有一定软件开发的相关经验。临近毕业，他想谋求一份与专业相关的外企工作。

	S:优势	W:劣势
内部 外部	1. 专科学历,成绩优秀 2. 有较为丰富的学生干部经历 3. 具有计算机技术专业背景 4. 持有高级程序员资格证书 5. 具有一定软件开发工作经历 6. 年龄较小,在外企的应届毕业生招聘容易胜出	1. 外企对学历的要求越来越高 2. 外企英语水平要求高 3. 性格略显急躁不为外企青睐 4. 没有丰富的工作阅历
O:机会 1.IT 产业的快速发展 2.高水平软件人才的缺乏	可能的策略(SO) 1. 挑选具有实力相对较强的企业,能够实现自身的发展 2. 可以进行自主创业 3. 发挥学生干部的管理特长 4. ……	可能的策略(WO) 1. 加强学习,不断提升自己的学历层次和英语水平 2. 降低薪水等要求,先就业 3. ……
T:威胁 1. 就业形势越来越严峻,是每个求职者共同的挑战 2. 求职者能力强 3. "关系户"问题	可能的策略(ST) 1. 充分利用年龄优势,降低求职期望,先就业,后择业 2. 利用自己持有的高级程序员证书,以及具有的一定软件开发工作经验 3. 利用自己较强的学习能力和适应性 4. ……	可能的策略(WT) 1. 训练克制自己的急躁个性 2. 积极寻找重视员工潜能的企业 3. 降低求职期望,选择一些中小型企业,先就业 4. ……

小赵职业决策过程中 SWOT 分析法的运用

拓展阅读

两会青观察

——"大学生就业难"不是找工作难,是找好工作难

"每年 700 多万大学毕业生,总体就业率还是比较好的。但当你面对大学生跟他们说就业形势很好,很多学生可能并不认同,一些人的就业状况并不完全符合他们的愿望。"全国政协委员、安徽大学原校长黄德宽告诉中国青年报·中青在线记者。

今年的政府工作报告回顾 2016 年工作时提及:"就业增长超出预期。2016 年城镇新增就业 1 314 万人。高校毕业生就业创业人数再创新高。"麦可思研究院发布的《2016 年中国大学生就业报告》显示,2015 届大学生毕业半年后的就业率为 91.7%,与 2014 届的 92.1% 和 2013 届的 91.4% 基本持平。

从数据来看,大学生就业率并不低,但社会上仍然弥漫着就业难的气息。

在黄德宽看来,近年来大学生就业呈现分层次的特点。"好的大学、好的专业,学生就业没有问题,一些重点大学毕业生还有很多选择机会,一些社会需求量稳定的专业,也不存在就业难的问题。"

"其实不是找工作难,是找好工作难。"经历了一个学期找工作的奔波后,武汉大学大四学生申敏忍不住感慨。在她看来,大学本科毕业基本都能找到工作,但要薪酬、工作环境、工作性质都满意就很难了。"体制内的工作往往工资低,工资高的企业又不稳定。"

据黄德宽观察,大学毕业生就业压力较大的是一些办学质量相对低的高职类院校,"毕业生就业满意度相对低一些"。

"还有一类情况,就是前几年一些热门专业集中上马和扩招,当时很多人主张社会需要什么人才我们就办什么专业,比如金融、法律、经济、英语等,这样肯定会导致人才过剩。"黄德宽认为,"办学不能简单追求热门,今天的热门专业如果'一哄而上',未来就会变成冷门。"

西北政法大学国际法专业毕业生李良对此深有感触:"本来以为法律专业就业面挺广的,临毕业了才发现其实不好找工作。"李良说,本专业做律师的一个班里只有一两个人,更多同学选择考研、考公务员。

"高校不能简单地通过看专业的热和冷来决定是否办学。国家发展需要方方面面的人才,要从宏观上进行调控,根据整体的国家人才需求和经济发展需求来考量,有些冷门学科只要科学控制规模,就业率就会很高。"黄德宽说。

2015 年 10 月,教育部发布《教育部、国家发展改革委、财政部关于引导部分地方普通本科高校向应用型转变的指导意见》,提出促进地方普通高校与中职、专科层次高职有机衔接。针对大学生就业难的问题,全国政协常委、复旦大学教授葛剑雄已呼吁多年,在接受中国青年报·中青在线记者采访时他表示,高校如今分为应用型和科研型,解决大学生就业问题,应提高应用型院校的办学质量,加强这些专业的实用性,让大学生更容易找到对口的工作。

《国家中长期教育改革和发展规划纲要(2010—2020 年)》提出,2020 年全国高等教育毛入学率要达到 40%。葛剑雄认为:"不应该主张让所有人都去考大学,但应让每个阶层的年轻人都有出路。"

经历了一年的奔波找工作后,广东工业大学大四学生江枫总结,就业时最需要的是放平心态。"现实和理想总有落差,找工作时把在哪儿定居、是否买房子等问题同时压上,想法多了选择自然困难,就找不到工作了。"

全国政协委员王次炤也建议,年轻人应该把就业的眼界打开,要能放得下,最初就业期望值不要过高,要敢于从基层做起,靠努力逐步实现自己的目标。

如今有一些年轻人,因为就业不满意而主动选择暂不就业或者待就业,此举不乏争议,黄德宽认为应给待就业的大学生一定空间:"我相信更多的 90 后是积极向上的,应给他们空间去自我发展,或者寻找创业的机会。只要他们是主动选择了这种方式,就不要着急,社会和家庭要宽容一些。"

破解就业难问题,全国人大代表、华南农业大学副校长吴鸿认为是个"系统工程",需要"全社会添砖加瓦"。在他看来,这不仅需要学校在大学原有的课程体系中增加更多的实践能力培养,企业也应该多一些耐心,花时间对大学生进行再培训,学生自己更应该努力学习专业知识技能。

对于就业创业,全国政协委员、著名经济学家厉以宁在接受中国青年报·中青在线记者采访时寄语年轻人:"无尽的路途在前面,就看有没有耐心、毅力和智慧。"

实践训练

训练5-1 我的志愿(课上完成,5分钟)

1. 小时候的理想是什么? _____
2. 高考时填报志愿时如何考虑? _____
3. 毕业后准备从事什么工作? _____
4. 毕业后5年……? _____
5. 毕业后10年……? _____
6. 毕业后20年……? _____

训练5-2 决策风格类型测试(课上完成,5分钟)

下表中的各项陈述句,是一般人在处理日常事务及生涯决策时的态度、习惯及行为方式。请对照下表与你实际情况的符合程度,在相应的栏目内打"√"。

情景陈述	符合	不符合
1. 我常仓促做草率的判断		
2. 我做事情时不喜欢自己出主意		
3. 碰到难做决定的事情,我就把它摆在一边		
4. 我会多方收集做决定必需的一些个人及环境的资料		
5. 我常凭一时冲动行事		
6. 做事时我喜欢有人在旁边,可以随时商量		
7. 遇到需要做决定时,我就紧张不安		
8. 我会将收集到的资料加以比较分析,列出选择方案		
9. 我经常改变我所做的决定		
10. 发现别人的看法与我的看法不同,我便不知道怎么办		
11. 我做事总是东想西想,下不了决心		
12. 我会权衡各项可供选择方案的利弊得失,判断出此时此地最好的选择		
13. 做决定之前,我从未做任何准备,也未分析可能的结果		
14. 我很容易受被人意见的影响		
15. 我觉得做决定是一件很痛苦的事情		
16. 我会参照其他人的意见,再斟酌自己的情况来做出最合适自己的决定		
17. 我经常不经慎重思考就做决定		

情景陈述	符合	不符合
18. 在父母、师长或亲友催促我做决定之前,我并不打算做任何决定		
19. 为了避免做决定的痛苦,我现在并不想做决定		
20. 经过深思熟虑之后,我会明确决定一项最佳的方案		
21. 我喜欢凭直觉做事		
22. 我常让父母、师长或亲友来为我做决定		
23. 我处理事情经常犹豫不决		
24. 当我已决定了所选择的方案,我会展开必要的准备行动并全力以赴做好它		

生涯决策风格类型测试结果

题组号	1,5,9,13,17,21	2,6,10,14,18,22	3,7,11,15,19,23	4,8,12,16,20,24
得分				
决策类型	冲动直觉型	依赖型	逃避犹豫型	理性型

训练 5-3 反思个人的决策风格(课后实训)

请回想迄今为止在你人生中你所做的三个重大决定,并按以下几部分予以描述并记录在纸上记录:

	目标或当时的情境	你是如何做出决策的	你对结果的评估
第一个重大决定			
第二个重大决定			
第三个重大决定			

你如何描述自己在上述三个事件中的决策风格? 它们有共同之处吗?

_____

_____

训练 5-4 分析你的决策 CASVE 循环(课后实训)

请使用 CASVE 循环来分析你在现阶段面临的职业决策问题,可以参考以下问题进行:

1. 你是怎样意识到自己的需求的?

_____

2. 你是如何分析这个问题、收集相关信息(包括关于你自己和关于问题解决的信息)的?

_____

3. 你是如何形成解决方案的? 以你今天的眼光,你是否能看到自己当时没有看到的其他可能性?

_____

4. 你是如何在不同的解决方案之间做选择的? 你的选择标准是什么?

_____

5. 你是如何落实行动的？过程是否如你所预期的那样？

_____

_____

6. 你怎样评价自己当时的决策过程？你对结果感到满意吗？如果不满意,是哪个步骤出现了问题？

_____

_____

7. 做了相关重大决策之后,你对于自己的决策模型有了什么新的了解？这对你处理现阶段所面临的职业决策问题有什么指导意义？

_____

_____

训练 5-5 SWOT 分析(课外实训)

选择你当前面临的一个决策事件,做 SWOT 分析。

内部 外部	S:优势	W:劣势
O:机会	可能的战略(SO)	可能的战略(WO)
T:威胁	可能的战略(ST)	可能的战略(WT)

课后作业

知识点复习

1. 什么是职业定位？如何进行职业定位？各类人群职业定位的侧重点应该如何？

2. 理解 CASVE 决策模型。

3. 什么是职业生涯决策？以及职业生涯决策的一般过程。

4. 常见的决策风格的分类,以及每种决策风格的特点是什么？能够辨认自己在重大问题上常用的决策风格。

5. 什么是平衡单法？平衡单法的一般操作步骤和注意事项是什么？

6. 什么是 SWOT 分析模型？以及 SWOT 分析的一般步骤是什么？

实训项目

1. 反思个人决策风格。

2. 选择你当前面临的一个决策事件,通过平衡单法完成有效决策。

3. 选择你当前面临的一个决策事件,做 SWOT 分析。

就业指南

行动决定成功·修行终成大业

——又到了一年毕业时，数以百万计的毕业生一起走出校园时，都怀着不同的心情，有的人蓄势待发准备迎战职场；有的人茫然害怕不知何去何从；有的人消极坐等甚至依赖啃老。

——工作不好找，难在好工作门槛高，你是否做好了挑战求职的准备呢？

——确立"以终为始"，提升自我的理念，增强自己的求职竞争能力，你将会在求职竞争中游刃有余。

GO

学习情境一

就业基础训练

情境案例 大学生就业就是一场 PK

大学生就业就是一场 PK。超女的选秀让大家认识到 PK 这个概念，那种五进三、三进二、二进一等的选拔让人充分认识竞争的残酷。

我们思考一下，他们为什么要 PK？因为冠军只有一个。同样，好工作也是有限资源，大学生就业就是一场 PK。一个很牛的企业招聘非常壮观，上百个甚至上千个人去竞争，那胜出者为什么会胜出呢？因为他的能力。在就业岗位有限的情况下，如果你想脱颖而出，只能让自己变得更强一些。

大学生总在询问我，怎样在毕业后找到一份工作？我的建议是，你思考一下你在哪些方面会比别人强？无论你学什么，只要你在毕业的时候有超过你的同班同学，同校同学，甚至学校所在城市的很多同学的一项核心能力，那你就不用愁工作了。比如说，你是学商务英语的，只要你的口语非常牛，或者只要你的会计口语非常牛，那你进会计事务所就有可能，这就是核心能力论。为什么毕业时有一些学生找不到工作，排除主观不就业的因素之外，你会发现那些就业难的同学缺乏核心能力和专长，跟别人比哪里都不优秀、突出，所以这样的同学就业不难才怪呢？哪怕你有一项优势，也势必不会沦落到如此境地的。

其实，在我们成长的每一个阶段，我们都需要扮演竞争者的角色。人类生存发展本来就是一场竞争，不管是毕业时找工作，还是工作后的晋升，只要存在资源有限性，何处不是竞争呢？

大学生就业，你能接受 PK 吗？毕业时，你哪里会比别人强呢？

【思考与讨论】

1. 结合案例，谈谈你对当前就业的理解。
2. 思考作为一名大学生，需要做哪些准备，才能保证取得这场 PK 的晋级？

知识目标

1. 了解大学生就业工作的基本程序。
2. 掌握整个求职过程中各个环节的主要活动。

能力目标

结合自身实际,按照就业工作的基本流程,制定出自己的择业年历。

任务分析

俗话说"磨刀不误砍柴工",在对整个就业程序有了整体了解的基础上进行求职,有利于让毕业生主动把握好求职的每一步,对最终的成功有着莫大的助益。通过本章节的学习,让同学们能够掌握就业工作的一般流程,充分整合资源,制定择业计划,为成功就业夯实基础。

知识链接

一、就业工作程序

毕业班的学生谋取职业需要按照一定程序做许多具体的工作。对就业管理部门而言,这个程序其实是指导毕业生就业工作的程序;对于学生而言,这个程序是从校园走上社会的必经阶段,整个求职就是围绕这个过程展开的(具体如图 1-1 所示)。

打个比方说,求职就像是踩着舞曲的过程。每个脚步踩下去都要找准"节点",跟上"节拍"。我们的脚步要跟上就业管理部门的节拍循序渐进,因而在这个过程中,我们要熟悉"舞曲的旋律",即就业管理部门的工作程序;也要练好自身的"舞步"和"节奏感",即我们自己在每个环节上应该做的事情、应该了解的信息。

许多学生由于平常并不重视就业程序,认为只是写好简历、面试时多做准备就万事大吉,到最后往往会出现这样或那样的问题。有的毕业生由于对求职缺乏思想准备,仓促应对,结果只能是导致自己陷入被动。须知机遇往往只钟情于有准备的人,在激烈的竞争环境下,错失良机等于被淘汰。

二、相关的求职活动

1. 收集信息

对于找工作而言,信息的收集是迈向成功的第一步。倘若你不知道近来招聘会在什么时间、什么地点、有什么企业参加,你那堆厚厚的简历将投向哪里? 倘若你不了解当前的经济发展形势和各行业、各类企事业单位经营状况信息和用人需求,你如何能找到你心目中的理想工作? 信息的重要性不言自明。需要注意的是,在收集信息的过程中,大学毕业生们应该做到有的放矢,收集的信息要准确、客观、全面,这将对自己的求职有切实的帮助。

就业工作程序	相关的求职活动
就业准备工作	职业谋取的准备及启动,准备好自荐材料,填写好就业推荐表并复印备用
发布用人单位招聘信息	10月份开始,通过各种途径收集用人单位的招聘信息
供需见面,双向选择	11月至次年5月,了解"双向选择"的就业制度,参加各种供需见面会、招聘会、双选活动
毕业生签订就业协议书	次年5月以后,经过双向选择,与用人单位达成初步意向,并签订"就业协议书"(一式两联)
学校编制就业派遣方案办理报到证	毕业生向学校提交签好的就业协议书(一份)或劳动合同复印件,了解有关报到的事宜
毕业资格审查	次年3~6月,完成毕业设计、论文答辩、毕业考试、体检等,参加毕业典礼,办理离校手续
派遣、接收、安置毕业生	次年7~8月,领取报到证,到用人单位或人才交流中心报到(详细了解劳动合同制度、人事代理制度)
处理派遣遗留问题	次年8~10月,对于结业缓派、改派、正常派遣时尚未落实单位等情况的学生来说,及时与学校就业管理部门联系
毕业生跟踪回访	

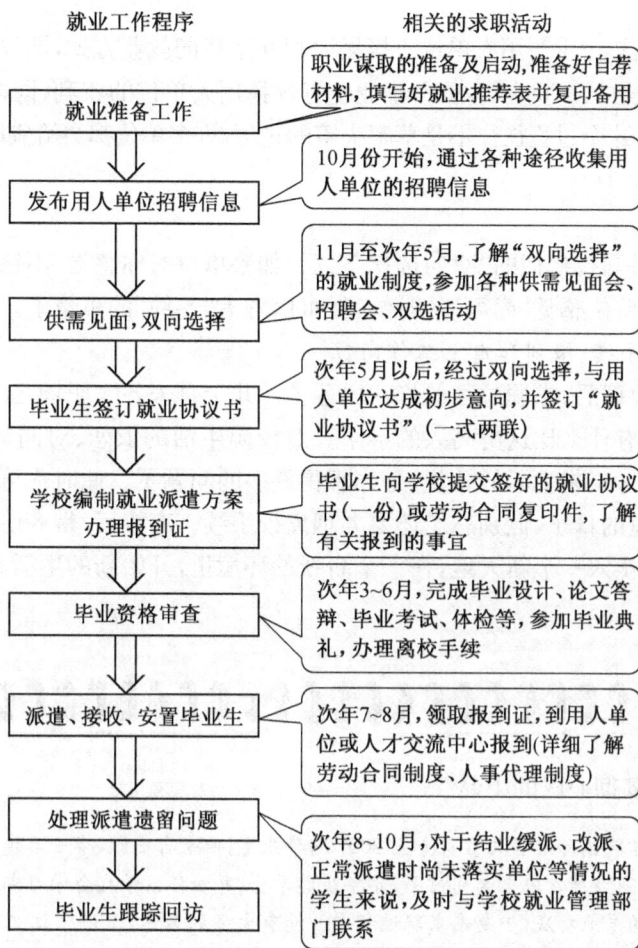

图 1-1 毕业生就业流程图

2. 准备材料

你说你成绩很好,那么成绩单呢?你说你获过很多奖,作品和获奖证书在哪里?你说你是某某名师的学生,推荐信有吗?还有英语四、六级证书呢?……请准备齐全所有能证明你的能力、经历的一切材料,越全面越客观越好。当然,求职材料并不只是证明材料,要找工作,理所当然需要准备一份"上好"的简历、一篇热情洋溢的求职信,等等。

3. 联系单位

对于大学生来说,主动联系用人单位是一种很好的求职方法。那么和哪些单位联系?怎么进行联系?和谁联系?其实联系用人单位有多种途径和方式,可以通过自己的社会关系,如师长、同学、朋友等联系,也可以自己主动联系,如邮递简历、电话应聘、参加招聘会、网上发送电子简历或登门造访进行毛遂自荐等。总之,要和用人单位负责人力资源管理或者是直接负责招聘的人联系,当然,如果有足够的把握,直接与该单位的领导联系也并无不可,这种表现往往会产生不俗的结果。

第二模块 就业指南

4. 双向选择

双向选择是指毕业生与用人单位直接见面相互选择的就业方式,即以毕业生和用人单位为主体的市场就业方式。重在"双向",毕业生有选择用人单位的权利;同样,用人单位也有选择毕业生的权利。这个过程往往不是草率决策的过程,许多单位都会给应聘者安排面试、笔试等考核。

5. 签订协议

在进行了一番马拉松似的"双向选择"之后,如果单位对你感觉"不错",向你抛出录用的"绣球",而你也对单位感觉"尚可"的时候,就可以考虑"签约"的事情了。

6. 办理离校手续、报到和走上工作岗位

签订了就业协议后,求职过程便告一段落了。几个月来各大职场之间的来回奔走,如今终于有了回报,没有什么比这更高兴的事了。对校园生活的依恋、对同学校友的情怀,还有对新工作的憧憬、对未来生活的希望,是你想得最多的问题了。此时你可以自由享受这剩下不多的待在校园里的日子,但别忘了还要办理离校手续。离校后,带齐所需材料前去用人单位报到,从此你将步入一个新天地,在一个崭新的环境里,开始新的生活。

案例分析

案例1-1 痛彻心扉的小赵

小赵是某学院国际经济与贸易专业2007届毕业生,他来自安徽,毕业后想到上海工作。大学三年,小赵专业成绩在班上名列前茅,年年获奖学金,并担任系学生会学习部部长。凭着漂亮的简历和过硬的专业功底,小赵在求职过程中并没有太多的悬念,上海张江工业园区一家国内著名的商贸公司于当年5月份向他发出了录用通知函。

到公司报到后,老总对他非常器重,答应让他先实习三个月,每月1 500元,实习期满后,工资每月4 000元。当年9月,小赵与公司签订了正式协议,老总还让他参加了一个重要的与国外的合作项目,这样一忙就到了12月底,他也出色地完成了公司交给的任务。

就在这时,一个他没有料到的情况发生了。小赵从同学处得知,外地毕业生在上海就业需要办理"蓝表"审批手续,他这才模模糊糊想起学校还有一些手续,由于忙于公司的项目,一直拖延未办。

于是,他向公司请了半天假,急急忙忙赶回学校办理相关手续。学校老师告诉他,按照当年的政策规定,进沪手续已经在10月底截止,也就是说,他再也不能通过毕业生留沪这条途径解决上海户口,而以后若想解决上海户口,就只能通过复杂的人才引进手续来办理了。

听老师这么一说,小赵后悔不已,痛彻心扉!

资料来源:网络. 西南政法大学毕业生就业网.

启示:这位小赵同学犯了一个根本不该犯的错误,那就是他对相关的就业程序和就业政策不够重视,以为只要把工作干好就行,结果错过了办理进沪审批手续的时间,付出了昂贵的代价。因为按高校毕业生进沪手续去办理,简单快捷,基本上学校已将大部分工作做好,毕业生省力、省时。而按人才引进办理,对学历不高、没有职称、缺乏工作经验的应届毕业生来说根本没有优势可言。

高职学生职业发展与就业指导

知识目标

1. 能够了解和熟悉国家、省和学校在毕业生就业工作方面的政策和措施。
2. 掌握有关劳动合同的相关知识及人事代理制度。

能力目标

能结合当前的就业形势,对自己的求职进行合理定位,树立正确的择业观。

任务分析

大学毕业生就业是一项涉及面较广的工作,它关系到毕业生的前途,关系到毕业生资源的合理使用。因此,面临求职择业的大学生只有对国家制定的有关政策有所了解,才能提高求职命中率,少走弯路,避免不必要的损失,顺利实现自己的职业理想。

知识链接

一、劳动合同制度概述

劳动合同制度是规范劳动关系最基本的法律形式,在法律上完善劳动合同制度,是规范劳动关系基础的必然要求。1995 年我国颁布《劳动法》,将劳动合同以法律条文的形式确定并加以规范。2008 年 1 月 1 日施行《中华人民共和国劳动合同法》。2012 年 12 月 28 日第十一届全国人大常委会第三十次会议通过关于修改《中华人民共和国劳动合同法》的决定,并自 2013 年 7 月 1 日起实行。

二、订立劳动合同

1. 订立的原则

我国《劳动合同法》(2007 年 6 月 29 日,第十届全国人民代表大会常务委员会第二十八次会议通过的《中华人民共和国劳动合同法》,下同)第三条规定:"订立劳动合同,应当遵循合法、公平、平等自愿、协商一致、诚实信用的原则。"

(1) 合法原则。所谓合法就是劳动合同的形式和内容必须符合法律、法规的规定。首先,劳动合同的形式要合法,劳动合同一般需要以书面形式订立,这是对劳动合同形式的要求。其次,劳动合同的内容要合法。如关于劳动合同的期限,什么情况下应当订立固定期限,什么情况下应当订立无固定期限等。如果劳动合同的内容违法,劳动合同不仅不受法律保护,当事人还要承担相应的法律责任。

(2) 公平原则。公平原则是指劳动合同的内容应当公平、合理。就是在符合法律规定的前提下,劳动合同双方公正、合理地确立双方的权利和义务。有些合同内容,相关劳动法律、法规往往只规定了一个最低标准,在此基础上双方自愿达成协议,就是合法的,但有时合法的未必公平合理。

（3）平等自愿原则。所谓平等原则就是劳动者和用人单位在订立劳动合同时在法律地位上是平等的，没有高低、从属之分，同时双方本着自愿的原则签订合同。当然在订立劳动合同后，劳动者成为用人单位的一员，受用人单位的管理，处于被管理者的地位，用人单位和劳动者的地位是不平等的。这里讲的平等，是法律上的平等，在我国劳动力供大于求的形势下，多数劳动者和用人单位的地位实际上做不到平等。但用人单位不得利用优势地位，在订立劳动合同时附加不平等的条件。

（4）协商一致原则。协商一致就是用人单位和劳动者要对合同的内容达成一致意见，一方不能凌驾于另一方之上，不得把自己的意志强加给对方，也不能强迫命令、胁迫对方订立劳动合同。现实中劳动合同往往由用人单位提供格式合同文本，劳动者只需要签字就行了。格式合同文本对用人单位的权利规定得比较多，比较清楚；对劳动者的权利规定得少，规定得模糊。因此，在使用格式合同时，劳动者要认真研究合同条文，对相关问题进行明确。

（5）诚实信用原则。就是在订立劳动合同时要诚实，讲信用。如在订立劳动合同时，双方都不得有欺诈行为。应当载明工作内容、工作条件、工作地点、职业危害、安全生产状况、劳动报酬等。当然用人单位有权了解劳动者与劳动合同直接相关的基本情况，劳动者也应当如实说明。

2. 劳动合同的内容

劳动合同应当具备以下条款：① 用人单位的名称、住所和法定代表人或者主要负责人；② 劳动者的姓名、住址和居民身份证或者其他有效身份证件号码；③ 劳动合同期限；④ 工作内容和工作地点；⑤ 工作时间和休息休假；⑥ 劳动报酬；⑦ 社会保险；⑧ 劳动保护、劳动条件和职业危害防护；⑨ 法律、法规规定应当纳入劳动合同的其他事项。

劳动合同除前款规定的必备条款外，用人单位与劳动者可以约定试用期、培训、保守秘密、补充保险和福利待遇等其他事项。

3. 订立的形式和期限

（1）订立劳动合同的形式。劳动合同作为劳动关系双方当事人权利义务的协议。我国《劳动合同法》第十条规定：建立劳动关系，应当订立书面劳动合同。同时规定："已建立劳动关系，未同时订立书面劳动合同的，应当自用工之日起一个月内订立书面劳动合同。"

（2）劳动合同的期限和试用期。劳动合同期限是指合同的有效时间，它一般始于合同的生效之日，终于合同的终止之时。期限是劳动合同的重要内容，有着十分重要的作用，由单位和劳动者协商确定。劳动合同期限分为固定期限、无固定期限和以完成一定工作任务为期限三种。

试用期是指用人单位对新招收职工的思想品德、劳动态度、实际工作能力、身体情况等进行进一步考察的时间期限。劳动合同期限三个月以上不满一年的，试用期不得超过一个月；劳动合同期限一年以上不满三年的，试用期不得超过两个月；三年以上固定期限和无固定期限的劳动合同，试用期不得超过六个月。同一用人单位与同一劳动者只能约定一次试用期。以完成一定工作任务为期限的劳动合同或者劳动合同期限不满三个月的，不得约定试用期。

劳动者在试用期的工资不得低于本单位同岗位最低档工资或者劳动合同约定工资的百分之八十，并不得低于用人单位所在地的最低工资标准。

三、变更、解除与终止劳动合同

1. 劳动合同的变更

劳动合同的变更是指劳动合同依法订立后,在合同尚未履行或者尚未履行完毕之前,经用人单位和劳动者双方当事人协商同意,对劳动合同内容作部分修改、补充或者删减的法律行为。

劳动合同订立时所依据的客观情况发生重大变化,是劳动合同变更的一个重要事由。主要是指:① 订立劳动合同所依据的法律、法规已经修改或者废止。② 用人单位方面的原因。比如转产、调整经营引起的岗位变动,等等。③ 劳动者方面的原因。如劳动者的身体健康状况发生变化、职业技能提高了一定等级等。④ 客观方面的原因。这种客观原因的出现使得当事人原来在劳动合同中约定的权利义务的履行成为不必要或者不可能。

2. 劳动合同的解除

劳动合同当事人双方或者单方的法律行为导致提前终止劳动关系的法律行为。可分为协商解除、法定解除和约定解除三种情况。劳动合同解除的几种形式:

(1)劳动者单方解除劳动合同的情况。① 劳动者提前三十日以书面形式通知用人单位,可以解除劳动合同。② 劳动者在试用期内提前三日通知用人单位,可以解除劳动合同。③ 用人单位有下列情形之一的,劳动者可以解除劳动合同:第一,未按照劳动合同约定提供劳动保护或者劳动条件的;第二,未及时足额支付劳动报酬的;第三,未依法为劳动者缴纳社会保险费的;第四,用人单位的规章制度违反法律、法规的规定,损害劳动者权益的;第五,符合法律规定的情形致使劳动合同无效的;第六,法律、行政法规规定劳动者可以解除劳动合同的其他情形。④ 用人单位以暴力、威胁或者非法限制人身自由的手段强迫劳动者劳动的,或者用人单位违章指挥、强令冒险作业危及劳动者人身安全的,劳动者可以立即解除劳动合同,不需事先告知用人单位。

(2)因劳动者的过失而使用人单位单方解除劳动合同的情况。① 劳动者在试用期间被证明不符合录用条件的;② 劳动者严重违反用人单位的规章制度的;③ 劳动者严重失职,营私舞弊,给用人单位的利益造成重大损害的;④ 劳动者同时与其他用人单位建立劳动关系,对完成本单位的工作任务造成严重影响,或者经用人单位提出,拒不改正的;⑤ 劳动者被依法追究刑事责任的。

(3)用人单位在提前三十日以书面形式通知劳动者本人或者额外支付劳动者一个月工资后,可以解除劳动合同的情况。① 劳动者患病或者非因工负伤,在规定的医疗期满后不能从事原工作,也不能从事由用人单位另行安排的工作的;② 劳动者不能胜任工作,经过培训或者调整工作岗位,仍不能胜任工作的;③ 劳动合同订立时所依据的客观情况发生重大变化,致使劳动合同无法履行,经用人单位与劳动者协商,未能就变更劳动合同内容达成协议的。

3. 劳动合同的终止

劳动合同终止是指劳动合同的法律效力依法消灭,原有的权利义务关系不再存在。但劳动合同终止之前发生的权利义务,如用人单位在合同终止前拖欠劳动者工资的,劳动合同终止后劳动者仍可依法请求法律救济。

四、劳动合同与《高校毕业生就业协议书》之间的差异

《高校毕业生就业协议书》与劳动合同是用人单位录用毕业生时所订立的书面协议,但两者分处两个相互联系的不同阶段,表现在:

1. 主体不尽相同

《高校毕业生就业协议书》是毕业生在校时,由学校参与见证的,与用人单位协商签订的,是编制毕业生就业方案和毕业生派遣的依据,劳动合同是毕业生与用人单位明确劳动关系中权利义务关系的协议。学校不是劳动合同的主体,也不是劳动合同的见证方。劳动合同是上岗毕业生从事何种岗位,享受何种待遇等权利和义务的证据。

2. 内容不尽相同

《高校毕业生就业协议书》的内容主要是毕业生如何介绍自身情况,并表示愿意到用人单位就业,用人单位表示愿意接收毕业生,学校同意推荐毕业生并列入就业计划进行派遣。劳动合同的内容涉及劳动报酬、劳动保护、工作内容、劳动纪律等方方面面,更为具体,劳动权利义务更为明确。

3. 签订时间不尽相同

一般来说《高校毕业生就业协议书》签订在前,劳动合同订立在后,如果毕业生与用人单位就工资待遇、住房等有事先约定,亦可在《高校毕业生就业协议书》备注条款中注明,日后订立劳动合同对此内容应予认可。

4. 效果不尽相同

《高校毕业生就业协议书》是毕业生和用人单位关于将来就业意向的初步约定,对于双方的基本条件以及即将签订劳动合同的部分基本内容大体认可,并经用人单位的上级主管部门和高校就业部门同意和见证,一经毕业生、用人单位、高校、用人单位主管部门签字盖章,即具有一定的法律效应,是编制毕业生就业计划和将来可能发生违约情况时的判断依据。

毕业生就业协议书,只是一种用工的意向性协议,协议从双方签订时生效,到求职者正式到单位报到建立劳动关系就失效了,所以,它不属于劳动合同,真正到用人单位报到后,大学生还应该与单位签订劳动合同。

五、社会保险

"五险一金",是指养老保险、医疗保险、失业保险、工伤保险和生育保险以及住房公积金。是国家社会保障体系的组成部分。

1. 养老保险

是社会保障制度的重要组成部分,是社会保险五大险种中最重要的险种之一。所谓养老保险(或养老保险制度)是国家和社会根据一定的法律和法规,为解决劳动者在达到国家规定的解除劳动义务的劳动年龄界限,或因年老丧失劳动能力退出劳动岗位后的基本生活问题而建立的一种社会保险制度。

2. 医疗保险

是当人们生病或受到伤害后,由国家或社会给予的一种物质帮助,即提供医疗服务或经济补偿的一种社会保障制度。医疗保险具有社会保险的强制性、互济性、社会性等基本特

征。因此,医疗保险制度通常由国家立法,强制实施,建立基金制度,费用由用人单位和个人共同缴纳,医疗保险费由医疗保险机构支付,以解决劳动者因患病或受伤害带来的医疗风险。

3. 失业保险

是指国家通过立法强制实行的,由社会集中建立基金,对因失业而暂时中断生活来源的劳动者提供物质帮助的制度。它是社会保障体系的重要组成部分,是社会保险的主要项目之一。

4. 工伤保险

是社会保险制度中的重要组成部分。是指国家和社会为在生产、工作中遭受事故伤害和患职业性疾病的劳动者及亲属提供医疗救治、生活保障、经济补偿、医疗和职业康复等物质帮助的一种社会保障制度。

5. 生育保险

是通过国家立法规定,在劳动者因生育子女而导致劳动力暂时中断时,由国家和社会及时给予物质帮助的一项社会保险制度。我国生育保险待遇主要包括两项:一是生育津贴,用于保障女职工产假期间的基本生活需要;二是生育医疗待遇,用于保障女职工怀孕、分娩期间以及职工实施节育手术时的基本医疗保健需要。

6. 住房公积金

是指用人单位及其在职职工缴存的长期住房储金,主要用于购置房屋、房屋大型修缮、物业管理费、车位费缴纳等。在用于购置房屋时根据当时的政策规定,享受较低的贷款利率,偿还贷款时优先扣除公积金余额,减轻购房负担。

上述保险中养老保险、医疗保险、失业保险和住房公积金,这三险一金是由企业和个人共同缴纳的保费,工伤保险和生育保险完全是由企业承担的,个人不需要缴纳。

六、补充保险

在“五险一金”的基础上,为了构建更为全面的社会保障体系,拓展了一险一金,即企业补充医疗保险和职业年金。目前是非强制性法定保险,而是企业一项福利,视用人单位具体情况而定。

1. 企业补充医疗保险

是企业在参加城镇基本医疗保险的基础上,国家给予政策鼓励,由企业自主举办或参加的一种补充性医疗保险形式。具体形式上包括商业医疗保险机构举办,社会医疗保险机构经办,大集团、大企业自办。与基本医疗保险不同,补充医疗保险不是通过国家立法强制实施的,而是由用人单位和个人自愿参加的,是在单位和职工参加统一的基本医疗保险后,由单位或个人根据需求和可能原则,适当增加医疗保险项目,来提高保险保障水平的一种补充性保险。

基本医疗保险与补充医疗保险不是相互矛盾,而是互为补充,不可替代,其目的都是为了给职工提供医疗保障。

2. 职业年金

是一种补充养老保障制度,既不是社会保险,也不是商业保险,而是一项单位福利制度,是事业单位及其职工依据自身经济状况建立的保障制度,事业单位及其职工承担因实施职业年金计划所产生的所有风险。

职业年金具有自愿性、雇主和雇员共同承担、市场化运营的特征,职业年金缴费和运营收益部分享受国家的免税优惠政策。从本质上看,职业年金具有补充养老、合理避税、福利激励等功能。

七、大学生就业优惠政策

1. 针对高校毕业生到西部、到基层和艰苦地区工作的优惠政策

为了吸引应届大学毕业生到西部地区、到基层和艰苦地区建功立业,国家出台了以下几个方面的优惠政策:

(1) 对原籍在中、东部地区而去西部工作的高校毕业生,实行来去自由的政策,根据本人意愿,户口可迁到工作地区,也可迁回原籍,由政府主管部门所属的人才交流机构提供免费人事代理服务;到西部贫困边远地区工作的高校毕业生,可以提前定级,并根据实际情况适当高定工资标准。

(2) 各级政府要为高校毕业生创造工作条件,主要充实城市社区和农村乡镇基层单位,从事教育、卫生、公安、农技、扶贫和其他社会公益事业。在艰苦地区工作两年或两年以上者,报考研究生的,应优先予以推荐、录取;报考党政机关和应聘国有企事业单位的,在同等条件下,应优先录用。

(3) 实施"大学生志愿服务西部计划"和"苏北计划"。从高校毕业生中招募志愿者,到西部地区、苏北地区乡镇一级教育、卫生、农技、扶贫等单位服务 1~2 年,服务期间计算工龄。志愿者服务期满后,鼓励其扎根基层或自主择业,在报考研究生、公务员等考试中享受优先录取待遇。

2. 针对应届高校毕业生自主创业、灵活就业的优惠政策

凡应届高校毕业生从事个体经营的,除国家限制的行业(包括建筑业、娱乐业以及广告业、桑拿、按摩、网吧、氧吧等)外,自工商部门批准其经营之日起,1 年内免交登记类和管理类的各项行政事业性收费。有条件的地区由地方政府确定,在现有渠道中为高校毕业生提供创业小额贷款和担保。

从事个体经营的高校毕业生免交的具体收费项目主要包括:

(1) 法律、行政法规规定的收费项目:① 工商部门收取的个体工商户注册登记费(包括开业登记、变更登记、补换营业执照及营业执照副本)、个体工商户管理费、集贸市场管理费、经济合同鉴证费、经济合同示范文本工本费。② 税务部门收取的税务登记证工本费。③ 卫生部门收取的民办医疗机构管理费、卫生监测费、卫生质量检验费、预防性体检费、预防接种劳务费、卫生许可证工本费。④ 民政部门收取的民办非企业单位登记费(含证书费)。⑤ 劳动保障部门收取的劳动合同鉴证费、职业资格证书费。⑥ 公安部门收取的特种行业许可证工本费。⑦ 烟草部门收取的烟草专卖零售许可证费(含临时的零售许可证费)。⑧ 国务院以及财政部、国家发展改革委批准的涉及个体经营的其他登记类和管理类收费项目。

(2) 各省、自治区、直辖市人民政府及其财政、价格主管部门批准的涉及个体经营的登记类和管理类收费项目。从事个体经营的高校毕业生,应当向工商、税务、卫生、民政、劳动保障、公安、烟草等部门的相关收费单位出具本人身份证、高校毕业证以及工商部门批准从事个体经营的有效证件,经收费单位核实无误后按规定免交有关收费。

3. 普通高等学校应届毕业生入伍服义务兵役优惠政策

高校毕业生入伍除享受义务兵的各项优待政策外,还享受:

(1) 补偿学费或代偿贷款:按照最高 6000 元/学年的标准获得学费补偿或助学贷款代偿。

(2) 使用培养:在同等条件下,在选取士官、考军校、安排到技术岗位等方面优先。

(3) 直接选拔为基层干部:具有普通高等学校本科以上学历、取得相应学位、表现优秀、符合总政治部有关规定的可以直接选拔为军队基层干部。

(4) 公检法机关定向招录优先:退役后参加政法院校为公检法系统定向岗位招生考试时,优先录取。

(5) 免试或优惠升学:退役的高职(高专)毕业生可直接就入读成人本科;参加普通本科考试,享受招生计划单列、考试成绩单独划线、择优录取等政策,按 30% 比例录取;报考硕士研究生初试总分加 10 分;立二等功及以上的,退役后免试(指初试)攻读硕士研究生。

(6) 就业安置优惠:退役后在一年内择业可参照应届高校毕业生办理相关就业手续。

4. 针对就业困难的毕业生的优惠政策

(1) 对就业困难的毕业生,实施"高职院校毕业生职业资格培训工程",对需要培训的应届毕业生进行职业技能培训和职业技能鉴定。在颁发职业资格证书的专业领域中,力争使 80% 以上的毕业生能够拿到"双证",培训的有关费用主要由教育系统承担,职业技能鉴定费由劳动保障部门适当减免。

(2) 对就业困难和零就业家庭的高校毕业生,按相应规定可享受"一对一"职业指导和重点帮扶公益性岗位安置、社会保险补贴、公益岗位补贴等就业援助政策,各高校可根据实际情况给以适当的求职补贴。

(3) 各级机关录取公务员、事业单位招聘工作人员时,免收困难家庭高校毕业生报名费和体检费。

(4) 对离校后未就业回到原籍的高校毕业生,由各地公共就业服务机构免费提供政策咨询、职业介绍和人事档案托管等服务,并组织就业见习和职业技能培训。

5. 失业登记政策

毕业半年以上未能就业并要求就业的高校毕业生,可持学校证明到入学前户籍所在城市或县劳动保障部门办理失业登记。劳动保障部门所属的公共职业介绍机构和街道劳动保障机构应免费为其提供就业服务。对已进行失业登记的高校毕业生,有条件的城市、社区可组织其参加临时性的社会工作、社会公益活动,或到用人单位见习,给予一定报酬。对于因患病等原因短期无法工作并确无生活来源者,由民政部门参照当地城市低保标准,给予临时救助。

案例分析

案例1-2　不知落户条件，险与心仪工作失之交臂

　　小高毕业时与某沿海城市的一家国有企业签约，该单位在福利待遇、工作条件、发展前景等方面都挺有吸引力。

　　没想到办理派遣手续时却遇到麻烦，原来该市政府出台了新的接收应届高校毕业生的政策，必须持有毕业证、英语四级证、计算机等级证，才能办理接收手续，而小高在大学期间没有考取计算机等级证书。

　　该单位领导多次出面与市人事局领导协商，让小高先工作后办理接收手续。两个月后，小高考取了计算机等级证书，该市人事局也如约为他办理了正式接收手续。

资料来源：楚天都市报.2009年.

　　启示：这是一则毕业生不熟悉和未掌握具体就业政策而盲目签约的案例。毕业生在求职前有必要对各地区，特别是自己感兴趣地区的就业政策有较详尽的了解，尤其是对每年新出台的政策更要留意，要根据自身的条件来对照、选择、查漏补缺。

任务三　就业权益保护

扫一扫可见微课
"就业权益保护"

知识目标

1. 了解目前社会中存在的各种就业歧视及常见的就业陷阱。
2. 树立正确的就业权益保护的意识。

能力目标

1. 能够有效地识别一些常见的就业陷阱，避免上当受骗。
2. 树立就业权益保护意识，并能够通过正确的途径和方法，切实保护自己的合法权益。

任务分析

　　大学毕业生就业难已成为一个不争的事实，伴之而生的大学毕业生就业权益受损的问题日益严重，就业权益保护的呼声越来越高。本章节通过对大学生就业权益遭到侵害现象的分析，旨在唤醒大学生的就业权益保护意识，并学会运用法律手段维护自身的合法权益。

知识链接

一、存在的各种就业歧视

　　由于经济、政治、法律、历史以及文化等各种因素的影响，形式多样的就业歧视已成为一种具有普遍性的社会现象，严重损害了求职者的权利和尊严，破坏了社会公平，阻碍了劳动力的合理流动和劳动力市场的优化配置。近年来党和政府对此充分给予关注,逐步消除就业歧视,如规定招聘时不得进行乙型肝炎检查。就业歧视具体表现为以下几种情况:

1. 户籍歧视

户籍歧视是我国大城市存在的最为突出的就业歧视。有些用人单位甚至把外地人看成"另类",常以不熟悉当地方言和习惯,不利于公司财务安全为由,排斥和歧视外地人,使他们在就业中遭受着不平等的待遇。

2. 年龄歧视

目前在剧烈市场竞争中,就业者年龄成为不少单位招聘人才的"硬指标",大龄求职者在就业市场上变得不那么受欢迎,虽然这个限制在大学生就业过程中表现的作用不是很明显,但对于通过自考等途径获得国家认可学历的社会人员的就业造成了一定的困难。

3. 性别歧视

在现实就业过程中的性别歧视仍较为严重,许多用人单位明确声明"女的免谈"。其借口是,女性怀孕休产假,会对企业造成一定的经济负担。此外,生了孩子后女性肯定会将精力转移到照顾孩子以及家庭上,影响企业效益等。

4. 文凭歧视

不少用人单位对应聘者的学历"挑三拣四",非第一学历不可,非名牌大学不要,非本科生或研究生不要,还有的单位公开拒绝自学考试和其他国家认可的学历。这种高标准的学历门槛使一些能力强、学历低的真正人才无法才尽其用。

5. 经验歧视

许多用人单位在招聘时过分强调应聘者的专业背景、工作经验等,特别标明非某专业人才不用或倾向于招聘具有一定工作经验的员工,其借口是他们工作可以快速上手,创造更多的经济效益,而且单位还节省了培训成本。诸如这些做法均使得应届大学生就业以及人才流动遭遇尴尬。

6. 人身歧视

近年来身高、容貌、视力、体型和体检标准等身体条件越来越频繁地成为用人单位的参考因素。比如乙肝病毒携带者在就业中遭遇歧视的现象极为常见,为了切实保护该群体的合法利益,我国人力资源和社会保障部、教育部、卫生部已联合发文规定:各级各类教育机构、用人单位在公民入学、就业体检中,不得要求开展乙肝项目检测,不得要求提供乙肝项目检测报告,也不得询问是否为乙肝表面抗原携带者。各级医疗卫生机构不得在入学、就业体检中提供乙肝项目检测服务。

二、常见的就业陷阱

由于缺乏社会经验,大学生在求职过程中总会遇到这样或那样的陷阱,但这些陷阱往往并不高明,而且还有迹可循。

1. 招聘陷阱

其一是招聘会不合法。有些双选会未经主管单位审批,以谋取门票收入。有些招聘单位甚至出卖学生的个人信息,使一些违法之徒有可乘之机。其二是变相收费。如有些招聘单位要求通过网络或电话继续洽谈,而这些网络或电话都是收费的;有些招聘单位收取应聘者报名费、资料费或培训费等。其三是用招聘掩盖违法行为。有些企业打着招聘的幌子,逼迫毕业生做传销、推销或其他违法的事情。

2. 中介陷阱

收取高额的中介费用,为你列出一大堆要么不要人,要么不招收大学生,甚至不存在的单位,使你几次头撞南墙,知难而返,但想要回中介费——难!

3. 协议陷阱

第一种为口头承诺。口头承诺如果没有在协议书中白纸黑字予以体现,就没有法律约束力。一旦协议主体间发生矛盾,吃亏的一般都是学生。第二种是不平等协议,一定要慎防无保障协议。第三种是就业协议代替劳动合同。

4. 试用期陷阱

一是没有试用期可能暗藏玄机。某些用人单位规定大学生报到就签订劳动合同,马上上岗工作。可当大学生感到单位各方面情况不尽如人意,想要另谋高就时,才发现自己在"无意"间放弃了试用期这一有利的武器,丧失了自己本该拥有的权利。二是试用期或见习期过长。在大学生就业中,违规违法现象主要表现为见习期与试用期的总期限超过一年;有些单位以见习期的名义不签合同,且借故延长见习期。

5. 培训陷阱

在大学生就业中常常会看到一些培训机构混迹其中,不断给大学生介绍"高薪就业"、"保证就业"之类的机遇,殊不知其中陷阱重重。第一,收了培训费仍然无工作。第二,培训机构与用人单位联手坑害大学生。第三,用人单位的培训陷阱。有些用人单位要求新进大学生必须经过某某机构培训,考核合格才能录用。第四,因为培训而失去自由。

6. 保证金、押金陷阱

按照国家有关法律规定,严禁招聘单位在大学生就业中收取费用,包括资料费、培训费、保证金、押金等。

7. 安全陷阱

大学生就业存在的种种问题,给一些不法之徒提供了可乘之机。主要包括:① 索要各种证件、签名、盖章。② 索要办证费、资料费、报名费、劳保费、保险费等名目繁多的收费。只要大学生切记,无论对方怎么巧舌如簧,没赚钱决不花钱,他们的如意盘算就会落空。③ 谨防偷盗抢劫。④ 切防非法工作。⑤ 女大学生安全第一。

三、树立毕业生权益保护意识

1. 契约意识

大学毕业生与用人单位之间签订的就业协议就是确立双方当事人之间劳动关系的、具有法律效用的一种契约。毕业生在与用人单位签订就业协议时应慎重,仔细分析条款的各项内容。一旦签订就业协议,就应当按照协议中的规定,自觉履行自己应尽的义务,只有这样才有利于毕业生的自我权益保护。

2. 法律意识

法律既是对用人单位的约束,又是对劳动者的约束。大学生树立法律意识不仅是指要学会运用法律的思维来衡量用人单位的哪些做法是违法的,而且还要要求自己严格遵守法律,不做有违法律的事情。

3. 诚信意识

即在市场活动中讲究信用，恪守诺言，追求个人利益时，不得损害他人利益或社会利益。毕业生诚信意识的培养和权益的自我保护，一方面要学会辨别用人单位是否诚信，另一方面要自觉以诚信原则约束自己的日常行为，严格要求自己，以诚待人，杜绝失信行为的发生。

4. 权利义务意识

毕业生在享受由用人单位履行义务带来的权利时，也必须及时履行自己应尽的责任和义务，才能尽量避免法律纠纷，有效保护自我权益。根据《劳动合同法》相关规定，劳动者应履行的义务有：完成劳动任务，提高职业技能，执行劳动安全卫生规程，遵守劳动纪律和职业道德。

5. 维权意识

大学毕业生应具有强烈的维权意识，在自身权益受到侵害时要积极拿起法律的武器，勇敢地维护自己的权益。要想成功维权首先要有充分的证据，如用人单位招聘时使用的信息、工资条、出入证、工作任务单等，以及相互之间往来的邮件等都不要随意丢弃，这些可能在将来诉讼维权时成为证明事件真实性的重要证据。

案例分析

案例1-3 用人单位假招聘真作秀 求职学生哑巴吃黄连

一些用人单位为了某种利益，在职场上采用"假招聘"的手段，令一些求职大学生苦不堪言。

小唐是河北师范大学计算机专业的一名往届毕业生，出于对所学专业的熟悉，他喜欢在网上应聘职位。"有几个用人单位从前年就在网站上发布招聘信息，刚开始我觉得这些单位适合自己，便把自己的个人材料传给了对方，但从来没有接到任何反馈。"小唐一直纳闷，"到现在，去那些网站上看，还是那几个相同单位在招聘，招聘人数和招聘岗位与两年前没有什么变化。"从一位从事网站维护的朋友那里，小唐才知道真相，有些单位为了增加知名度并显示自己的实力，会天天在网站上发布招聘信息，引得求职者去点击了解，扩大自己的影响。但小唐还是不明白：这些单位知名度上去了，但名誉度是否就能上去呢？

资料来源：杨明等主编. 成功走向职场[M]. 济南：山东人民出版社，2010.

启示：这叫假招聘真作秀，求职者一定要擦亮眼睛，识别招聘陷阱。

拓展阅读

高校毕业生就业创业政策百问（2017年版）

一、鼓励引导高校毕业生面向城乡基层、中西部地区以及民族地区、贫困地区和艰苦边远地区就业

1. 什么是基层就业？

2. 国家鼓励毕业生到基层就业的主要优惠政策包括哪些？

3. 国家对在基层工作的高校毕业生职业发展有哪些鼓励政策措施？

4. 什么是基层社会管理和公共服务岗位？

5. 什么是其他基层社会管理和公共服务岗位？

6. 什么是公益性岗位？

7. 什么是公益性岗位社会保险补贴？

8. 什么是公益性岗位补贴？

9. 为鼓励高校毕业生面向基层就业，实施学费补偿和助学贷款代偿政策的主要内容是什么？

10. 国家实施补偿学费和代偿助学贷款的就业地域范围包括哪些？

11. 学费补偿和助学贷款代偿的标准和年限是多少？

12. 中央部门所属高校毕业生如何申请学费补偿和助学贷款代偿？

13. 地方所属高校毕业生到基层就业如何获得学费补偿和助学贷款代偿？

14. 到基层就业如何办理户口、档案、党团关系等手续？

15. 中央有关部门实施了哪些基层就业项目？

16. 什么是农村义务教育阶段学校教师特设岗位计划？

17. 农村教师特岗计划实施的地区范围包括哪些？

18. 农村教师特岗计划招聘对象和条件是什么？

19. 农村教师特岗计划的招聘程序有哪些？

20. 什么是选聘高校毕业生到村任职？

21. 选聘到村任职的对象是什么？要满足哪些条件？选聘程序是什么？

22. 什么是"三支一扶"计划？

23. 什么是大学生志愿服务西部计划？

24. 什么是农业技术推广服务特设岗位计划？

25. 参加中央部门组织实施的基层就业项目，服务期满后享受哪些优惠政策？

26. 高校毕业生到艰苦边远地区或国家扶贫开发工作重点县就业有什么优惠政策？

二、鼓励企业特别是中小企业吸纳高校毕业生就业

27. 国家对鼓励中小企业吸纳高校毕业生有哪些政策措施？

28. 国家对引导国有企业吸纳高校毕业生就业有哪些政策措施？

29. 企业招收就业困难高校毕业生享受什么优惠政策？

30. 企业为高校毕业生开展岗前培训享受什么优惠政策？

31. 高校毕业生从企业到机关事业单位就业后工龄如何计算？

32. 高校毕业生到企业特别是中小企业就业可否在当地落户？

33. 流动人员人事档案如何保管？

34. 什么是人事代理？高校毕业生怎样办理人事代理？

35. 高校毕业生如何与用人单位订立劳动合同？

36. 什么是社会保险？我国建立了哪些社会保险制度？

37. 用人单位应该履行哪些社会保险义务？享有哪些社会保险权利？

38. 参加社会保险的个人享有哪些权利？

39. 目前国家对用人单位及其职工和参保个人缴纳社会保险费的费率是如何规定的？

40. 高校毕业生如何处理劳动人事纠纷？

41. 什么是服务外包和服务外包企业？

42. 目前服务外包产业主要涉及哪些领域及地区？

43. 服务外包企业吸纳高校毕业生有哪些财政支持？

三、鼓励大学生应征入伍，报效祖国

44. 国家鼓励大学生应征入伍服义务兵役，这里的"大学生"如何界定？

45. 公民应征入伍需要满足哪些政治条件和基本身体条件？

46. 应征入伍服义务兵役大学生的年龄是如何规定的？

47. 高校毕业生应征入伍服义务兵役要经过哪些程序？

48. 大学生征集工作由哪个部门牵头负责？

49. 高校毕业生应征入伍服义务兵役享受哪些优惠政策？

50. 高校毕业生应征入伍"四个优先"政策是怎样规定的？

51. 大学生应征入伍服义务兵役给予国家资助的内容是什么？

52. 高校学生应征入伍享受学费补偿、国家助学贷款代偿及学费减免的标准是多少？

53. 高校学生应征入伍服义务兵役都可以享受国家资助政策吗？

54. 高校学生应征入伍服义务兵役享受学费补偿、国家助学贷款代偿和学费减免的年限如何计算？

55. 高校学生申请应征入伍服义务兵役国家资助的程序是什么？

56. 因个人原因被部队退回，高校学生已获国家资助的经费要被收回吗？

57. 高校毕业生入伍服义务兵役年限是多少？

58. 大学生士兵退役后享受哪些就学优惠政策？

59. 什么是政法干警招录培养体制改革试点考试？

60. 应征入伍的高校应届毕业生离校后户口档案存放在哪里，如何迁转？

61. 高校应届毕业生退役后户档迁移有何优惠政策？

62. 没有参加网上报名预征的大学生是否还可以应征入伍并享受有关优惠政策？

63. 什么是士官？与义务兵有什么区别？

64. 国家资助直接招收为士官的高等学校学生如何界定？

四、积极拓宽重点领域就业渠道

65. 国家鼓励和引导高校毕业生去哪些重要领域就业创业？

66. 什么是"一带一路"倡议？

67. "一带一路"倡议将给大学生就业带来哪些机遇？

68. 国家和地方重大科研项目包括哪些？哪些高校毕业生可以被吸纳为研究助理或辅助人员？签订的服务协议应包含哪些内容？

69. 科研项目服务协议的期限如何约定？履行期间是否可以解除协议？

70. 科研项目承担单位是否给被吸纳的高校毕业生上保险？被吸纳的高校毕业生户档如何迁转？服务协议期满后如何就业？

71. 毕业生服务科研项目协议期满被用人单位正式录（聘）用后，如何办理落户手续？工龄如何接续？

五、支持高校毕业生到国际组织实习任职

72. 什么是国际组织？

73. 联合国的国际公务员有哪几种？哪些职位是面向高校毕业生的？

74. 什么是联合国青年专业人员（YPP）考试？

75. 国家对高校毕业生到国际组织实习任职提供哪些指导服务？

76. 高校毕业生到国际组织实习任职，需要哪些能力？如何在校做好准备？

六、鼓励支持高校毕业生自主创业，稳定灵活就业

77. 高校毕业生自主创业，可以享受哪些优惠政策？

78. 大学生创业工商登记有什么要求？

79. 对大学生自主创业学籍管理有什么要求？

80. 高校对自主创业大学生可提供什么条件？

81. 高校毕业生怎样提升自主创业的能力？

82. 高校如何开展创新创业教育？

83. 如何向高校毕业生创设的小微企业优先转移科技成果？

84. 怎样申请创业担保贷款？在哪些银行可以申请创业担保贷款？

85. 哪些项目属于微利项目？

86. 离校后未就业高校毕业生如何参加就业见习？

87. 就业见习期限有多长？

88. 离校未就业高校毕业生参加就业见习享受哪些政策和服务？

89. 见习单位能享受什么优惠政策？

90. 高校毕业生如何申请参加职业培训？

91. 高校毕业生能否享受职业培训补贴政策？如何申请职业培训补贴？

92. 高校毕业生如何获取职业资格证书？

93. 高校毕业生能否享受职业技能鉴定补贴政策，如何申请技能鉴定补贴？

七、为高校毕业生提供就业指导、就业服务和就业援助

94. 主要有哪些机构为高校毕业生提供就业服务？

95. 职业中介机构如何享受职业介绍补贴？

96. 高校毕业生获取就业信息的主要渠道有哪些？

97. 在校期间高校毕业生可以通过哪些途径提升就业能力？

98. 困难家庭高校毕业生包括哪些毕业生？享受哪些帮扶政策？

99. 高校毕业生如何办理就业登记和失业登记？离校后未就业如何获得相应的就业指导和服务？

100. 离校未就业高校毕业生享受哪些服务和政策？

资料来源：教育部高校学生司 http://www.ncss.org.cn/tbch/jybw2017/

 实践训练

训练 1-1　公众讲话训练、自我介绍演练

从第一次上课开始每次课安排 5 人,全学程中每人 1 次发言机会。

训练 1-2　名人演讲资讯

每次课间播放,从第一次课开始,根据课程进度安排。

训练 1-3　个人就业自我调查

活动形式:组织调查,统计分析相关数据,并组织讨论。

活动目标:以开展调查问卷的形式,使学生从自己的亲身体验和生活经验中,理解职业指导的目的、作用与重要意义。

问卷:1~13 题(课前印发)

14. 你认为除了目前的专业知识,为了成功就业,你还应具备何种能力(尽可能多地表述)?

_____

_____

15. 你认为在面临求职的时候,你的困惑是什么(尽可能多地表述)?

_____

_____

16. 你需要学院、系部提供什么帮助?

_____

_____

训练 1-4　千万次地问?????

"老师,我们的专业好不好?"

"好不好就业?"

"一个月能拿多少钱?"

反问大家:

1. 你知道自己能干什么? 想干什么? 适合干什么?

_____

_____

2. 知道社会需要什么样的大学生吗?

_____

_____

3. 现在该做些什么?

_____

_____

训练 1-5　编写自己的择业年历

年	月	日至	月	日
	月	日至	月	日
	月	日至	月	日
	月	日至	月	日
	月	日至	月	日

月　　日至　　月　　　日
月　　日至　　月　　　日

课后作业

知识点复习

　　1. 简述毕业生就业的一般流程
　　2. 简述签订劳动合同的注意事项。
　　3. 简述劳动合同与《毕业生就业协议书》的区别。

实训项目

　　制定你的择业年历。

就业准备训练

情境案例　失败的应聘

　　6月10日上午9：30，刘晓接到同学小·贾的电话，告诉他某某单位9：30在学校就业指导中心面试，招聘他们所学专业的学生。刘晓听完电话，一骨碌从床上爬起来，从桌子上抓起一份简历，来不及梳理一下头发和换上一套整齐的衣服，就匆忙跑到面试地点，正赶上招聘单位在收取学生的应聘资料并进行简短的面试。刘晓递交材料后，单位招聘人员看了看刘晓和他的材料，就开始了他们之间的问答：

　　问：你是如何知道我们的招聘信息的？

　　答：同学刚刚通知的。

　　问：一个星期以前我们在贵校的校园网上发布了招聘信息，你没有看到吗？

　　答：没有，我们平时上宽带，很少登录校园网。

　　问：你的资料里的求职意向和我们这次招聘的岗位不是很相符。

　　答：没有关系，只要是我这个专业的我都可以考虑。

　　问：那你对所应聘的岗位有所了解吗？

　　答：不是很了解，不过我想我能胜任的。

　　……

　　结束了问答，招聘人员委婉地告诉刘晓，他被淘汰了。

　　资料来源：杨明等主编.成功走向职场[M].济南：山东人民出版社，2010.

　　启示：刘晓不能及时了解招聘信息，对招聘单位一无所知，做事被动，缺乏诚意，因而被淘汰。这样的现象在高职学生中有比较大的比重，他们对任何事，包括找工作这样的人生大事都提不起兴致，总是应付的心态，这样不利于自身的发展。

扫一扫可见微课
"就业程序与心理准备"

知识目标

1. 了解大学生择业过程中的心理特征。
2. 了解大学生就业中常见的心理问题。
3. 掌握排除择业心理问题的方法。

能力目标

在相应的团体和个体就业辅导中认识择业心理特征,培养积极的择业意识。

任务分析

在就业形势日益严峻的现实下,面对就业,大学生常常表现出矛盾困惑的心理,一方面为自己将走向社会而感到由衷的高兴;另一方面又为是否能找到理想的工作而焦虑和担心。因此,调整好择业心态,做好充分的心理准备,在就业过程中非常重要。通过本章节的学习,帮助高职学生了解择业过程中的心理特征和可能存在的心理问题,掌握排除择业心理问题的方法,培养积极的择业意识。

知识链接

一、大学生在择业中的人格心理特征

1. 心理压力较大

大学生在择业就业面前,表现为缺乏积极的心理准备,感到比较紧张和苦恼,甚至有的大学生感到很焦虑,不知所措。表现为易抑郁,情绪易变化,烦躁不安;易忧愁伤感,情绪低落。也有一些学生表现为既然没有头绪,干脆不想,坚信船到桥头自然直,得过且过,抓住大学最后时光,好好享受一下。

2. 缺乏抗挫力

大学生虽然具备了一定的知识素养,有积极的进取精神,有独立思考的良好习惯,能积极地面对现实。但是由于缺乏社会阅历,又是初次就业,面对越来越激烈的择业竞争,大学生往往显得应变能力较弱。尤其是在择业中遇到困难、受到挫折的时候,大学生常常会感到不知所措,束手无策,不善于冷静分析、沉着应对,而是显得焦躁不安、情绪低落,甚至是自暴自弃。

3. 职业选择的不稳定性和多变性

大学生在择业中的不稳定性和多变性,具体表现在一些热门专业毕业生面对众多的需求单位挑挑拣拣,举棋不定。一些主要面向基层就业的农林或工科毕业生,虽能意识到基层和艰苦行业需要人、锻炼人,但怕过艰苦的生活。一些专业不热门的毕业生想通过升学改变被动局面,却又犹豫不决,下不得苦功。一些毕业生在择业中这山看着那山高,或想去这家又想着去那家,或觉得这家不满意那家也不理想,或今天与这家签了约明天又想毁约,等等。

这种择业的不稳定性和多变性,往往造成当断不断,错失良机。

4. 择业期望值过高,追求自我价值实现的愿望强烈

相当多的学生把工作的地点选定在大中城市,不愿意去乡镇,甚至县城。在单位的选择上,很多学生看中收入高且发展前景良好的外资或合资企业。工资福利待遇也是众多毕业生关注的重点,希望能有一份发展前景好、工资待遇高的工作,也在情理之中,问题是超越客观现实,不能给自己一个准确的定位,盲目追求过高的择业目标,只能使自己在择业中屡战屡败,四处碰壁,到头来吃亏受挫的只能是自己。

二、择业过程中常见的心理问题

1. 自卑心理

这种心理表现在对自己的评价过低,不能正确认识自己的优缺点。部分大学生由于屡屡受挫,对自身能力产生了怀疑。由于来自非重点高校,在面对竞争对手时缩手缩脚,不能充分向用人单位展示自己的才华。由于所学专业较冷门,对自己的前途持消极态度。这些自卑心理,对于大学生推销自我,会产生一定的负面影响。

2. 自负心理

这种心理是缺乏客观的自我分析和自我评价的表现。目前在大学生中,"先就业后择业再创业"的观念还没有完全建立,在就业时有较多学生总想一步到位,找到满意的职位和工作。一些大学生对自己的评价过高,认为自己知识丰富、各方面条件不错,理所当然地应该得到一个理想的职位。他们即使找不到合适的单位,也不肯降低就业期望值,这种自负心理对就业的不良影响很大,常常使他们错失良机。

3. 依赖心理

有的学生缺乏必要的心理素质的培养,缺乏基本的自理自立能力的锻炼,致使他们养成强烈的依赖心理,当他们不得不面对就业时,常常不知所措,只有一味地依赖学校的联系,听从家长的安排。一旦希望落空,往往会产生极大的心理落差,甚至会出现很极端的行为。依赖心理的另一个表现是"啃老",有一些毕业生不愿意就业,毕业后闲逛,继续由家长供养。

4. 焦虑心理

在就业过程中,大多数毕业生会出现不同程度的焦虑心理。引起毕业生焦虑的主要问题有自己的理想能否实现;是否能找到一个适合自己专业特长、工作环境优越的单位;用人单位能否选中自己,屡屡被拒绝怎么办。处于焦虑状态的大学生,往往会出现情绪上紧张烦躁、心神不宁、意志消沉、萎靡不振,严重影响正常的学习和生活,影响正常择业。

5. 嫉妒心理

毕业生或因自身综合素质和能力不足,或因时机把握不准而找不到理想工作,见其他同学找的工作比自己好,心理产生不平衡,怨天尤人,抱怨自己没有关系、没有背景,抱怨自己所学专业不好,等等。求职嫉妒心会使人把朋友当对头,导致朋友关系恶化,甚至会使班级人心涣散,人际关系紧张,本人也会增加内心的痛苦和烦恼,影响求职的顺利进行。

6. 急躁心理

在职业未最终确定之前,大学生普遍存在急躁心理。读书读够了,只要不上课就行,在对用人单位了解较少的情况下就匆匆签约,一旦发现未能如愿又后悔莫及。尤其是在规定的期限内未落实单位的一些学生,心理更为急躁。急躁是一种不良的心境,使人缺乏自我控

制能力,会导致事倍功半,甚至事与愿违的结果。

7. 偏执心理

在就业过程中,学生的偏执心理主要表现为追求公平的偏执、高择业标准的偏执和对专业对口的偏执。大学生在面对一些不良社会风气时,有的学生不能正确对待,将自己就业的一切问题归结于就业市场不公平,给自己造成心理阴影。在就业过程中,有的学生不能及时调整就业目标,降低就业期望值,甚至宁愿不就业也不改变,有的学生不顾社会需要,无视专业的适应性,只要不能干本专业就不签约,这样的偏执心理必然减少学生就业的机会。

8. 从众心理

学有所成,在服务社会中实现自己的人生理想,是每一位即将走出大学校园的学子的美好心愿。但是,有部分大学生自我定位不够准确,对自己所学专业缺乏深入的了解,对专业的社会需求分析不透彻,并且缺乏一定的自我决断能力。这样一来,这些大学生很容易追随他人的脚步,只要是社会上受追捧的职业,不管它们是否适合自己都竭力去争取,这种从众心理使部分大学生丧失了更多良好的就业机会。

三、心理调适

1. 正确认识社会

当今时代的特征是机遇与挑战并存,每一位处于择业阶段的大学生,将面临更加激烈的就业竞争,同时也将面临比以前更多的机会。认识这一点,才能使毕业生在当前竞争环境中更好地进行双向选择,展现才华。

(1)正确地看待社会就业问题。在就业遇到困难时,我们往往不从主、客观两方面辩证地分析原因,而是怨天尤人,感叹生不逢时。市场经济条件下,企业要生存、发展,关键靠的是有真才实学的人才,靠关系谋职的现象只是局部的、暂时的,随着改革的深化,这种现象将逐步减少,直至消失。就业创业的成功者中,虽然社会原因起到了一定的作用,但绝大多数并非是社会原因,主要是靠自身努力,而就业创业失败的根本原因是自身的素质不足。

(2)避免认识情绪化。情绪对认识有积极作用,也有消极作用。如果认识完全被情绪支配,那么,就有可能削弱理智判断力,看不清、看不透事情的本质。大学生应客观理智地对待社会现象,对待择业、就业的成功与失败,不要被个人情绪所左右。要做到这一点,主要的方法是提高自己的心理素质。

(3)避免消极的人生态度。个人与社会密不可分,我们应关心时事,关心社会的发展,确立正确的人生价值观,要用社会需求的标准来严格要求自己,使自己在激烈的人才竞争中站稳脚跟。

2. 正确认识自己

在求职过程中,如果对自己的主观评价与社会对自己的客观评价趋于一致,就容易成功。反之,如果主观评价高于社会客观评价,往往会导致碰壁、失败。如果主观评价低于社会客观评价,信心不足,犹豫不决,很可能会坐失良机。因此,认识自我是成功地走向社会的必要条件。求职者应了解自己的气质、性格、能力等,以便确定切合实际的求职目标。

(1)自我剖析。要经常对自己的心理、行为进行剖析,使自我评价逐步接近客观实际。自负者要经常作自我批评,通过不懈努力,弥补自身不足;自卑者要看到自己的长处,增强自信心。

（2）通过比较来认识自己。一是与同学比较来认识自己，二是通过别人的态度来认识自己。通过比较，求职者可以认识自己的长处和不足，认清自己在相比较的人群中所处的位置，以便扬长避短。

（3）通过咨询来了解自己。可向就业指导教师和班主任咨询，也可征求同学、家长和熟悉自己的人的意见。

3. 永远充满自信

古今中外，凡是有所成就的人，尽管各自的出身、经历、思想、性格、兴趣、处境等不同，但他们对自己的才能、事业和追求都充满必胜的信心，自信能积极适应环境，以艰苦卓绝的奋斗改变自己的命运，实现自己的人生价值。

4. 提高受挫承受能力

在美国，据说一个人一生平均择业 100 多次，平均岗位轮换 14 次以上，现在社会工作转换成为常态。毕业生应视挫折为鞭策，不断总结经验，根据实际情况调整择业的期望值。一是分阶段设标法，就是确定一个总的奋斗目标，再将总的期望值分解成几个阶段性的目标，并逐步付诸实施。二是自我调整法，就是把自己工作岗位的期望按主次分成不同层次，首先满足主要的需求，然后根据实际情况进行必要的调整，直到个人的意愿与社会的需要相互协调、吻合为止。

适当进行心理调节，不妨参加一些有意义的娱乐活动，换换环境放松一下自己，向亲人和朋友倾诉苦衷，听取他们的劝告，这样可以得到较快的恢复。

5. 增强劳动实践感受

90 后大学毕业生大多数是独生子女，一直从学校门到学校门，相当一部分学生是在家长的宠爱中长大的，从来没有过劳动创造价值的体验，表现为择业浮躁，经常跳槽，吃不得苦，耐不得劳，等等。建议每个暑假利用一个月的时间去企业实习，在实习中了解就业岗位，熟悉职场"生态环境"。通过实习积累经验，增加求职砝码，同时可以调整心理预期，能更快、更好地融入新的环境，完成学生向职场人士的转换。

案例分析

案例 2-1　充满信心去面试

小佳是个腼腆的女孩，每次去应聘，都是输在面试上，见了面试官，如履薄冰，手脚不知往哪放，头不敢抬，眼睛也不看人，低着头在那等过关，本来平时都能回答上来的问题，这时脑子一片空白，还出现答非所问的现象，回去后又懊恼不已。越是这样，就越是严重影响下次面试的心态，产生自卑心理，形成恶性循环，慢慢失去了信心。后来，小佳请职业顾问为其作了面试辅导，掌握了一定方法，有了一定信心，虽然又经过两次失败，但一次比一次有进步。每次回来后，职业顾问就与她一起分析问题所在，然后进行压力面试、场景练习，第三次，小佳终于成功了，去了一家心仪的公司。

来源：网络. 北京娱乐信报.

启示:在竞争激烈的求职场上,部分大学生或因所学专业不景气,或因自己专业知识、专业技能及综合素质不如其他同学,或因求职屡次受挫,往往产生强烈的自卑感,并进而转化为自卑心理,这种情况是正常的,也是普遍存在的。这种自卑心理表现为毕业生在求职过程中往往自己拿不定主意,过分地退缩,对自己能胜任的工作也不敢说"行"。

案例2-2　要想做大牌,首先做小卒

李新,国际贸易专业,毕业后认为到北京更有发展,更能"与世界接轨",于是,放弃了父母为其找好的工作,与同学结伴来到北京。北京的工作机会果然多极了,但找工作的人更是数不胜数。刚开始,李新和同学比赛要找到一个更接近理想的单位,一个多月过去了,简历投出20多份,有回音的只有2份,面试后又无音信。面对强手如林的职场、眼花缭乱的招工单位,李新和同学茫然了,但又不甘心,继续找下去,又是一个月过去了,涛声依旧。眼看家里带来的钱花掉一半了,李新可真着急了。难道找工作真这么难吗? 当初那么令大家羡慕、父母骄傲的专业就这样被冷落了吗? 回到家乡,如何面对江东父老? 不回家在北京接着漂到什么时候?

资料来源:网络.北京娱乐信报.

启示:有些毕业生或因所学专业紧俏,或因就读名牌学府,或因自己无论专业学习还是综合素质都高人一筹,或因自身较优秀的条件为不少用人单位所垂青,而在内心深处产生一种高人一等的自负心理。在这种心理支配下,往往表现为"这山看着那山高",这个单位不顺眼,那个单位也不如意,导致与不少适合自己发展的用人单位失之交臂,结果是错过机遇,难以就业。

任务二　就业信息搜集

扫一扫可见微课
"就业信息收集"

知识目标

1. 了解采集就业信息的原则。
2. 掌握搜集就业信息的渠道。
3. 掌握就业信息处理的方法。

能力目标

能通过各种渠道采集就业信息,对其进行分类汇总,并能充分利用就业信息。

任务分析

在当今时代,信息的重要性不言而喻。大学毕业生的求职择业也是如此,谁能积极主动、广辟途径地收集信息,认真细致、去伪存真地分析处理信息,谁就能有更多的回旋余地,把握选择的主动权,抓住就业机会。通过本章节的学习,高职毕业生能掌握就业信息采集原则、渠道和处理方式,能利用就业信息争取工作机会。

高职学生职业发展与就业指导

一、就业信息

1. 就业信息的概念

就业信息是指用人单位发布的、择业者未知的、经过加工处理后对择业者具有一定价值的就业资料和情报。要成功实现就业,不仅取决于个人的学业成绩、能力水平、综合素质及社会对人才的需求等因素,同时也与毕业生能否及时有效地获取就业信息密切相关。

2. 就业信息的类型

就业信息可分为广义就业信息和狭义就业信息,或称为宏观信息和微观信息。所谓宏观信息,即为毕业生就业的总体形势、社会对人才需求、就业政策、就业活动等。所谓微观信息,即为具体用人信息,如需求单位性质、专业要求、行业现状及发展前景、岗位描述、用人单位提供的条件。

二、就业信息内容

全面的就业信息是围绕目标职业系统性资讯的集合,包括职业的具体要求、职业的特征、工作者的特征、对工作者的具体要求、经验上的要求、工作要求等六个方面。

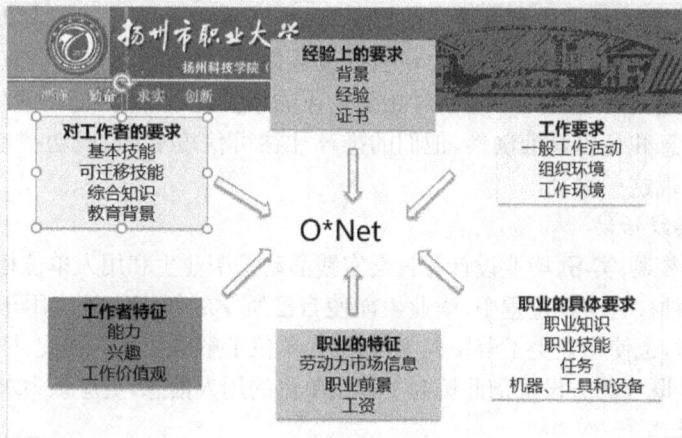

三、就业信息的获取渠道

获取就业信息有较多的渠道。信息渠道越多,信息量越大,就业选择的余地也就越大。信息渠道越可靠,信息的可信度就越高,毕业生职业选择的效果也越好。因而,拓宽就业信息获取的渠道,是毕业生求职择业的基础。一般来说,比较有效地获取就业信息的渠道有以下几种。

1. 学校的主管部门

各学校的毕业生就业办公室或就业指导中心,是学校专门负责毕业生就业工作的常设机构。在长期的工作交往中,他们与上级主管部门、各级就业指导机构以及用人单位有着密切的联系,对于国家有关就业的政策规定、各地举办"双选"活动的信息、有关用人单位材料及需求信息等能及时掌握。无论是信息的数量还是质量,学校的就业主管部门都具有明显的优势,是毕业生获取就业信息的主渠道。

2. 各级政府主管部门和就业指导机构

为了适应毕业生就业制度改革的需要,县级以上各级政府部门都设立毕业生就业指导机构,许多行业的主管部门也设有专门机构负责人才的引进和毕业生的推荐工作。他们提供的就业信息广,可靠性强,因此,这也是获取就业信息的重要渠道。

3. 各级、各类人才市场

各地方、学校或用人单位举办的规模不等、形式多样的"供需见面"活动,尤其是以学校为主体举办的招聘活动,往往具有时间集中、信息量大、专业对口、针对性强、双方了解更直接等特点,是毕业生了解信息、成功择业的难得的机会。但这类信息的时效性较强,有些外地或者临时有特殊困难的毕业生无法参加此类活动。

4. 社会上的就业指导服务机构

目前,随着毕业生就业制度改革,社会上也出现了许多人才中介机构,如人力资源开发中心、猎头公司、再就业指导服务中心等,他们一方面为在职人员的人才流动服务,同时也为高校毕业生进行服务,他们的手上也有许多高校毕业生所需要的就业信息,也可以成为高校毕业生获取信息的渠道之一。

5. 社会关系

许多家长或亲友在多年的工作与社会交往中,与社会方方面面有着广泛的联系,由于家长、亲友与毕业生的特殊亲情关系,在帮助毕业生了解就业信息或推荐就业时会积极主动、不遗余力,毕业生可以借助他们的力量获取就业信息。同时,老师和校友也是高校毕业生获取就业信息的重要渠道。由于他们对相关专业的单位比较熟悉,对毕业生的了解也会更多,他们提供的信息往往更具准确性,他们的推荐往往可信度更强,成功率也较高,但许多毕业生恰恰容易忽视这一途径。

6. 社会实践活动

毕业生的参观、实习、毕业设计等社会实践活动是毕业生和用人单位相互了解的一个绝好的机会。在这种社会实践过程中,毕业生能使自己所学的知识直接应用于生产,为社会服务,开阔视野,同时,也使毕业生了解用人单位,用人单位了解毕业生。因此,毕业生在参加此类社会实践活动时,既要想方设法借此机会了解该单位的用人信息,更应该力求做到与就业挂钩。

7. 新闻媒体

广播、电视、报纸、杂志、计算机网络等新闻媒体也是高校毕业生获得就业信息的渠道之一。新兴媒体在毕业生就业工作中发挥了巨大作用,绝大多数毕业生就业工作部门和单位都在其网站上建立了毕业生就业专栏,及时发布有关毕业生就业方面的信息。但由于计算机网络的信息点多、涉及面广等原因,要合理安排投入的时间和精力,对其准确性、可信度等有一定的思想准备。

8. 高校的就业基地

有些高校与知名企业建立了互惠互利、相互信任的人才供求关系,对高校毕业生获取有效而可靠的就业信息起到了非常重要的作用。

9. 通过"自荐"获取就业信息

毕业生可以通过信函、电话、登门拜访等"自荐"的方式与用人单位联系,有目的、有计划地获取自己想要的就业信息。但此种获取就业信息的方法带有很大的盲目性和投机性,且需要花费的时间、精力甚至经济成本都比较大,因而命中率比较低。

四、就业信息的处理方式

首先,排除重复及无效信息。其次,按自己感兴趣和最有成功可能的程度,将招聘单位按重要性排列顺序,接着合理分配自己的精力和投入的程度,最感兴趣和最有可能成功的单位应花更多的精力和时间去争取,如果在招聘活动有冲突或精力不济时,取舍要果断。

现以从报纸上刊登的广告和有关报道为例,说明就业信息处理的方式:① 购买或向他人索取刊登广告和就业政策的报纸。② 将与你有关的广告和报道用笔圈出或剪下来。③ 将剪报分为具体就业信息和宏观就业信息的两大类。④ 将具体就业信息整理编辑,分为三种,用人单位直接招聘的广告,招聘洽谈会的广告,中介机构的广告。⑤ 用红笔在广告和报道上,将与你关系最密切的句子或段落勾画出来。⑥ 把经过加工的剪报,分门别类地装订或粘贴起来,存好备查。以此剪报的分类编辑为主线,再将其他渠道收集来的信息补充进去,就建立了一个对你求职很有意义的"信息库"。

五、91JOB 智慧就业平台(http://www.91job.gov.cn/)

智慧就业平台由江苏省高校招生就业指导服务中心(江苏省教育人才服务中心)主办,是江苏省教育厅官方就业管理平台,平台与各高校就业信息网互联互通。

(一)平台主要功能

1. 面向学生的功能

(1)发布就业信息。智慧就业平台与全国大学生就业公共服务立体化平台相互转接,汇集了大量校园招聘岗位,同时发布平台组织的招聘信息、百校联动招聘会信息、事业单位招考信息和校园招聘公告。毕业生通过网络联盟专栏即可搜寻适合自己的职位,投递简历并进行预约和网上面试。

(2)电子图像校对功能。电子图像用于学生推荐表、毕业证书的电子照片,核对工作主要由学生完成。从 2008 年 11 月开始,江苏省各高校毕业生均须登录就业网络联盟网站注册,核对照片是否有误,并完善个人相关信息。由于每年的 11 月份是上网注册求职高峰期,请同学们要注意避开注册的高峰期。

(3)职业指导。平台提供政策法规查阅、就业心得交流、群体辅导资讯、职业指导课程,开辟就业创业知识辅导、竞赛等活动,开设专家在线咨询专栏等服务。

(4)推荐表远程打印功能。从 2008 年 11 月开始,江苏省高校毕业生双向选择就业推荐表,必须在江苏省高校毕业生就业网络联盟网站上远程打印。推荐表由各位毕业生填写,各班班主任审核毕业生信息并填写学校评语,学院招生就业处对各班审核结果进行确认并打印,各班领取《毕业生就业推荐表》。

(5)上传就业信息。毕业生自领取推荐表、双向选择用人单位后,与用人单位签约情况需在平台上传至就业派遣系统,作为开具就业报到证的依据。

2. 面向用人单位的功能

为用人单位提供职位发布、平台组织的招聘会报名、广告宣传、简历传递、生源查询、招录人员匹配等服务。

3. 面向高校的功能

(1)推荐表审核。班主任登录系统填报学生鉴定意见,各院系学工办和高校就业部门分别给予审核意见,经过审核的推荐表打印后盖章,发放给毕业生使用。

（2）协议书审核。学校在平台上审核毕业生上传的就业协议书签约情况,并形成派遣方案,开具就业报到证。

（二）平台使用

1. 用户注册

根据学生注册提示,分别选择学校、填报学号、姓名验证码注册,注册工作一般需在毕业前一年11月初完成。注册后需根据平台提示,及时完善相关信息。

2. 简历管理

将自己的学习情况、实践情况、社会任职、获奖情况等事项进行梳理,形成自己的求职简历,用于平台简历投递。

3. 职位收藏

可以将自己的目标职位进行收藏管理,提高就业信息搜集的效率,根据自己求职日程安排和个人情况参加人才市场、网上求职等活动。

4. 职位申请记录

平台提供职位申请记录的人性化服务,避免投递简历后自己也忘记了,用人单位通知面试时自己也搞不清状况,进一步提高求职效率。

微信版

手机版

六、推荐网站

中国就业网:http://www.chinajob.gov.cn/
中华人民共和国人力资源和社会保障部:http://www.mohrss.gov.cn/
智联招聘:http://www.zhaopin.com
前程无忧:http://www.51job.com
麦可思教育专栏:http://blog.sina.com.cn/mycosblog
中国高等教育学生信息网:http://www.chsi.com.cn/
中国高职高专教育网:http://www.tech.net.cn/

案例分析

案例2-3 外地实习,消息比校内同学还灵通

　　毕业前一学期,小胡要在外地实习,并完成毕业论文,而此时正是用人单位发布就业信息、陆续来学校招聘的高峰期,如何才能保证两个月的实习期中不错过招聘信息?

小胡首先去了班主任老师家里,拜托班主任如有合适单位,请帮忙推荐,并留下了两份就业推荐表。然后专门到了辅导员老师的办公室,谈了自己的求职想法,留下了自己的简历和联系方式。接着,他又走访了要好的低年级朋友,拜托师弟留意学校就业信息,将有关重要信息及时告诉他。他还在学校就业网等网站上查询了有关政策和各地招聘会的情况,并做好记录。这样,小胡才安心地到外地实习去了。

　　实习期间,班主任老师向用人单位投送了小胡的材料,并较详细地介绍了他的基本情况;院系的老师也积极向用人单位推荐;好友为他提供了几条重要线索;同时,根据网站的消息,他还参加了实习所在地的人才交流会。

　　这样,小胡尽管人在外地实习,却比在学校的同学消息还灵通,选择的机会颇多,做到了实习、求职两不误。

资料来源:楚天都市报.2009 年 11 月 18 日.

　　启示:案例中的小胡显然在把握就业信息上处理得非常好,虽然求职关键时期人在外地实习,但他做好了充分的准备,使信息渠道畅通无阻,赢得了很多机会。毕业生应和学校多互动,常关注就业信息网站,充分利用各种资源。

任务三　制作求职材料

知识目标

1. 了解几种主要的毕业生就业材料。
2. 掌握撰写自荐信的方法。
3. 掌握优秀简历制作的要求和方法。

能力目标

能根据自己的实际情况制作求职材料,通过求职材料向用人单位展示自己。

任务分析

　　求职材料是你向用人单位展示自己的书面材料,实际工作中求职材料最大的问题是:一是网络抄袭,千篇一律的模板;二是缺乏针对性,既不针对应聘职位,也不针对求职者本人;三是语言组织欠佳。试想如果你准备求职材料都不认真,还会去认真工作吗?通过本章节的学习,求职者应掌握制作各种求职材料的方法,针对自己实际制作出色的求职材料。当然优秀的简历靠制作,更靠平时的积累,否则巧妇难为无米之炊。

知识链接

一、就业材料准备

1. 高校毕业生双向选择就业推荐表

是学校向用人单位推荐毕业生的书面材料,具有权威性和可靠性,是毕业生参加双选活动的有效证明,每位毕业生限发一份。

2. 成绩表

成绩表应包括在校所修主要课程,由学校教务处出具并盖章,原件一份,在求职时一般使用复印件。

3. 自荐材料

包括自荐信、个人简历以及在校期间所获得的各类荣誉证书、职业资格证书等。

4. 其他材料

如《毕业生就业协议书》、《高校毕业生登记表》等。

二、撰写"一见钟情"的自荐信

总的来说,通过自荐信谋职的成功率很低,国外有人统计,成功率不到10%,就我国目前的情况来看,成功率也不会高于这个数值。但是,有的人却"百发百中",他们的奥妙就在于做到了使自己的自荐信让对方"一见钟情"。

1. 自荐信的格式和内容

自荐信的格式与一般书信大致相同,即称呼、正文、结尾、落款等。开头要写明招聘单位人事主管部门领导,能写上该领导的姓名,一方面反映你对该公司的了解关心,另一方面则缩短与对方的感情距离,效果会更好。结尾写上祝愿的话,并表示强烈希望有一个面试的机会,最后写明自己的毕业学校、姓名和时间。另外,一定要写清楚通讯联系地址。自荐信的主要内容应包括自己具有用人单位所需要的哪些条件、才能,自己对工作的态度。

2. 写好自荐信的要点

(1) 以"情"感人。关键在于摸透对方的心理,就是要在自荐信的字里行间引起对方的共鸣,感动对方。

(2) 以"诚"动人。自荐信切忌浮夸,在老到的人力资源经理面前,你的"小把戏"将会被一眼看穿。

(3) 以"美"悦人。这里的美主要是指自荐信文情并茂,富有感染力。阅读者往往会被作者的文笔所打动而爱不释手。当然谋职主要讲究的是实力,但是你的实力如何体现反映,好的自荐信至少可以增加获得面试的机会,获得面试也就说明你的自荐材料是成功的。

3. 写自荐信的注意事项

(1) 不宜太长。有关研究表明自荐信不宜超过一页纸,因此写得简洁是十分重要的一个标准。

(2) 不宜有文字上的错讹。切忌有错字、别字、病句及文理欠通顺的现象发生。

(3) 不宜"翻版"简历。许多毕业生的自荐信简直就是把简历用另外一种形式表述,使人阅毕也不得要领。自荐信正确的写法是首段指出信息来源,即从何处得悉招聘信息。第二段是对本人申请职位的描述和界定。第三段是对个人符合某一职位的条件的高度概括式的陈述。最后一段则是表示对阅读者的感谢。

三、打造优秀的简历

简历就是对自己各方面情况做一简要介绍的文字材料。一份好的简历,要简洁、明了、历历在目,它决定着求职者是否能得到面试的机会,这是求职路上非常关键的一步。

1. 简历的一般结构

求职简历的基本架构一般包括：个人基本情况、教育背景、获得的奖励及资格证书情况、校园社团活动及社会实践、工作经验以及个人评价等方面。毕业生应更加注重通过简历向单位展示你最为独特的方面。

（1）关于个人基本情况方面。一般是对毕业生个人客观情况的描述，没有任何发挥的可能与必要。一般最好以词汇的形式进行描述，目的是便于用人单位最快地判断你的基本情况是否满足职位要求，因此宜简单，但要充分说明个人情况。

（2）关于教育背景。教育背景可以写得非常干练，也可以写得很详细，标准取决于撰写人的个人求学情况。一般而言可以写得简练些，从高中写起就可以了，如果成绩突出的话，不妨将个人的成绩情况用数字说明一下，会更有说服力。

（3）关于实习（工作）经历。对于实习（工作）经历很丰富的同学，建议先将所有的工作经历写出来作为简历资料，然后在应聘不同职位时，有的放矢地组合简历，切记不是经历写得越多就越好。其次，对于工作经历不很丰富的同学，在这一部分应深入挖掘实习经历，可以通过对实习经历有针对性的描述来印证适合应聘的岗位。再次，对于根本就没有实习经历的同学，应实事求是，千万不要造假，因为即使你能侥幸通过筛选，进入面试后也会露出马脚。

（4）校园社团活动。这一部分是对实习（工作）经历方面的合理补充，更全面地将毕业生的综合实践能力展现给用人单位。因此，毕业生应认真撰写这一部分，重点在于如何在常规社团活动中体现出你的不同，力求通过独特的描述说明你的特色。

（5）关于英语、计算机及其他情况。这是毕业生简历中比较难以处理的地方，"比如通过四级六级，听说读写流利"这样的字句经常能在毕业生的简历上看到，但这样的写法很难向单位说明你的英文如何水平高。因此，毕业生要尽力将这种文字上的描述转化为事件，用事实说明更有说服力。

（6）关于奖励。描述应简洁干练，可以用词句来说明这个奖项获得的不容易。例如"××学校'挑战杯'比赛一等奖，本年度全校唯一获奖者"。

（7）自我评价。文字平实可信、不夸张，但要能说明问题。不要只管罗列自己的优点，应仔细阅读招聘要求后，根据用人单位要求一条一条对应来写，要有针对性，这是公司给你面试机会的理由。最好不要提到你的业余爱好、抱负、对公司的感想等。

2. 求职简历的格式

（1）时序型格式。时序型格式能够演示出持续和向上的职业成长全过程。时序型格式以渐进的顺序罗列你曾就职的职位，从最近的职位开始，然后再回溯。区分时序型格式与其他类型格式的一个特点是罗列出每一项职位时，你要说明你承担的责任，该职位所需要的技能以及最关键的、突出的成就。关注的焦点在于时间、工作持续期、成长与进步以及成就。

（2）功能型格式。功能型格式在简历的一开始就强调技能、能力、资信、资质以及成就，但是并不需要将这些内容与某个特定雇主联系在一起。这种类型的格式关注焦点在于你所做的事情，而不在于这些事情是在什么时候和什么地方完成的。

（3）图谱型格式。图谱型格式是一种与传统格式截然不同的简历格式。传统的简历写作只需要运用你的左脑，你的思路限定于理性、分析、逻辑以及传统的方式，而使用图谱型格式你还需要开动你的右脑，充满创意、想象力和激情，简历也就更加充满活力。

3. 制作个性突出、效果鲜明的求职简历

求职中个性突出、特征鲜明的求职者容易在竞争中取胜，而简历也需要个性突出、特征

鲜明,个性化的简历会从众多简历中折射出光芒,吸引招聘官的目光。个性化创意简历的制作主要从以下几个方面进行:

(1) 从招聘企业出发进行创新。深入分析你应聘的单位,结合企业的基本情况,充分考虑招聘者的情感需求和心理愿望,把你自己以合适的形式同企业相结合,以恰当的方式表现出来,你的简历就是独具个性,富有创意,被招聘官从众多的简历中抽出来放到一边的"黄金简历"。

(2) 从应聘的岗位出发进行创新。简历还可以从体现求职者应聘岗位所需的职业技能和职业修养的角度进行创新,在简历上表现出求职者具有符合应聘岗位要求的能力、水平和职业意识。

(3) 从专业出发进行创新。从专业出发进行求职简历的创新,可以用你的专业语言来对简历进行处理,通过简历体现你的专业素养和对专业的深入理解。

当然,求职简历的创新要注意以下几方面的问题:一是简历创新要把握方向,切不可偏离目标,简历的目标就是获得面试机会,能实现简历目标的简历就是最好的简历。二是简历创新要慎重,千万不要离谱,要以招聘者和常人能接受的方式进行创新。三是简历创新要结合企业和自己的具体情况,把两者有机地结合起来,让所有的创新都为简历的主人服务。

4. 制作电子求职简历的注意事项

随着网络的不断普及,越来越多的人选择了在各个求职网站上投放简历,或者将简历采用电子邮件的方式分别发送到数家公司。但有很多人抱怨网上求职回应率太低,应聘者要想更快地被"发现",要学会按照招聘方的思维方式去思考。

(1) 把最重要信息放在简历首页。面对成千上万的电子邮件简历,招聘者首先会将搜索条件定位在对他们最为有用的范围之内,如果想被招聘者"挖掘"出来的话,一定要将个人最重要的信息,例如工作目标、工作业绩及近年的工作经验等放在简历首页。

(2) 尽量用常用格式和字体。求职者要尽量使用文本文件来书写简历。另外,要尽量使用像宋体这样的 Windows 操作系统自带的简单字体,防止对方因为计算机设置不同而无法显示。

(3) 在电子邮件正文中写简历。由于很多病毒是通过电子邮件传播的,因此大部分公司要求求职者直接将简历写在邮件正文中,而不要使用附件的形式。如果遇到这种情况,求职者也尽量按照公司的要求来发送简历,否则很容易被对方的邮件过滤系统自动过滤掉。

案例分析

案例 2-4 求职简历赏析

【个人基本情况】

    姓名:×××   地址:×××   邮编:×××

    电话:×××   手机:×××   电子邮箱:×××

【教育背景】

    ××××学院×××专业专科   时间:200×.9——200×.7

    成绩:平均分×××(分数接近 90 分)   200×年×××奖学金,××学院××人唯一获

奖者

【实习经历】

　　××顾问公关公司　　职务：××　　地点：××　　时间：××××.×——××××.×

　　媒体与外事部门的助理，负责项目策划及实施、媒体跟踪、信息调查以及新闻分析，主要客户包括××××(列出企业名称)等。

- 帮助×××在上海成功进行市场投放活动；
- 培养了敏锐的新闻视角；
- 锻炼和提高了媒体沟通及信息收集分析能力。

　　××××企业　　职务：××　　地点：××　　时间：××××.×——××××.×

- 负责大客户部每日销售报表统计与分析，销售人员绩效评估；
- 成功策划、组织并完成办公室"×××"项目；
- 提高了领导力、数据分析能力以及市场分析判断能力。

【课外活动】

- ××××大学"×××杯"辩论赛最佳辩手　　　　　　地点：××××　　　时间：××××

- 学术刊物《×××》主编　　　　　　　　　　　　地点：××××　　　时间：××××

国家××学基础人才培养基地刊物，连续三年全国××个基地班评比第一名。

- ××大学生文化交流使者　　　　　　　　　　外国：××××　　　时间：××××

两千名申请者中的两名入选者之一；

关于××的主题演讲入选大会优秀论文集。

- ××大学生社团主席　　　　　　　　　　　　地点：××××　　　时间：××××

以学生创业形式获得风险投资；

针对在校大学生提供文化交流活动与信息服务，最高会员数×人(这个人数非常有说服力)。

- ××暑期社会实践领队　　　　　　　　　　　地点：××××　　　时间：××××

策划，组织并带队参加"民营企业二次创业"主题实践；

关于融资、技术及品牌的实践报告获得经济学院优秀实践成果奖。

【技能水平】

- 通过国家英语四六级考试　　　CET-4成绩：××　　　CET-6成绩：××
- 通过省计算机一级B考试　　　成绩：优秀　　通过国家计算机二级考试　　成绩：良好
- 通过×××职业资格认证　　　×××(中级)

【奖励】

- ××学科竞赛第一名，仅有的两名一年级获奖专科生之一　　　　　　　时间：××××
- 所参与团队获××大学学生创业大赛第一名　　　　　　　　　　　　时间：××××
- ×××大学生创新训练项目，省教育厅立项，本项目唯一学生主持人　　时间：××××

拓展阅读

招聘季来临，谁来保障女生公平就业？

左手举着判决书，右手比着"V"，黄蓉(化名)在浙江省杭州市西湖区人民法院门口，拍下了拿到判决的这一刻。

今年6月，因感觉在应聘中受到性别歧视，黄蓉以平等就业权和人格尊严权被侵犯为由，将招聘企业"杭州西湖区东方烹饪职业技能培训学校"（以下简称"杭州新东方"）告上法庭，要求这所隶属于新东方烹饪教育机构的学校赔礼道歉并赔偿精神损失。

11月12日，杭州市西湖区人民法院作出一审判决，认定杭州新东方在招聘中存在就业歧视的行为，侵犯了黄蓉平等就业的权利，判决该校赔偿黄蓉精神损害抚慰金2 000元，但以法律依据不足为由，驳回了黄蓉要求招聘单位书面赔礼道歉的诉讼请求。

眼下，正是招聘旺季，各种校园招聘会正如火如荼地展开。黄蓉打赢官司，让很多女生感到提气，但在就业过程中，她们面临的性别歧视依然未减。

三次被拒，只因是女性

事情起源于今年6月，黄蓉从河南省某高校社会工作专业毕业，来到杭州找工作。

据黄蓉回忆，6月时，她在某网站看到杭州新东方招聘两名文案的消息。随后，便在网上向该校投了简历。

大学期间，黄蓉实践经验丰富，成绩也还不错，她觉得自己各项条件都符合岗位要求。但投简历之后，左等右等，始终没收到任何回复。心急之下，她打到学校人事处询问应聘情况，但得到的结果是，该职位"仅限男性"。

"后来才发现，当时招聘信息，确实对性别有要求。"黄蓉说，但没过多久，自己又在另一家网站上看见了同一条招聘信息。"但这次没有标注仅限男性，我当时高兴坏了，马上又投了简历。"

可是，第二次投出的简历，依旧石沉大海。黄蓉打电话询问，对方人事处工作人员依旧告诉她，"仅限男性"。

第三次，面对同一个岗位，黄蓉选择带着自己的简历，直接"杀"到学校的人事招聘处应聘。

"我们这个职位要经常出差，所以仅限男性。"据黄蓉回忆，校方的招聘人员还是直截了当地拒绝了她。

"没关系，我可以接受出差，我能自己调节好工作和生活。"黄蓉回答。

"但我们学校的校长都是男的，你们一起经常出差，要开两间房，成本太高了！"

这让黄蓉很气愤，"不能因为校长都是男的，就不招女生了呀！"她对记者说。

尽管当时还有其他可以招聘女性的职位，但黄蓉一心想做策划和创意方面的工作，没有再考虑其他选择。

"后来问了一些律师和专家，确定了他们是性别歧视，加上我也看了曹菊案，我觉得，我也应该像曹菊一样，用法律维护自己的合法权益。"黄蓉告诉中国青年报记者。

黄蓉所说的曹菊案，被称为"中国就业性别歧视第一案"。同样是在应聘过程中受到性别歧视，大学生曹菊将招聘企业告上法庭。该案在审理过程中，双方达成和解，被告企业向曹菊支付3万元，作为反就业歧视专项资金。

对比曹菊案历时一年多才立案，黄蓉7月递出起诉状，8月法院受理立案，9月开庭，11月等到判决，整个诉讼程序顺利不少。但黄蓉坦承，这个过程依旧让她感到疲惫。

以岗位需求为名"限招男性"合理吗？

让黄蓉感到无力和沮丧的原因之一，是招聘企业给歧视披上的"温情外衣"。

记者从法院提供的判决书中看到，杭州新东方在书面答辩中认为，自己并不存在歧视女性行为，相反，是充分尊重和照顾女性。

该校在书面答辩中称，"该次招聘的岗位具有特殊性，除早晚常态加班外，还须经常陪同校长去外地出差、应酬，出差周期长、应酬次数多。"

此外，校方还提出，学校出差管理制度明确，为节约单位成本，两人以上（双数）出差住宿的，必须同住一个标准间，否则超出部分不予报销。

学校表示，校长均为男性，基于公序良俗、男女有别原则和单位制度规定，出于对女性的关爱和照顾，曾将上述事实如实告知黄蓉，并建议她应聘该校人事、文员等其他更适合的岗位。

学校认为，校方"基于所招聘岗位的工作特点，招聘男性以适应较繁重、较特殊的工作任务，这不仅不是歧视女性，反而是充分尊重和照顾女性。"

但上述辩解并未被法院采纳。

法院认为，根据我国相关法律规定，劳动者享有平等就业的权利，劳动者就业不因性别等情况不同而受歧视，国家保障妇女享有与男子平等的劳动权利，用人单位招用人员，除国家规定的不适合妇女的工种或者岗位外，不得以性别为由拒绝录用妇女或提高对妇女的录用条件。

本案中，法院认为，根据发布的招聘要求，女性完全可以胜任该岗位工作，学校辩称的需要招录男性的理由与法律不符。在此情况下，学校不对黄蓉是否符合招聘条件进行审查，而是直接以黄蓉为女性、需招录男性为由拒绝，其行为侵犯了黄蓉平等就业的权利，对黄蓉实施了就业歧视。

最终，法院判定，杭州新东方赔偿黄蓉精神损害抚慰金2 000元，但以法律依据不足为由，驳回了黄蓉要求被告书面赔礼道歉的诉讼请求。

事后，中国青年报记者曾多次联系杭州新东方，但人事处的工作人员以"不清楚"为由，未接受记者采访。

中国政法大学副教授刘小楠告诉中国青年报记者，现实中，许多歧视行为被视为是"公平合理的"。"比如一些体力劳动或需要经常出差的工作，包括一些女性自己，都认为用人单位只招男性是应该的。"

"我不否认两性之间存在差异。但很多差异，并不能成为就业中性别歧视的抗辩事由。"刘小楠说，反歧视不等于雇主不能选择适合工作岗位的人，而是不应根据与工作无关的个人特征把人预先分类，假定某些人就是不适合某些职位，尤其是不能提出和工作内容没有必然联系的要求，否则就可能涉嫌歧视。

反歧视，还需加强法律武器

"就业歧视现象普遍，歧视类型多，形式更加隐秘，这是招聘的一大现象。"中央党校政法教研部副主任张晓玲告诉记者，招聘过程中，黄蓉的遭遇非常普遍。而除了性别歧视外，近年来，应聘者在求职过程中，还遭遇到身高、学历、外貌、户籍，甚至血型、星座的歧视。

今年6～7月，全国妇联妇女研究所副研究员杨慧带领她的团队，在北京市、山东省、河北省的三所"985"、省部共建和普通高校进行了一次调查。结果显示，高达86.6%的女大学生受到过一种或多种招聘性别歧视。

其中,有 80.2% 女性认为,在招聘过程中存在"招聘信息显示限男性或男性优先"、"拒不接收或不看女性简历"、"不给女性笔试、面试机会"、"不给女性复试机会"和"提高对女性的学历要求"的现象。还有 52.9% 的男性也承认,在招聘过程中存在上述现象。

此外,调查结果还显示,被访女性平均受到性别歧视的次数达到了 17.0 次。

"很多大型企业都会倾向于招收男生。"余婷是南方某重点大学的毕业生,谈及自己找工作的经历,她仍旧气愤不已。

"笔试后,我比第二名的男生高出 10 多分。"余婷说,自己的学校、经历、实践活动都比那个男生突出,但面试时,主考官只问了余婷的恋爱和家庭情况。总分出来后,那个男生就排在了她前面。

在张晓玲看来,就业歧视现象高发的重要原因是我国反歧视法律不完善,只对歧视做出了原则性的规定,缺少具体的违法后果,以及要承担的责任。

"法律法规不健全,就会降低招聘单位和企业的违法成本。"张晓玲说,这会使得用人单位即使存在就业歧视,也不需要付出太大代价,就在一定程度上助长了不良风气。

四川大学法学院教授周伟曾代理过十几起涉嫌歧视的案件。他认为,我国在促进社会公平、保障就业权利方面正逐渐进步。他说,正是像黄蓉这样的个案,在逐渐改变着人们的观点,推动着社会反歧视的进步。

"杭州西湖区人民法院判决黄荣胜诉具有重要意义。"张晓玲感叹,"就是要对歧视亮起司法正义之剑,才能在巨大的司法压力下,每个人都能够得到平等的发展机会。"

实践训练

训练 2-1　就业信息的收集和整理

张三在毕业前一年时,就开始注意收集各种信息,并建立了自己的就业信息表。收集的信息包括:国家经济发展趋势、国家的就业政策、就业形势分析、企业招聘信息、企业资料等。

张三收集的招聘信息有几百条,在筛选信息时,他遵循的原则是:第一,寻找快速成长或高回报的行业;第二,寻找处于上升期的企业;第三,寻找能拿到符合自身能力的薪水的企业。他认为,快速成长或高回报的行业虽然风险大,但是施展空间大,机会多。寻找处于上升期的企业,是因为上升期的企业往往具有发展后劲,那里肯定需要人。对于第三点,要在各种"报价"中,保持清醒的头脑,找到符合自己能力的价位。

临近毕业,他没有像一些同学到处乱撞。有时,他也去一些招聘会,但都是有目标和有准备而去的,他也参加了一些招聘考试,但那都是经过精心选择以后的"意中人"。当许多同学还在为工作四处奔波时,张三已经找到了一份适合自己的工作。

1. 分组讨论收集就业信息的主要渠道,各就业信息途径的优缺点。

(1) _____

(2) _____

(3) _____

2. 明确小组讨论书记员,向班级汇报讨论的情况。本组主要观点:

_____

_____

_____

训练 2 - 2   这是一封求职信,请指出这封信存在不足之处

尊敬的领导:

您好!

我在××日报上看到贵公司招聘文秘的信息,我是×××职业学院商务日语专业的应届毕业生,学习成绩不错,多次获得各种学习奖励。贵公司是一家非常有发展前景的单位,恳请您给予我这个机会,将不胜感谢。我想我不会让您失望的! 给我一个机会,还你一个惊喜!

随信附上我的个人简历,请您查阅,谢谢。打扰之处,还望见谅!

祝工作顺利!

×××

××××年×月×日

课后作业

知识点复习

1. 大学生在择业中常见的心理问题有哪些? 如何进行心理调适?

2. 如何理解实习和就业之间的关系?

3. 信息收集与处理的一般步骤是什么?

4. 就业材料包括哪些? 分别有什么注意事项?

实训项目

1. 收集自己需要的求职信息,并与同学分享经验。

2. 根据自己的求职意向、应聘单位及职位撰写一封求职信。

3. 准备一份完整的求职材料。

学习情境三
择业过程训练

情境案例 特殊的面试

　　王珊珊是一所高职院校工商管理系的学生,毕业后她去一家大的食品公司应聘销售员。这家公司要求严格,每个新进的员工都必须从理货员做起,无论你是研究生还是中专毕业生。如果干得出色,可以升职加薪,如果做得不好,只能永远做一个理货员。王珊珊不怕吃苦,愿意从一线干起,所以顺利通过了公司的初试,但能否应聘成功,还要经过最后一关——面试。

　　王珊珊拿着面试通知书,来到一家星级酒店,按约定找到了面试的房间。她轻轻地敲了敲门,里面有人说:"请进!"王珊珊推门进去,只见两名男子正在房间里下象棋。楚河汉界,战云密布,正斗得难分难解。

　　"请问这里是××食品公司的招聘地点吗?"王珊珊问。

　　"你走错了,我们是住酒店的客人。"一位先生头也不抬地回答。

　　王珊珊愣住了,她看看手里的通知,又出去看看房间号:"对不起,招聘启事上说的就是这里呀!"

　　一位先生停止下棋,他从王珊珊手里接过招聘启事,用狡猾的目光望着他:"你搞错了,怎么会在我们住的房间里面试呢?"然后两个人继续下棋不再理她。

　　王珊珊看着两位客人下棋,没有离开的意思。大约过了五分钟,另外一位先生看了看手表笑着对他说:"你挺有耐心的,不错,这里的确是面试地点,不过,如果你是来应聘的,请回去吧,我们招聘的人已经满了!"

　　王珊珊是不会轻易放弃认输的,她对两位先生说:"面试通知截止时间是明天,请给我一个机会,听听我的自我介绍。"接着王珊珊就用简短的语言把自己的情况和工作设想说了一遍。

　　两位先生听了王珊珊的介绍后对她说:"恭喜你,你被录用了!"

　　资料来源:杨明主编.成功走向职场[M].济南:山东人民出版社,2010.

高职学生职业发展与就业指导

140

启示:这种特殊的面试是公司精心设计的一种方法,是为了考察新员工的判断力、自信心、与人沟通的能力和坚忍不拔的毅力。××公司要求员工上到管理者,下到销售员都必须具备这些宝贵的品质。

任务一　驰骋招聘市场

知识目标

1. 了解学生就业市场的分类与特点。
2. 了解我国当前就业市场的规律。
3. 掌握参加人才市场应聘的方法与技巧。

扫一扫可见微课
"面试准备"

能力目标

能结合自身实际,有重点地参加双选市场,应聘自己心仪的用人单位。

任务分析

面试机会不是坐等而来的,求职材料不是为了孤芳自赏,"供需见面、双向选择、自主择业"是当前大学生就业的原则。通过本章节的学习,求职者应充分认识当前我国就业市场的规律,掌握参加人才市场的方法与技巧,积极争取面试机会,为成功求职打开机遇之门。

知识链接

一、就业市场分类

目前,我国大学生就业市场体系已经初步建立,形成了以市场为导向,政府宏观调控,学生与用人单位双向选择的就业机制。

就业市场是当前大学生就业的重要形式,根据就业市场的特征可以分为有形市场、无形市场。有形市场是指有固定的场所、地点、举办时间,由特定的对象参加,在某一时间内把用人单位和毕业生集中到某一场所,双方进行交流、双向选择的形式。无形市场是指网络市场,比如智联、51job等专业网站,几乎每个省市毕业生就业主管部门、每所高校均建立了毕业生就业信息网。

就业市场的举办部门有政府主管部门、学校和企业。政府主管部门从毕业生就业和地方经济发展出发,采集岗位,举办大型双选市场。学校一般结合专业需求,形成相对固定的用人单位群体。一些企业根据人力资源需求到高校举办专场招聘会。这种就业市场时效性强,招聘针对性强,效果也十分明显,尤其为大型企业、学校就业基地企业、批量招聘计划较多的企业使用。

二、如何选择人才市场

毕业生可根据就业市场的特点,从自己的实际出发,选择不同的市场来寻找就业岗位。一般来讲,过于大型的人才市场是感受就业压力的好地方,成交效果并不一定很理想。同时,市场是不断变化的,毕业生的就业策略和期望值也应随市场的变化而变化。

当市场需求大时,毕业生可适度提高期望值,好中选优。当市场需求较小时,毕业生应及时调整就业观念,切实降低期望值,低中选高。当然劣与优,低与高是相对而言的,我们可酌情而定。

市场充满激烈的竞争,大学毕业生必须清醒地意识到这一点。双选市场充满了知识的竞争、能力的竞争、素质的竞争,危机意识不可或缺。大学生应该更加珍惜大学生活,集中精力学习知识,掌握实用技能,提高素质,增强自己的竞争力。当然,大学生也应该有"毕业即待业"的思想准备,因为少数人的暂时待业某种程度上讲是社会的一种调节机制。在暂时的待业过程中,毕业生不必自暴自弃,而应该用积极的心态搜集信息,并根据社会的需求不断地调整和完善自己的知识结构。

三、参加人才市场招聘的方法与技巧

同是参加招聘会,不同的人有不同的结局,一方面是由于求职者的自身条件可能有所不同,另一方面,也与一些毕业生求职缺乏必要的准备,缺乏基本的应聘知识有关。注意以下几点,可以提高命中率,争取可能到来的笔试和面试机会。

1. 调适心理、认真准备

招聘会前要明确自身条件,不要眼高手低,更不能自卑。事先准备好简历等自荐材料,把自己的工作经历及求职意向清楚表达。

2. 充满自信、精神振奋

年轻的毕业生应该朝气蓬勃、充满自信,要相信自己所掌握的知识和技能一定能胜任要从事的工作。同时要掌握必要的礼仪和谈话技巧,并要适当地"包装"自己。面谈时避免先谈待遇,最好能就单位的情况谈些有深度的看法或建议。

3. 把握时间、寻找时机

早起的鸟儿有虫吃,进入人才市场不宜太晚。毕业生就业市场的时间安排一般非常紧凑,及早进入可以有充足的时间收集信息,掌握到会单位的情况。但交谈不必太早,最好是先尽快地浏览一遍,对到场单位情况做个初步了解,然后根据自己的求职意向确定几个重点,安排好主次再去交谈。

4. 多点小心、防止受骗

近年来,一些骗子利用招聘会行骗的事时有发生,其手法并不高明,但往往总能得手,主要是不少应聘者缺乏必要的自我保护意识。参会时不要带过多的证件原件,因为参会人多,用人单位没时间当场验证,而主要是初次面试和看其简历。

5. 善咨询、问明白

应仔细询问招聘单位的详细情况,包括单位的上级主管部门、所有制性质、法人主体、招聘的内容和目的、用工形式、工作时间、月薪支付,等等,既做到心中有数,还可以去发现招聘单位及招聘人员有无破绽,了解其真实情况。如果是专场招聘会,进入现场后最好能先仔细观看企业的宣传介绍,对企业有充分的了解。此外,有些企业喜欢有创新力的人才,有些则青睐忠诚的员工,有些强调团队精神,有些看重稳定安分,只有事先了解企业偏好,才能在面试时有的放矢。

6. 听议论、听反响

充分利用大会的会刊查找自己感兴趣的公司,然后直接去其所在场馆,这样能够节省大

量时间和体力,提高应聘效率。在求职时,应注意听招聘者向其他求职者的介绍是否与你了解到的情况一致,听一听其他求职者的议论,再听取一下别人的建议和意见,了解招聘单位的口碑,如果各方面情况都适合你,且这家单位的口碑良好,则可以决定报名,接受用人单位的挑选。

7. 留资料、多跟踪

如果单位不能当场签约,还要继续面试或考核,就要留下自荐书、简历等材料。留下资料后不要坐等,会后两三天内及时与用人单位联系,因为用人单位会收到很多简历,可能将你漏掉。及时电话联系,一方面表示你对公司的尊重,二是表达了你迫切加入公司的愿望,给用人单位留下深刻的印象。

8. 独前往、慎签约

毕业生就业协议书是一种就业契约,具有一定的约束力,签约时应基本了解单位的大致情况。正因为就业是大事,有些同学拿不准主意,要家长陪同,其实,在人才市场不能让家长在身边出谋划策,否则,会给用人单位留下"缺乏独立性"的不良印象。

案例分析

案例 3 - 1 胡杨的失落

胡杨是某高职院校 2008 年毕业生,父母深知当前毕业生就业形势严峻,从 2007 年暑假开始就经常唠叨,叫小胡抓紧时间搜集就业信息,可以说小胡的工作问题成为全家人的重点。可小胡压根儿没有着急,2007 年暑假没有参加社会实践和实习,而是去吉林姑妈家避暑去了。2007 年下半年开始,小胡所在班级陆续有同学请假面试,看到同学面试,有的提前上岗,小胡有些心动,但想想还有几个月才毕业呢,父母也在操心,不急。年底学校举办双选会,小胡因表姐结婚没有参加。一晃半年多过去了,班上好多同学找了实习或者预就业单位。三年级下学期是学校安排的集中实习时间,针对没有单位的同学,学校在 3 月份再举办了一次小型双选会,小胡的父母亲在招聘会尚未开始时,就早早地到会场打听单位的情况。招聘会开始很久以后,小胡才姗姗来迟,并由家长陪同前往用人单位摊位前面谈。面谈过程中,小胡发言的时间还没有其父母多,结果谈了一家又一家,最终仍一无所获。

启示:胡杨的问题出在择业过程中过分依赖他人,对人才市场规律把握不够。其实,依赖他人难以选择到一份满意的工作。现在的毕业生中,独生子女所占的比例越来越大,他们的生活一帆风顺,没有经历过什么波折,再加上父母亲的过分呵护,客观上也培养了他们的依赖心理。

【思考与讨论】

1. 你认为胡杨的择业心态正确吗？为什么？
2. 你知道毕业生就业人才市场有哪些,分别针对什么对象？

1. 了解面试的种类,各种面试形式的特征。
2. 掌握面试前的准备要素。
3. 掌握面试发问技巧和常见面试问题的回答方法。

能在获得面试机会后积极准备,掌握通过面试的方法与技巧,赢得工作机会。

现在离你的工作机会只有一步之遥了。面试是求职应聘中非常关键的一个环节,好不容易争取到的面试机会,因为发挥不好失之交臂真的有些可惜。通过本章节的学习,求职者可以充分了解面试,掌握应对各种面试的技巧,提前做好充分准备,提高面试通过率。

一、面试的概念

面试即当面测试,是用人单位对应聘者进行选拔而采取的诸多方式中的一种,也是应聘者取得求职成功的关键一步。面试是求职者全面展示自身素质、能力、品质的大好机会,面试发挥出色,可以弥补先前笔试或是其他条件如学历、专业上的一些不足。在应聘的几个环节中,面试也是难度最大的,尤其是对于应届毕业生来说,由于缺乏经验,面试常常成为一道难过的坎,有很多毕业生顺利通过了简历关、笔试关,最后却在面试中铩羽而归。因此,要重视学习面试的基本知识。

二、面试的形式和种类

面试有很多形式,依据面试的内容与要求,大致可以分为以下几种。

(1)问题式面试。由招聘者按照事先拟定的提纲对求职者进行发问,其目的在于观察求职者在模拟环境中的表现,考核其知识,判断其解决问题的能力,从而获得有关求职者的第一手资料。

(2)压力式面试。由招聘者有意识地对求职者施加压力,就某一问题或某一事件作一连串的发问,详细具体且追根问底,直至无以对答。此方式主要观察求职者在特殊压力下的反应、思维敏捷程度及应变能力。

(3)自由式面试。招聘者与求职者海阔天空、漫无边际地进行交谈,气氛轻松活跃,无拘无束,招聘者与求职者自由发表言论,各抒己见。此方式的目的是在闲聊中观察应试者的谈吐、举止、知识、能力、气质和风度,对其作全方位的综合素质考察。

(4)情景式面试。由招聘者设定一个情景,提出一个问题或者一项计划,请求职者进入模拟角色,其目的在于考核其分析问题、解决问题的能力。情景模拟面试又包括无领导小组讨论面试、文件筐测验面试、答辩式面试、竞聘演讲式面试。

(5) 综合式面试。招聘官通过多种方式考察求职者的综合素质,如用外语交谈,要求即时作文,或即席演讲,或要求写一段文字,甚至操作计算机,等等,以考察其外语水平或书面及口头表达等各方面的能力。

安排应聘者在单位某固定岗位上实习一段时间,达到对应聘者综合能力进行考察的目的,也是一些单位面试的方式。以上是根据面试种类所做的大致划分,在实际面试过程中,招聘者也可能采取一种或几种面试方式,也可能就某一方面的问题对求职者进行更深层次的观察,其目的在于能够选拔出优秀的应聘者。

面试的种类就目前而言,包括三种:

(1) 集体面试。即很多求职者在一起进行的面试,就招聘者来讲,可以在专业、地域及其他各方面都有较大的选择余地。比较流行的是无领导小组讨论式面试,它通过给一组考生(一般是 5~7 人)一个与工作相关的问题,让考生们进行一定时间(一般是 1 小时左右)的讨论,来检测考生的组织协调能力、口头表达能力、辩论能力、说服能力、情绪稳定性、处理人际关系的技巧、非言语沟通能力(如面部表情、身体姿势、语调、语速和手势等)等。对于应聘者各个方面的能力和素质是否达到拟任岗位的要求,无领导小组营造了一种团体气氛,比较容易综合评价考生之间的优劣。

(2) 个体面试。即用人单位对求职者单独进行的面试,可能由若干考官参加,也有可能仅是一次面对面的交谈。

(3) 随机面试。即采用非正规的、随意的面试方式,这样就可以考核出求职者的真实情况。

三、面试准备

1. 面试前进行有效准备

(1) 充分了解应聘单位。对用人单位的性质、地址、业务范围、经营业绩、发展前景,对应聘者岗位职务及所需专业知识和技能等要有一个全面的了解。单位的性质不同,对求职者面试的侧重点也不同。一位资深的人力资源主管说:"面试时,我们都会问求职者对我们公司了解多少,如果他能很详细地回答出我们公司的历史、现状、主要产品,我们会很高兴。"

(2) 使自己的能力与用人单位岗位要求相符合。"知己知彼,百战不殆",求职者面试前应该对自己的能力、特长、个性、兴趣、爱好、人生目标、择业倾向有清醒的认识。认真阅读你收集到的所有信息并牢记它们,尽量使自己的能力与工作要求相适应,参加面试时,通过表述你对知识的掌握和理解来表达你希望进入这一行业工作的愿望。

(3) 模拟可能询问的应聘问题。对可能遇到的问题进行准备。面试前不经过角色模拟,便无法达到最佳的效果。

(4) 练习处理对你面试不利的事情。即使曾有一些不愉快的受挫经历,也可以作为一段可供学习的经验加以陈述。务必用积极的事情抵消消极的事情,最好不要说有损自己形象的话。

2. 进行自我评估

要自信地应对面试,首先要对自己有清楚的认识。

（1）写出几件自己认为可称得上成功的事情，并逐一分析这些成就，列出你最主要的几项技能。

（2）同一件事情，各人有各人截然不同的处理方式，这取决于每个人不同的个性，为弄清楚自己的个性，可以通过分析，用一些形容词来归纳自己的性格。

（3）确定与你个性、兴趣相符的工作环境。工作环境不仅指具体的环境，更重要的是工作单位的文化背景。

3. 心理准备

面试就好比是一场考试，测试每个人的能力，同时也测试每个人的心理素质和临场发挥，因此要成功面试，首先要充满信心，要保持良好的心态和快乐的心情。其次要抓住招聘者的心，招聘者可能会先评价求职者的衣着、外表、仪态及行为举止，也可能会对求职者的专业知识、口才、谈话技巧作整体性的考核，还可能会从面谈中了解求职者的性格及人际关系，并从谈话过程中了解求职者的情绪状况、人格成熟度、工作理想、抱负及上进心。

4. 业务知识准备

备上一份与应聘岗位的专业知识、业务技能相关的求职材料，供招聘者查阅参考。准备当天可能用到的个人资料或作品，携带相关的证件，以便在面试的过程中进一步向招聘者提供有关自己的材料。

5. 体能、仪表准备

面试前要保证充分的睡眠，保持良好的精神状态。面试前还应注意修饰自己的仪表，使穿着打扮与年龄、身份、个性相协调，与应聘的职业岗位相一致。

四、交谈技巧

1. 答问技巧

（1）把握重点，条理清楚。一般情况下回答问题要结论在先，议论在后，先将意思表达清楚，然后再做叙述，便于主考官把握你的思想。

（2）讲清原委，避免抽象。招聘者提问是想了解求职者的具体情况，切不可简单地仅以"是"或"不是"作答，有的需要解释原因，有的则需要说明程度。

（3）确认提问，切忌答非所问。面试中招聘者提出的问题过大，以至不知从何答起，或求职者不明白问题的意思是常有的事情。"你问的是不是这样一个问题……"将问题复述一遍，确认其内容，才会有的放矢，不至南辕北辙、答非所问。

（4）讲完事实以后适时沉默。保持最佳的状态，好好思考你的回答。

（5）冷静对待，荣辱不惊。招聘者中不乏刁钻古怪之人，可能故意挑衅，令人难堪。这不是"不怀好意"，而是一种策略，故意提出不礼貌或令人难堪的问题，其意义在于"重创"应试者，考察你的"适应性"和"应变性"。你若反唇相讥，恶语相对，就大错特错了。

（6）要知之为知之，不知为不知。面试中常会遇到一些不熟悉、曾经熟悉现在忘了或根本不懂的问题。面临这种情况，回避问题是失策，牵强附会更是拙劣，诚恳坦率承认自己的不足之处，反倒会赢得招聘者的信任与好感。

2. 发问技巧

面试时若招聘者问你有没有问题，你可以适当问一些问题，并且应该把提问的重点放在招聘者的需求以及你如何能满足这些需求上。通过提问的方式进行自我推销有时十分有效,所提问题必须紧扣工作任务和岗位职责。

你可以询问诸如以下的问题:应聘职位所涉及的责任以及所面临的挑战;在这一职位上应该取得怎样的成果;该职位与所属部门的关系;该职位具有代表性的工作任务是什么。当然也要注意不要问一些通过个人渠道了解到的有关公司内部的信息,这会让人对你面试的目的是否明确表示怀疑。

3. 谈话技巧

(1) 谈话应顺其自然,不要误解话题,不要过于固执,不要独占话题,不要插话,不要说奉承话,不要浪费口舌。

(2) 留意对方反应,交谈中很重要的一点是把握谈话的气氛和时机,这需要随时注意观察对方的反应,如果对方的眼神或表情显示对你所涉及的某个话题已失去兴趣,应该尽快找一两句话将话题收住。

(3) 有良好的语言习惯。不仅是表达流利,用词得当,同样重要的还有说话方式。

4. 交谈心态

作为应届毕业生初次参加招聘,如何摆正自己的心态很大程度上关系着招聘的成败。

(1) 展示真实的自己。面试时切忌伪装和掩饰,一定要展现自己的真实实力和真正的性格,有些毕业生在面试时故意把自己塑造一番,比如明明很内向,不善言谈,面试时却拼命表现得很外向、健谈。这样的结果既不自然,很难逃过有经验者的眼睛,也不利于自身的发展,即使通过了面试,人力资源部往往会根据面试结果安排适合的职位,这对个人的职业生涯也不利。

(2) 以平等的心态面对招聘者。面试时如果以平等的心态对待招聘者,就能够避免紧张情绪,特别是在回答案例分析问题时,一定要抱着"我是在和招聘者一起讨论这个问题"的心态,而不是觉得他在考自己,这样就可能做出很多精彩的论述。

5. 结束面试

(1) 适时告辞。面试不是闲聊,也不是谈判,从某种意义上讲,面试是陌生人之间的沟通,谈话时间的长短要视面试内容而定。招聘者认为该结束面试时,往往会说一些暗示的话语:① 我很感激你对我们公司这项工作的关注;② 谢谢你对我们招聘工作的关心,我们一做出决定就会立即通知你;③ 你的情况我们已经了解了;④ 你知道,在做出最后决定之前我们还要面试几位申请人。求职者听了诸如此类的暗示语之后,就应该主动告辞。

(2) 礼貌再见。面试结束时的礼节也是公司考察录用的一个砝码,成功的方法在于,首先不要在招聘者结束谈话前表现出浮躁不安、急于离去的样子。其次,告辞时应感谢对方花时间同你面谈,如果有秘书或接待员接待过你的话,也应向他们致谢告辞。

五、常见面试问题解析

上面讲过知己知彼的准备是面试成功的一半,下面列出一些面试过程中毕业生一般要了解的问题和解答思路,毕业生最好在面试前有所思考,同时做准备时也不要仅限于这些问题。

1. 毕业生的基本情况:姓名、专业、学历等

提问的方式有:请你用1分钟时间简单介绍你自己;或者请你用2～3分钟时间介绍你的大学生活等。一般招聘应届毕业生时,安排的面试比较集中,很多时候面试官问这样的问

题是为了了解基本情况,或者趁应聘者介绍的时候快速浏览简历,以便根据应聘者的情况进一步提问,同时看看应聘者的表达能力。这部分内容可以提前准备好,针对应聘的岗位和自己的亮点要组织得有条理有重点。

2. 根据简历和介绍的基本情况进行深入提问

主要内容涉及学习成绩、社会活动、打工实习等内容,并且面试官可能会要求举出实际的一个事例来说明应聘者谈到的活动或能力。面试官主要希望从应聘者的过往经历和表达中发现应聘者的优缺点,考察应聘者的逻辑思维能力、团队合作等基本素质。应聘者在回答时应该以事实为依据,前后一致,逻辑严密,表达清晰。

3. 谈谈家庭情况

主考官是希望从你的家庭教育背景中判断你的素质。注意不要简单罗列家庭人口,宜强调温馨和睦的氛围,宜强调父母对自己教育的重视,宜强调家庭成员对自己工作的支持,强调自己对家庭的责任感,等等。

4. 你有什么优点和不足

提出这个问题,大多想进一步了解你的情况,以便录用后更好地安排工作,同时也看看你对你自己是否有正确的评价。知人为聪,自知为明,回答这个问题时,要实事求是地介绍自己的长处和不足,包括你的道德品质、为人处世、学业成绩、生活习惯等方面。多数单位不会因你讲了不足而影响录用,除非有严重的思想品德问题。介绍完后可补充一句:"由于自己还不很成熟,自我评价可能不完全准确,如有可能请领导通过学校再了解。"

5. 你有什么特长和爱好

对这个问题要据实回答,有什么特长就讲什么特长,有什么爱好就讲什么爱好,不要无中生有,也不要过分谦虚。因为爱好广泛、多才多艺的人,才是备受用人单位青睐的人。

6. 你选择工作主要考虑哪些因素

对这个问题应集中回答应聘的单位是具有较好发展前景的单位,应聘的工作有利于发挥自己的能力,有利于施展所长,有利于单位和个人的发展等,也可以讲讲对哪些工作感兴趣。对一些与个人利益有关的问题最好少谈,即使谈及也不要重复强调。

7. 求职目标及对所应聘公司和职位的了解情况

面试官问这方面的问题主要是想了解应聘者希望的岗位、工作地点,应聘原因,对所应聘公司和岗位熟悉程度。应聘者提前做好充分的准备,对所应聘的公司和职位了解得越多越深入,则回答得越好。

8. 你希望的报酬是多少

这是我们无法回避的问题,要对市场上的行情有一个大致的了解,建议从不同公司、不同单位、不同职业加以了解,才能够提出或者应允一个中等偏上的工资数,使这个问题的商量有一个回旋的余地。例如,有人是这样说的:"我刚刚参加工作,涉世不深,经验不足,还需要不断提高。所以你们根据我的情况开工资,我可以接受。我愿意在今后的工作中努力上进,得到一个很好的发展,那时候根据我对公司的贡献,相信公司会给我一个相应的报酬。"当然,如果自己足够优秀,可以比市场行情略高一些。

案例分析

第二模块 就业指南

案例 3-2 求职失败 50% 源于面试错答

凛冽的寒风抵不住滚滚的求职人潮,时近岁晚,各种招聘会一个接一个,让一些应届毕业生疲于奔命,然而稍不留神前途就会断送在某些面试环节上。

三心二意失荆州

最近,马场花城会展中心举行的应届生招聘会上,记者看到一位穿着套裙的女学生自信地在一家大型外资公司的展位前面试,她以流利的英语与招聘人员谈了约 10 分钟。

最后,招聘人员一边合上简历,一边随口问她,"你的成绩这么好,没想过考研吗?"那位女大学生迟疑了一下,勉强答到"有这个打算"。招聘人员脸色即时沉了下来,对她说"回去等通知吧"。

等女学生离开后,招聘人员即时在简历上打了一个叉。记者不解地问该招聘人员,他说,离毕业还有半年时间,虽然她的条件不错,但明年 1 月就要考研了,公司不会招一些至今还拿不定主意的人。

"乖巧"要恰到好处

读土木工程专业的小张到某电力工程公司应聘,对方劈头就问:"你为何想进这家公司?""公司的培训机会很多,我想来好好学习。""你认为你适合干什么?""只要公司需要,我什么都能干。"

亚洲国际大酒店人力资源总监蓝国庆说,应聘者以为这样答就等于"乖巧",其实招聘人员会想:你是来学习的?那我干吗花钱雇你?你什么都能干?那要我干什么?

因此,蓝国庆认为,正确的回答是,不要只谈希望公司给你提供多少福利、培训,而应让对方觉得你能为公司创造价值,并且求职者必须让人觉得你有抱负,但也脚踏实地。你觉得自己最适合干什么,就老实告诉人家,"服从需要"之类的空话,效果适得其反。

贸然谈薪没必要

"你对薪水的期望值如何?"薪酬待遇是每个求职者最想了解问题之一。

但是应届大学生在面试中贸然谈薪酬却是个大忌。广东省邮政信息技术局办公室主任项仪认为,没有经验的大学生没有资格谈薪水。况且新人的起薪都一样,你谈了,人家也不会给你加薪,反而会招致反感。即使对方问你对薪水的期望,你也应谨慎应对,或者干脆用"我相信公司会承认我的工作价值"之类的话搪塞过去。

资料来源:网络.中国服装网·企业招聘.

启示:面试的过程是用人单位对求职者考核的过程,评价标准在于岗位要求和招聘者的价值判断。每个人的价值判断可能有异,但用人单位通过考察应聘者对面试问题的态度,进而了解对职业的态度。对于相同的问题,不同的回答方式,效果截然不同,因此,每位求职者对常见问题最好有所准备,方能展现最优秀的自己。

扫一扫可见微课
"面试技巧和礼仪"

知识目标

1. 了解求职礼仪内容和养成良好礼仪习惯的方法。
2. 掌握面试礼仪的主要内容。
3. 掌握面试效果提升方法。

能力目标

养成良好的礼仪习惯,能在求职应聘中以良好的礼仪赢得工作机会。

任务分析

求职者以什么样的形象显现给面试官,关系到能否顺利踏入社会,找到一份合适满意的工作,为此,毕业生在面试时应注重求职礼仪。通过本章节的学习,求职者可充分了解职业礼仪的主要内容,平时能养成良好的礼仪习惯,面试前有意识地训练自己,面试中充分展示自己,面试后及时提升自己,使面试机会成为现实的工作机会。

知识链接

一、求职仪态礼仪

职业礼仪是在人际交往中,以约定俗成的程序和方式来表现的律己敬人的过程,涉及穿着、交往、沟通、情商等内容。从个人修养的角度来看,礼仪可以说是一个人内在修养和素质的外在表现。从交际的角度来看,礼仪可以说是人际交往中适用的一种艺术,是人际交往中约定俗成的示人以尊重、友好的习惯做法。从传播的角度来看,礼仪可以说是在人际交往中进行相互沟通的技巧。

求职礼仪表现在穿着打扮方面,衣着整洁,大方得体。男生短发,女生长发要用发夹夹好,不能染鲜艳的颜色。表现在精神状态方面,精神饱满,面带微笑。表现在卫生习惯方面,养成良好的卫生习惯,不留过长的指甲,不当众掏耳挖鼻。表现在行为举止方面,有良好的站姿和坐姿,避免一副漫不经心、拖拉的样子。表现在个人修养方面,比如讲话音量适当,如果考官发名片,拿取名片时要用双手去拿,拿到名片时可轻声念出对方的名字,以让对方确认无误。如果念错了,要记住说"对不起"。拿到名片后,可放置于自己名片夹或者衬衫的左侧口袋或西装的内侧口袋,最好不要放在裤子口袋。

特别需要注意的是专场招聘会上,往往有许多同时面试者是同学或者是校友,大家相互认识,避免挤坐一起,大声喧哗,也避免有人多力量大的心理,就某些细枝末节问题,集中向考官发难。

二、面试时礼仪

在求职面试时,礼仪是毕业生呈给招聘单位的"名片",是一个人修养和道德的外在表现。因此，毕业生应把握面试的基本礼仪，给对方留下良好的"第一印象"。以下几点通用性原则可供同学们参考。

1. 掌握时间

参加面试特别要注意遵守时间，一般要提前到达，不要迟到，以表示求职的诚意，给对方以信任感。

2. 安静候试

大多数面试同时会有数位毕业生候试，再由接待人员视面试情况——唱名引见，在引见之前，千万不可因等候时间长而急躁失礼，你的失礼也许稍后就会传到主试人的耳中。

3. 使用敬语

唱名到你时进入面试室应先轻轻敲门，等到室内传来回应声才能进入，切忌冒失进内。进入面试室要等对方说"请坐"之后，自己才能坐，并应说声"谢谢"，然后向面试人轻轻点头致意，等候询问的开始。

4. 坐姿端正

面试坐姿要端正，脚放在本人座位下，不可任意伸直，切忌跷二郎腿并不停抖动。两臂不要交叉在胸前，更不能把手放在邻座椅背下，不要给人一种轻浮傲慢、有失庄重的印象。

5. 态度热诚

面试态度要热诚，又要面带笑容，有问必答，切忌板起面孔，爱答不理。调查显示，面试成功者90％都有热诚的态度。

6. 视线处理

面试时最好把目光集中在主试人的额头上，且眼神自然，以传达你对别人的诚意和尊重，切忌东张西望，给人一种三心二意的印象，更不能在主试人身上扫视、上下打量，以显得无礼。

7. 发言有度

面试时将对方和自己的发言比率定为6∶4最好，切忌把面谈当作是你或他唱独角戏的场所，更不能打断主试人的提问，以免给人以急躁随意、鲁莽的坏印象。

8. 动作优雅

交谈时要姿态端正、自然、放松，且忌做一些捂嘴、歪脖、抠鼻孔、掏耳朵之类的小动作，以免引起考官的反感。

9. 注重观察

毕业生参加面试要放亮眼睛、观察环境、见机行事，先要寻找周围环境中有什么地方需要你做点什么。虽然是一件不起眼的小事，但有时也会成为你面试成功的契机，因为，这有利于彼此情感的交流，并使气氛和谐，让对方接纳你、悦纳你。

10. 善于收尾

面试结束时，毕业生应一面徐徐起立，一面以眼神正视对方，趁机作最后的表白，以突显自己的满腔热忱，并打好招呼。比如说："谢谢您给我一个面试的机会，如果能有幸进入贵单位服务，我必定全力以赴。"然后欠身行礼，说声"再见"，轻轻把门关上，退出面试室。

三、面试后礼仪和提升

1. 回顾总结

（1）面试一结束，应该对自己在面试时遇到的难题进行回顾。重新考虑一下，如果他们再一次向你提问时,该如何更好地回答这些问题。

(2) 尽量把你参加面试的所有细节记下。一定要记下面试时与你交谈的人的名字和职位。

(3) 万一通知你落选了,你也应该虚心地向招聘者请教你有哪些欠缺,以便今后改进。这样,就可以知道自己到底为什么落选,能得到这样的反馈不容易,你应该好好抓住时机。

2. 事后致谢

(1) 在面试后的一两天内,你可以给某个具体负责人发一个信息,在短信里应该感谢他为你所花费的精力和时间,感谢他为你提供各种信息。

(2) 如果一个星期内,或者依据他们做决策所需的一段合理时间内没有任何音讯,你可以给负责人打一个电话,问他:"是否已经做出决定了?"这个电话可以表示出你的兴趣和热情,还可以从他的口气中听出你是否有希望得到那份工作。

(3) 如果在打听时觉察自己有希望中选,但最后决定尚未做出,那你过一段时间后再打一次电话催问。

(4) 每次打电话后,你应该给对方发一个信息。内容应该包括:① 重申你的优点;② 你对应聘的职位仍然十分感兴趣;③ 你能为公司的发展做出贡献;④ 希望能早日听到公司的回音。

哪怕他们已经暗示你可能落选了,发一则短信说明你即使没有成功,但也很高兴有面试的机会。这样做不仅仅是出于礼貌,而且还能使接见者在公司出现另一个职位空缺时心里想着你,创造出一个潜在的求职机会。

案例分析

案例 3-3　请按一下九层

这是全市最忙的一部电梯,上下班高峰时期,和公共汽车差不多,人挨着人。上电梯前和公司的人力资源总监相遇,说笑间,电梯来了,我们随人群一拥而进。每个人转转身子,做一小小的调整,找到了一种相对融洽的关系。这时,一只胳膊从人缝中穿过来,出现在我的鼻子前头。我扭头望去,一个小伙子隔着好几个人,伸手企图按电钮。他够得很辛苦,好几个人刚刚站踏实的身子不得不前挺后搬,发生了一阵小小的骚动。

那个人力资源总监问道:"你要去哪一层?""九层。"有人抬起一个手指头立刻帮他按好了。没有谢谢。

下午在楼道里又碰到那个人力资源总监。"还记得早上电梯里那个要去九层的小伙子吗?"她问我。

"记得呀,是来应聘的吧?"

"没错。挺好的小伙子,可我没要他。""为什么?"

"缺少合作精神。"她露出一副专业 HR 的神情,"开口请求正当的帮助对他来说是件困难的事情,得到帮助也不懂得感激。这种人很难让别人与他合作。"

我点头称是。追求独立是好事,但太过了,就成了缺乏合作精神,独立的意志就不再受到尊重。推而广之到企业之间的合作,比独立更深了一层意思——利益。追求自身的利益是应该的,但太过了,就造成了无法与人合作的局面,于是自身的利益也追求不到。

资料来源:网络.天涯社区.(改编)

高职学生职业发展与就业指导

启示:给我们两层提示,一是面试有时并非全部在面试室里,从你踏进用人单位起,甚至由于现代沟通手段的发展,在你家里,在教室里,都有可能展开面试,具备好的道德修养,养成良好的习惯才是最重要的。二是培养你的情商,如果那个小伙子坦然自信地说一句:"请按一下九层。"结果会怎么样呢?大家不但不会反感他的请求,而帮他的人还会心生助人的快乐,最后他也能得到他想要的工作。所以当你得到别人的帮助时,千万别吝啬你的感谢或一个微笑。就像在我们的集体生活中,当我们得到同学们的帮助和有力的合作时,也别忘了道一声谢。尊重他人,你将会获得尊重和快乐。

拓展阅读

网络求职有什么技巧增加成功率

网络已经成为企业和人员求职的重要渠道,各大网站上各类职位每天都有大量更新。但也有很多人反映自己发的简历如石沉大海,网上求职的效果不佳。企业在网上是怎样的流程?求职者利用网络求职时又有什么技巧可以为自己增加成功率呢?

1. 工作经历别超过一页纸

应聘者应该在网上环节充分表现自己,"在网上的个人简历中要详细说明从业经验,最好能列出以前从事的项目、做出的成绩和具体的工作内容陈述。通常企业更看重应聘者在以前的公司所担任的职务,它直接体现了应聘者的工作经历和工作能力。对于以前工作经历的陈述要简明扼要,阐述清晰,通常打印出来文字量占一张 A4 纸比较合适。最好注明长期定性的工作期限,几年内希望得到什么样的发展。"

对于刚刚毕业的大学生,企业在网络的时候持什么样的态度?李女士表示,"没有工作经验的应聘者最好在网上的应征表格中强烈透露岗位需求感和自己的职业取向。应该更详细地表述对于企业的认识和对于职位的见解。自信心对于应聘者来讲非常重要,企业从网上的简历中可以看出一个人对工作、对自己的肯定性有多大,他的沟通和协调能力又是怎样。"

2. 网上简历要定期更新

企业进行网上,一般通过两种渠道,一种是企业在网上登广告,应聘者通过发送电子邮件来让企业认识自己;另一种则是企业查阅网络的简历库,通过对人员简历的筛选来获得需要的。

网上是企业的核心渠道,我们不主张应聘者如天女散花似地投递简历。选择企业和职位一定要有针对性,分析自己的优劣势,确定下一步的职业取向,选择与自己匹配度较高的企业发送简历。如果有特别想去的企业,要事先多做一些功课,对这个企业了解比较细致,对岗位要求理解透彻,才能在网上环节胜出。如果应聘外企,建议应聘者的自我评价部分写得精彩一些,最好能有让人眼前一亮的字段出现。

需要提醒应聘者注意的是,一定要经常到注册的网站将简历激活更新。很多应聘者在注册之后会发现很长时间都没有企业与自己取得联系,原因是网站每天都有相当多的人注册简历,网站会按照时间自动排列这些资料。只有不断刷新,企业才能及时看到应聘者的个人简历。

3. 网上求职三禁忌

一是跳槽太频繁。对于企业来说,频繁换工作的个人经历并不是一个好信号。二是过于重视薪水问题,不建议在这个环节提到薪水问题,也不要在网上简历中过多地注明所需要的薪金标准,这个问题可以在面试环节再去和企业交流。三是在网上乱投简历,没有针对性。这样的表现在企业看来,是没有责任心的一种表现,应聘的态度和方式在某种程度上体现了一个人工作的责任感和主动性以及为人处事的态度。

资料来源:《新职业》教育部大学生就业网.

网申简历投递技巧:避免三大误区

对于零工作经验的应届大学生来说,企业启动校园招聘时所采用的"网申"是他们要逾越的第一道难关。

误区一:见谁都投

应届生王意如最近开始发愁了,自己现在才开始网络申请,明显已经比同班同学慢了一步。因为早在8月中旬,企业陆续开放网申通道时,大家就纷纷回到学校盯着电脑屏幕开始了求职之路。心急如焚的小王眼看着自己落在了大家后头,这几天看到企业挂出招聘告示,不管对方是什么类型的企业,招什么方向的人,打开页面就闷头网申。几天下来,所有开放网申通道的企业倒也被她申请了个遍,同寝室的室友都调侃她患上了"网申强迫症",而王意如自己则头晕眼花,根本已经记不得申请了哪些企业和职位。

在网申中,应届生们往往会因为怕错失机会而盲目海投。但其实在繁复的网申过程中,可能会因此影响到求职热情,也无法把每次网申都做到尽善尽美,如果没能及时记录下自己的求职目标、时间和细节,还可能在未来的面试中失分。

网申简历:首先,要为自身设定好较为清晰的求职方向,有目的地进行网申;其次,可以列出一张网申明细表,记录下每次申请的公司名称、职位类型、申请时间等,随时根据后续结果进行跟踪,并总结自己每次的求职经验和教训;最后,为了能够每次以较高质量进行网申,需要在正式开始前,适时翻阅相关信息,做好充分准备,切不可盲目填写相关内容。

误区二:机械投送

在进行第一家企业的网申时,Stella还有耐心逐字逐句地琢磨,力争最完美地展现自我。但这两天,她陆续申请第二家、第三家企业的职位时,发现状态已经逐渐回落,面对差不多的开放式问题,开始拿出标准答案的模板复制粘贴。在与寝室室友交流求职经验时,Stella发现大家都已经对繁琐的网申产生了倦怠心,谈起未来三个月还将陆续上线的企业网申,所有人都觉得很无奈。

反复录入个人基本信息,加上千篇一律的开放式问题,很容易让应届大学生在网申中陷入机械投送简历的泥沼。复制粘贴问题的标准答案,或是只改了公司名称的求职信,本身已经表明求职者对这家目标企业并不那么重视,与其花费心思,还不如不投。

网申简历:不同企业招聘人才的标准都不尽相同,唯有针对职位描述,有的放矢地投送简历,成功的几率才会更高。在网申过程中,准备标准版本的回答并不是完全不可以,但起码要在应聘不同企业时,参照特定的人才要求和企业文化做一定程度的修改。求职倦怠心的产生,有时与盲目求职间有着紧密的联系,因为面对心仪的公司,求职者在网申时必定绞尽脑汁、苦思冥想,力图展现自己满满的斗志,丝毫不会感觉疲惫。

误区三:反复申请

裴蓓平时做事小心谨慎,总要反复确认结果才算了结。不过,这样的性格被她运用到网申中,就成了一个致命伤。没有即刻回复信息的求职过程,让她总忍不住不停修改自己上传的信息,而那些要求发送简历到指定邮箱的招聘企业估计已经收到她投去的三五份一模一样的简历。虽然看了不少求职论坛,也听了不少前辈的劝,但是裴蓓总是甩不掉这种患得患失的心情,只要没得到回复,心里总是忐忑不安。

求职是一种行为,更是一个漫长的过程。现阶段开放的网申大多都要到 11 月左右才正式关闭申请通道,也就是说这两个多月中求职者能够做的事情只是等待结果。反复申请同一个职位,尤其是反复向同一个招聘邮箱发送简历,往往会适得其反,让人力资源管理者产生反感,而错失赢得工作的好机会。

网申简历:据调查,应届大学生平均每申请 9 个职位才能获得一次面试机会。与其在焦急的等待中变得心烦气躁,还不如抓紧时间好好留意各个招聘渠道,看看还有什么自己心仪的工作。这样一来,既能够有效利用等待时间,说不定还能多争取几次面试机会呢。

资料来源:《新职业》教育部大学生就业网.

实践训练

训练 3-1 语言沟通内容的 10 种致命过失

(1) 语言沟通内容的 10 种致命过失:评价、说教、扮演或者标榜为心理学家、讽刺挖苦、命令、仓促行事、威胁、多余的劝告、模棱两可和转移话题。

(2) 在这些过失中,你最常犯的是哪些? 谈谈你的看法。

_____

训练 3-2 电话求职体验

1. 重点要体验内容:(1) 打电话前的准备;(2) 打电话的语气语速;(3) 言语的组织;(4) 如何对待拒绝;(5) 进一步的措施。下面我们设定一个情境。

2. 活动过程:

(1) 选派代表。推荐 2 名代表,分别扮演求职者和人力资源部经理。

(2) 情境设定。要求代表自行设定情境,包括:时间、地点、个人情况、用人单位状况、应聘岗位。扮演者在模拟前,要向全体同学说明情境,并说明打电话前的准备情况。

(3) 记录。教师除指定记录员记录外,同时要求全体学生记录。记录的要点主要是模拟过程中求职者存在的要点与不足。

_____

训练 3-3 求职短信

编写两条短信,其中一条为投递简历后,争取面试机会,一条为面试跟进结果。

1. _____

2. _____

课后作业

知识点复习

1. 提高人才市场应聘成功率的方法？
2. 面试种类有哪些,怎么做好面试的准备工作？

实训项目

做好模拟面试各项准备,参加模拟面试活动。

学习情境四

职业发展训练

情境案例 为什么不提升你

　　有三位大学生,学的都是相同的专业,但小·田、小·王是本科生,而小·李是专科生。小·田的工作找得最好,进了一家高科技用人单位,而小·王和小·李则进了同一家公司。

　　4 年后,小·田开始郁闷了,这么多年来,自己工作兢兢业业,同事之间也十分融洽,领导对他也多次表示满意。但在这家高科技公司里,学历却起着至关重要的杠杆作用。眼看着比他来得还晚的一些新毕业的研究生、博士逐渐进入了领导岗位,他对自己产生了怀疑,学历就那么重要吗? 很多卓有成就的人还有很多是专科毕业呢? 为什么我万事俱备,却一直得不到升迁呢?

　　再来看小·王和小·李,就更有意思了,他们同时受雇于一家超级市场,开始时两人都一样,从最底层干起。不久其中的小·李收到总经理的青睐,一再被提升,从领班做到部门经理。小·王却像被遗忘了一般,还在最底层工作。终于有一天小·王忍无可忍,提交辞呈,并痛斥总经理不会用人,说:"不患寡而患不均。说什么我这个本科生也比专科生强,这么多年来我也在兢兢业业地工作,却没有得到一点儿好处,果然是越老实越吃亏,这明显是不公平嘛!"

　　总经理耐心地听完了他的牢骚,然后对他说:"小伙子,你马上到集市去,看看今天有卖什么的。"

　　小·王很快从集市上回来说,只有一个农民拉了车土豆在卖。

　　总经理问:"有多少?"

　　小·王又跑了一趟,回来说有 40 袋。

　　"价格是多少?"总经理又问,小·王第三趟跑去集市。

　　总经理望着气喘吁吁的小·王说:"请休息一会儿吧,看看你的朋友是怎么做的。"说完叫来小·李,并对他说:"你马上到集市上,看看今天有卖什么的。"

　　小·李很快从集市上回来了,汇报说到现在为止只有一个农民在卖土豆,有 40 袋,价格适中,质量很好,并带回几个让总经理看。他还打听到这个农

157

第二模块　就业指南

民一会儿还将弄几箱西红柿上市,价格还公道。他想这种价格的西红柿总经理大概会要,所以他不仅带回几个西红柿做样品,而且把那个农民也带来了。

总经理看了一眼红了脸的小·王,对小·李说:"请那位农民进来!"

资料来源:徐平福主编. 大学生就业与职业发展指南[M]. 北京:北京师范大学出版社,2010.

启示:任何一个初入职场的学生都应将以前"清零",在工作中摆正自己的位置,端正自己的心态,面对压力,承受挑战。学历高低不是最重要的,小李被重用是因为他有着重要的核心竞争力——永远想到了下一步。今天,竞争日益激烈,人才俯首可拾。要清楚地认识到,面对今天这样的职场环境,职场人员必须让自己"不可或缺",即打造自己的"核心竞争力"。

任务一　结转职场档案

知识目标

1. 了解毕业后档案的一般去处及档案托管的好处。
2. 掌握毕业生户口、档案以及党组织关系转接的办理流程。

扫一扫可见微课
"档案结转与角色转换"

能力目标

熟悉并掌握毕业后档案派遣、管理的流程及方法。

任务分析

随着进入私企和自谋职业的大学毕业生越来越多,如何妥善地处理自己的人事档案,成为灵活就业的毕业生必须面对的问题。近年来,大学生"弃档"现象越来越严重,由此导致落不了户口、换不了第二代身份证等诸多麻烦随之而来。通过本章节的学习,广大毕业生能够重视并妥善安置自己的档案材料。

知识链接

一、大学生毕业后档案的去处

一般来讲,学校可以依据毕业生本人意愿,将其户籍和档案材料转至生源地人事部门,或向学校申请保存户籍和档案,或将档案落户高等学校当地毕业生就业指导中心。

1. **转至生源地**

一提到生源地,许多来自农村的学生就会担心会不会转为农村户口,实际上这是一种误解,生源地人事部门一般是指县级的人才交流中心。这种结转档案的方式,比较适合准备在生源地范围内就业的毕业生和暂时不想就业的毕业生。其优点是在生源地就业后办理手续

简单方便,而缺点是毕业生两年内如离开生源地就业,则需重新办理改派手续。

2. 档案留校

按照有关规定,毕业生可以与高等学校指导中心签订档案留校协议,将户口、档案暂时留在学校,待落实工作单位后,将户籍和档案迁至工作单位所在地,申请档案留校超过两年仍未落实工作者,学校将其档案和户口迁回生源地,并不再为其发放就业报到证。毕业生凭用人单位录(聘)用手续、劳动合同以及毕业证书办理落户手续。这种转档案的方式适合有就业愿望但尚未就业的毕业生,其优点是学校的诚信度较高,可以代为保管户口关系和档案,并提供相关的就业服务;学生自由度较大,安全性高,可以以应届毕业生的身份参加公务员考试。但其缺点是毕业生档案留校只是延长了择业期,与学校没有人事隶属关系,涉及人事关系的证明都不能出具。

3. 转至就业代理

毕业生可以根据实际情况与各省市毕业生就业指导中心签订代理协议,签约期限可分为一年至三年,在代理期满前毕业生可自愿申请续签或终止协议。这种方式比较适合准备深造、创业、灵活就业的毕业生,其优点是签订就业代理协议可以获得更多的就业信息,既省时又省力,服务范围更加广泛,易于毕业生解决一些实际问题。有了正规的就业指导中心的参与和协助,在安全性方面的保障更大。其缺点则是由于毕业生与指导中心交流相对少,容易造成信息不畅。

二、江苏省毕业生户口和档案托管的申请和办理流程

(1) 登录江苏省毕业生就业网(网址:http://www. jsbys. com. cn),进入"人事代理"版块,点击【在线申办】;选择对应身份后,在线核对并完整填写个人信息。

(2) 通过系统审核后,可在线打印《毕业生人事代理接收函》、《毕业生户口档案托管申请表》和《毕业生户口档案托管合同》各一份,本人签名确认。

(3) 将《毕业生人事代理接收函》交到毕业院校就业工作部门,学校凭此办理《就业报到证》和《户口迁移证》,档案由学校直接寄送到省招就中心。

(4) 领取《就业报到证》和《户口迁移证》后,认真核对两证信息无误,持《就业报到证》原件和复印件、《户口迁移证》、身份证原件及复印件、一张一寸彩照、《毕业生户口档案托管申请表》和《毕业生户口档案托管合同》到中心交费,现场完成报到托管手续。

在籍自考毕业生如申请办理户档托管,需先凭自学考试毕业文凭到原学籍所在学校就业指导中心,申请办理高一学历层次毕业生《就业报到证》。

三、其他转接手续的办理

1. 接转党组织关系

学生党员毕业离校时,应到学校领取组织部开具的《中国共产党组织关系介绍信》,组织档案随人事档案一并寄出。毕业生党员持介绍信在规定期限内到单位办理接转手续。预备党员应在预备期届满前向接转单位提交转正申请。

2. 专转本档案转接

学生凭本科录取通知书复印件、毕业证书复印件到学校教务处或毕业生就业指导服务中心档案室办理档案转接等手续,并持以上所有材料到本科院校报到。需要提醒的是一般

档案材料均密封完好,请同学们不要私自拆封。

四、办理档案托管的好处

1. 可认定工龄,确定档案工资

毕业生档案自办理托管之日起,连续计算工龄。工龄计算起点时间越早,其档案工资就越高,因今后参加社会保险必须以档案工资为依据,正式就业后用人单位为其缴纳的社会保险金额基数就越高,而且缴费年限越长,今后享受的社会保险额度也就越高。档案工资记载明确,便于日后流动。如考取国家公务员,或被国有企事业单位录用,核定工资标准均以托管的档案为依据。

2. 可评定职称

用人单位招聘人才时往往要求应聘者具有相应职称。同学校、同专业、同学历、同年毕业、个人基本条件相似的应聘者竞争同一岗位时,一般都是有职称或职称较高者胜出。绝大部分用人单位因行政领导岗位有限,都采取职称和行政待遇、工资待遇挂钩的管理模式。凡档案在人才中心托管的毕业生有关专业可直接由人才中心评定起点职称。达到国家规定的工作年限后,可由人才中心分别申报中级和高级职称。

3. 可办理跨省调动手续

凡调往外省、市工作的流动人才(含高校毕业生),必须经由政府人事部门所属人才中心办理调动手续,部分省、市必须经由省级政府人事部门所属人才中心办理调动手续。

4. 可管理党、团组织关系

如接转组织关系,为预备党员转正,同时发展新党员。

5. 可代办社会保险

包括失业、医疗、工伤、生育等均可代理,扫除了未就业的毕业生不能在单位账户缴纳社会保险的障碍。

6. 出具各类相关证明

高校毕业生在日常生活和工作中不时需要各类证明材料,人才中心可提供所需一切证明,如户籍证明、档案证明、出国(出境)政审文件等。

案例分析

案例 4-1　大学毕业后忽视档案托管影响就业,许多手续难办

个人档案一托了之,部分毕业生成了"弃档族",甚至有人自己保存档案,等用到档案时才知道麻烦。为此,省人才交流中心工作人员提醒毕业生,档案虽然不像以前那么重要,但依然不可替代,毕业莫忘给档案"安家"。

档案自家放变成"死档"

2006年7月,匡先生从西工大毕业后,到上海去工作。去年他以找工作的名义,从毕业学校迁走就业报到证和档案,此后他的档案就一直存放在家中,户口也随档案"回到"湖南岳阳老家。今年年初,匡先生又回到西安,在大差市附近某证券公司找了份工作。6月份,公司准备给他办社保时才发现,他没档案没户口,档案户口都不在西安,办社保就无从谈起。

据了解，长期没人认领的档案称为"死档"，死档分为绝对"死档"和相对"死档"，绝对"死档"指因为主人定居国外或死亡等留下的档案；相对"死档"指3年以上无人过问，也联系不上档案主人的档案。

许多手续没档案办不成

档案的用处到底有多大？省人才交流中心负责人事代理的工作人员告诉记者，西安每年有不少高校毕业生暂时未就业。他们不重视档案，认为托管档案还得交钱不划算，所以"死档""弃档"现象比较普遍。他说，毕业生若找到工作后，没有及时办理档案手续，将会直接影响工龄计算，也影响转正定级，个人拿着档案也根本无法申报职称。

个人持档造成"死档"，这类档案咋"激活"？工作人员说，毕业生以灵活就业者的身份，带上相关证件到职介中心或人才中心，重新建档存档。针对"弃档"，这类毕业生需要补办手续，应及时到人才中心"填充"个人资料，并按时缴费。

资料来源：网络.中国新闻网.（改编）

启示：当前，大学毕业生灵活就业，人户分离现象越来越多，相当一些大学生不注重档案关系结转，随着新的《劳动合同法》的实施，社会保险等相关制度进一步规范，全国范围内社保基金流动，即使工作流动频繁，档案关系及时结转，仍然显得十分重要。

任务二　完成角色转换

知识目标

1. 了解毕业生就业前后的社会角色差异以及环境差异。
2. 掌握毕业生就业后角色转换的方法及对策。

能力目标

能够较好地完成从"校园人"到"职业人"的角色转换。

任务分析

当许多同学怀着美好的憧憬走出校园，踏上工作岗位，希望充分施展自己多年来学到的本领时，却遇到了许多自己不曾遇到甚至不曾想过的问题，给自己的工作和生活带来了诸多烦恼。通过本章节的学习，广大毕业生能尽快实现角色转变，融入企业文化，适应新环境，在工作中有所作为。

知识链接

一、毕业生就业前后的社会角色差异

社会角色是指个人所处的特定社会位置和身份所决定的规范体系和行为模式，是对具有特定位置的人行为的一种期望，是社会群体的基础。它随着社会实践的变化和发展而不断更新内容。高校毕业生就业后，从学生的角色转换为职业人的角色，虽然完成变化的时间

不长,但是角色变化非常大,甚至可以说是生涯的转折,学生角色与职业角色的差异性表现在以下几个方面。

1. 社会责任不同

学生的主要责任是掌握科学文化知识,使自己德智体美全面发展,为将来工作做准备,责任履行得如何,主要关系到本人知识掌握的多少和能力培养的程度。而劳动者的责任是以特定的身份去履行自己的职责,依靠自己的本领或技能完成岗位所要求的任务,责任履行得如何,不仅影响到个人价值的实现,还会影响到单位行业的声誉和经济效益。

2. 活动方式不同

学生的主要活动是学习,因此学生比较强调对知识的输入、吸收与接纳,对知识的输出与应用强调较少。从业者的主要活动是向外界提供服务,因此强调从业者能够输出、应用与创造性地发挥自己的知识和技能,向外界提供专业的服务。毕业生参加工作后,就是要从输入、吸收与接纳知识等被动方式转变为输出、应用和创造性发挥知识和技能等主动方式,如果不及时有效地转变活动方式,将会感到工作难以适应。

3. 生活管理方式不同

学生的学习生活是一种集体生活,住的是学生公寓,在学校食堂用餐。学校对学生提出统一的行为规范,违反了纪律还要受到处罚。而成为从业者以后,单位只在工作时间对员工提出要求,其他时间主要由员工自由支配,在遵守国家法律法规和社会公德的前提下,员工在生活上享有很大的自由度,没有严格统一的管理方式来约束。

4. 认识社会的内容和途径不同

学生是受教育者,他们对社会的认识、了解主要来自于书本、课堂的学习,认识的途径以间接为主,他们对社会的期望值很高,有完美的理想,充满着浪漫的色彩。从业者则通过亲身的实践加深对社会的认识和了解,认识途径以直接为主,认识的内容主要是实践性的、具体的,带有现实主义特征。理想与现实总是存在着一定的差距,有的毕业生走上社会以后习惯于用在学校时的思维方式去认识社会,因此遇到现实矛盾容易困惑、迷惘、彷徨,甚至失望,无法适应工作环境,角色难以转换。

在角色的转换过程中,有三方面的内容,第一是要熟悉工作环境,建立新的人际关系,了解具体岗位的工作内容和要求,以及自己的上下归属关系、同事之间的协作配合关系。二是把掌握的理论转化为实际的操作技能。三是进一步学习和提高,树立终身学习的观念。

二、大学环境与工作环境的差异

作为职场新人,要认识到大学生与职业人的角色差异,才会积极地适应企业文化,适应职场人际关系。

1. 大学环境与企业环境有明显的差异

大学的时间安排是弹性的,而企业是固定的;大学里可能存在逃课现象,往往不会受到较重的处罚,员工不可以旷工,否则会受到处罚;大学生活更有规律,企业生活无规律;大学有长假和自由的节假休息,企业没有寒暑假,节假休息很少;大学要解决的问题常有标准答案,企业要解决的问题很少有标准答案;大学的教学大纲提供了清晰的学习任务,企业工作任务常比较模糊、不清晰;大学同学间围绕分数竞争,企业员工间按团队业绩进行评估;大学工作循环周期较短,基本在20周内,常有班会或其他班级活动,企业工作循环时间长,可能持续数月、数年甚至更长时间；大学奖励以较客观的标准为基础，企业奖励更多以较主观的标准和个人判断为基础。

大企业看文化，小企业看老板。每家公司都有林林总总的成文、不成文的制度和规则，它们加在一起，就构成了公司的精髓——企业文化。从这种意义上讲，毕业生无论是选择大企业还是选择小企业，都是在选择企业文化。大学生求职前，要着重对所选择企业的企业文化有一些了解，并看自己是否认同该企业文化。如果想加入这个企业，就要使自己的价值观与企业倡导的价值观相吻合，以便进入企业后，自觉地把自己融入这个团队中，以企业文化来约束自己的行为，为企业尽职尽责。

2. 老师和老板期望的差异

大学里老师一般鼓励讨论，欢迎发表不同看法，企业里老板通常对讨论不感兴趣，更关心执行；大学里规定完成任务的交付时间，而且通常宽容延迟完成者，企业里常分派紧急的工作，交付周期很短，对不能按期完成者常伴有不满甚至处罚；大学里通常尽量公平地对待所有同学，企业里许多老板经常较独断，并不总是公平；大学里以知识与能力为导向，企业里以结果为导向。

大学生走到新的单位，应该正确地处理好领导与被领导的关系，尽心尽责尽力地完成领导交给的任务，要尽可能地了解领导的特点、习惯、工作方式和个人风格，认真地领会领导的意图和要求，努力地把自己所学的知识与个人特长体现在工作中，要恰当地发表个人的见解和建议，冷静和理智地处理与领导者产生的分歧，以踏实的工作业绩赢得领导的信任和理解。

3. 大学学习过程与工作学习过程的差异

大学学习抽象性、理论性色彩重，企业注重具体的问题解决和决策制订；大学以正规化、制度化、结构性和象征性的学习为基础，企业以工作中发生的临时事件和具体真实的生活为基础；大学强调个人化的学习，企业往往是社会性、分享性的学习。

"三人行，必有吾师"，刚刚走上工作岗位的大学生，务必要学会谦虚谨慎，学会尊重同事，不论是长者还是年轻者，不论是下级还是上级，都要有以人为师的态度，因为他们在这个岗位上已经工作多年，无论哪个方面都会比自己更有实际经验。学做人、学做事、学经验，整个学习的过程也是赢得同事们的信任和认可，得到同事的帮助和支持的过程。

三、毕业生就业后角色转换的对策

1. 加强心理调适，适应角色转换

走上工作岗位后，从大学生群体迈向了从业者群体，由受教育者转变成教育者、管理者，由依赖型消费者转变为自给型的生产者，必然导致工作方式和生活方式的自立化、自主化。作为社会成员在享受成人权利的同时，又要尽到成人的义务。以求实的生活态度、实惠的消费行为、合理的时间支配、高效的工作作风、积极的精神面貌，勇敢地投身新的生活，建立起良好的职业心理、劳动心理和道德心理，使之与自己的社会角色相互适应和协调发展，以尽快地缩短角色转换和心理调适期。

2. 搞好人际关系，尽快适应社会

在一个群体中，要想有效地工作，就必须相互之间保持心理和行为上的一致性和融洽性，建立起和谐的人际关系，工作上需要他人的支持，生活上需要他人的帮助，行为上需要他人的理解。刚工作时要树立良好的第一印象,积极主动地适应社会。掌握与人相处的艺术,如对上级服从不盲从,为人规矩而不拘谨,上班早到下班迟退,与人相处态度和谐,面带微笑,学会忍让与坚持原则的统一等。

3. 确立合适目标,脚踏实地奋斗

目标确立要合适,有一定的高度,同时要有可行性,要有脚踏实地的工作作风,做事情能够循序渐进,坚持不懈。学会从大处着眼,从小事着手,勤奋努力,坚定不移,认真细致,精益求精,通过及时地总结经验,才能不断提高。

4. 明晰角色期望,完善知识结构

每个人在社会中都担任着一定的角色,而不同的社会成员对同一个角色的期望是不尽相同的,大学生在走上社会之前,要学会摆正和处理好角色定位。同时,还必须不断地学习新知识,完善自己的知识结构,因为只有随时地去调整自己的知识、能力结构和思维和行为方式,才能使自己处于主动地位,才能更好地适应工作的需要。

案例分析

案例 4-2 苦恼的小松

小松今年二十三岁,刚刚大学毕业走上工作岗位。在最初的几个月里,他对周围的一切都很不适应。小松说,工作单位与学校有太多不同的方面,除去休息日,每天必须按时上班,不敢有丝毫马虎。一到单位就有一堆工作等着要去完成,不管有意思没意思,反正是任务就不能逃脱。加之他的业务还不熟练,经常会遇到麻烦和难处,要出了差错,领导和老职员就会批评他。工作的日子充满压力,既有工作上的,也有人际关系上的。上学时大家都是同龄人,说话行事都很随便,开开玩笑也无所谓。在这里就不行了,周围的同事都是中年人,说话办事都很严肃认真,就是和他岁数差不多的也是一本正经的样子。大家说话都很有分寸,他也尽量少说为妙,以免说错话得罪人。

作为一个涉世未深的年轻人,在成人的世界里,一切都显得那么难。真不知道,到什么时候他才能适应这样的生活。

启示:分析刚走上工作岗位的小松职场适应不良的关键原因之一,就是作为大学毕业生的小松没有顺利完成角色的转换。大学生完成学业,离开学校,迈入社会,走向新的工作岗位,这是人生的一大转折。走向社会的大学生面临的第一个问题就是如何尽快适应社会,实现从学校到社会、从理论到实践的飞跃。

任务三 实现职场提升

知识目标

1. 掌握职业素养的基本内容。
2. 了解职业挫折的概念,掌握克服职业挫折的方法。

扫一扫可见微课
"职场提升"

不断完善自己,以崭新的职业形象走向社会,成为一名优秀的职业人。

大学生在进入职场之后,如何快速提升自身的职业素质,在激烈的职场竞争中脱颖而出?其关键是要提升自身的职业核心竞争力。本章节针对大学生由职场新人转变为职场成功者过程中的关键因素进行了总结和分析,为大学生的未来事业发展之路指明方向。

一、职场适应

1. 安全度过"两期"

(1)职业孤独期。新人入职,有一段人人必经的心路历程,即"职业孤独期",表现为被同事孤立和排斥,或者根本被漠视存在等现象,新人"职业孤独期"的时间一般为三个月。对策:首先要尊重同事,态度谦虚。其次要寻求信任关系,不急于求成。此外用自己的积极乐观的态度、工作激情感染同事,让他们喜欢和接纳你。

(2)职业浮躁期。初入职场的毕业生往往会表现出一种非常积极、充满激情的工作心态,希望在工作中尽快脱颖而出,尽快走上公司管理阶层。但是,由于理想与现实之间的落差或者急于求成的心态,在工作的初期最容易产生浮躁,一旦短期努力没有马上得到回报,他们就会认为公司不重视人才,在这里工作没有前途。在这种情况下,一些人开始消极对待工作,一些人则开始筹划着"跳槽"。对策:建议求职前了解公司的发展战略,并确定是否能与自己的职场目标紧密衔接起来,形成一种合力,最大限度地激发自我积极性,把自己从失落和迷茫的情绪中解脱出来、振奋起来。其次要设法快速融入公司文化,创造良好的人际环境,从而使自己工作时的心情愉悦起来,产生与公司难以割舍的感情,形成感情纽带。

2. 试用期注意事项

(1)熟悉内部组织。当你初到新公司上班时,首先,你必须了解公司内部组织,如有哪些部门或哪些科室,每个部门主管是谁,所负责的主要工作是什么。除此之外,你还要了解公司的经营方针和工作方法,一旦你对整个公司有了通盘认识,对日后的工作将有所助益。

(2)熟悉企业文化。企业文化是企业生产经营实践中形成的一种基本精神和凝聚力,以及企业全体职工共同的价值观念和行为准则。也有一些公司会把这些"行为"形成文字并编印成册。为了尽快融入公司,你必须学会多观察、多请教,因为每个公司都会有成文或不成文的习惯做法。

(3)熟悉规章制度。你在新员工培训中已经学习了公司的规章制度,那么在现实生活中你还得领会,哪些规章制度正被严格地遵守着?公司里不成文的规章制度又是什么?如果你不能很好领会,就会在日后的工作中"碰钉子",并且永远意识不到你在哪里犯了错。

另外，作为新员工还必须在最短的时间内做好以下几点：① 尽快学习业务知识。有丰富的知识才能完成上司交代的工作，这种知识指的是实践经验，而不是学校里学的书本知识。② 在规定的时间内完成任务。一项工作从开始到完成，必定有预定的时间，而你必须在这个时间内将它完成，绝不可借故拖延，如果你能提前完成，那是再好不过的了。③ 工作中不要闲聊。工作中的闲聊，不但会影响你个人的工作进度，同时也会影响其他同事的工作情绪，甚至妨碍工作场所的安宁，招来上司的责备。④ 未充分了解上司所交代的任务前，一定不要因为怕事而不敢问清楚，更不可不懂装懂、自作主张。⑤ 离开工作岗位时要收妥资料。有时工作进行一半，因为上司召唤，客人来访，或其他临时事故而暂时离开座位。在这样的情况下，即使时间再短促，也必须将桌上的重要文件或资料等收拾妥当。

二、职场新人"第一年"必做的八件事

可能你还没来得及好好总结已逝去的大学生涯，一只脚就已迈入了职场。面对新的生涯阶段的开端，你是否清楚入职的第一年要做好哪些事？你是否有把握给自己的职场起航开一个好头？珍视职业机会，去努力，去奋斗，争取在新的一年里让你离自己的生涯目标越来越近。

1. 确立一个具体的年度目标

如果你新到一个单位，很可能遭遇职场新人的"蘑菇定律"。稍显稚嫩的你，总是不能大施拳脚，容易心浮气躁、灰头土脸、意志消沉、状态低迷、陷入迷茫。如果有了这样的苗头，一是要调整心态，体验全新的环境，新鲜刺激之后是平淡，这是规律。二是要有目标，目标具体而具有可实现性，这样才可以使你的工作状态与心态得到调整。

2. 熟悉一个崭新的职业环境

面对全新的环境，诸如新岗位、新角色、新责任、全新的行业与企业、全新的职业要求、全新的人际圈，有太多的东西需要你去了解、去熟悉、去把握、去适应。如果你不用心去做，不全力去适应与学习，很可能会面临更多更大的挑战。尽快熟悉并适应一个新的职业环境，是保证自我发展与生存的基本能力。

3. 养成一个优秀的职业习惯

好习惯不容易养成，坏习惯很难改掉。一个好的职业习惯，将使你受益终生。初涉职场的新人要尤其重视习惯的养成，养成了好的习惯，才能使自己的职业发展道路，越走越顺，越走越宽广。

4. 建立一个和谐的人际氛围

人际关系的核心是摆正自己的位置，无论是自我评价还是他人评价，都要有一颗平常心。对领导要尊重，关注沟通技巧，对同事保持谦虚谨慎的态度与热诚的协作意识。这几方关系处理好了，基本可以保证职场顺利。

5. 总结一次深刻的职场体验

无论是失败的还是成功的职场体验，都将在职场中加速我们成熟。善于总结的人更容易成功。记录你的职场体验，快速调整自我，积累职场资历案例，为职业发展与加薪筹足砝码。

6. 制订一份适用的健身计划

在激烈竞争与压力倍增的当今职场,我们给自己定的首要任务就是给自己一个健身的机会。职场新人很容易忽略这个问题,因为自己还年轻,没有防范透支健康资本的意识。特别是90后毕业生,一有休闲时间泡在网吧,这不仅不利于身体健康,也不利于职业发展,不妨有意识地去健身,加盟一个运动的团队,健康的身心是快乐工作、和谐生活之本。

7. 掌握一项核心的工作技能

掌握核心的工作技能是职场新人的当务之急与安身立命的关键。核心工作技能的掌握分为不同的层次,从获得、应用到精通,到成为该领域的精英、专家,都需要在实践基础上不断积累,不断提升修炼。职场第一年要发现一项自己喜欢,有能力做到并且自己看重的工作技能,争取做到在你的周围人圈中,这项技能出类拔萃。

8. 培养一项自己的竞争优势

判断一个人是不是成功,最主要的是看他是否最大限度地发挥了自己的优势。优势本身的数量并不重要,最重要的是你应该知道自己的优势是什么,之后要做的则是将你的生活、工作和事业发展都建立在你的优势之上,这样你就会成功。职场竞争,扬长避短才是上策。

三、职业素养提升

一流的员工源于一流的职业素养。一个人职业素养的高低,直接关系到他一生的成就。能力和专业知识固然对每一个人都很重要,但要在职场中取得成功,最关键的还是在于职业素养。要成为一流的员工,就需要具有以下十大职业素养。

1. 敬业,只有你善待岗位,岗位才能善待你

在工作中,经常听到这样的抱怨:"不是我不愿意努力,是我所在的部门太差,工作岗位太平凡,太不起眼,要前途没前途,要发展没发展……"而在你挑剔和厌恶岗位的时候,岗位同样也会疏远和厌弃你,更谈不上给你新的空间和机会。其实,在职场中含着金钥匙出生的人只是极少数,大部分人,即使是现在已取得辉煌成就的人,绝大多数都是从最平凡的岗位做起的。

2. 发展,与单位需求挂钩,才会一日千里

很多职场中的人都有这样的心理,觉得单位对自己不公平,认为凭自己的学识和能力,单位应该给自己更大的平台、更好的空间、更高的待遇……但他们却很少反思,为什么自己有学识、有能力,但却在单位中得不到重用,原因到底在哪里?在职场中,必须搞懂一个职场发展的基本规则,单位只会为你的使用价值买单。所以,无论什么时候,只有将自己的学识、能力和单位的需求紧密联系在一起,为单位创造了最大效益,那么,自己的发展才会一日千里。

3. 主动,从"要我做"到"我要做"

自动自发的员工是任何单位都最欢迎,也最有发展的员工。要能够明白自己不仅是单位的雇员,更是自己的主人,同样也是职位的主人。只有真正将自己当成职位的主人,才能不斤斤计较,自动自发地做好每一件事情,甚至连自己分外的都主动去做。如果能够做到这一点,又何愁没有大的发展、没有新的机会?

4. 责任，会担当才会有大发展

在职场中，责任感和发展的空间和机会往往成正比，也就是说，越敢于承担，越有大的发展。工作永远没有"打折卡"，没有任何一个单位，会将重担交给一个工作上不认真负责、处处偷工减料的人。同样，一旦出现问题，不找借口、不推诿责任，而是主动承担，并懂得反思，避免同样的错误再次出现。这也是一流员工应该具备的良好品格，敢于担当的人，才能真正挑起大梁，获得更大的发展机会。

5. 执行，保证完成任务

执行力是所有企业都非常看重的能力，这也和每一位职场人士的发展密切相关。首先，在思想上认真投入，心无旁骛将事情做成。其次，为了达到目标，要有百折不挠、穷尽一切可能的信心和勇气。再次，就是为了达到目标，要付诸怎样的实际行动，如量化自己的工作，比如今天必须要完成多少稿件、要打多少个电话、访问几个客户……最后，还要有方法，运用智慧，使工作能够高效完成。

6. 品格，小胜凭智，大胜靠德

就是说小的胜利要靠我们的智慧去争取，而大的胜利和发展，则必须依靠我们的品德。纵观那些杰出的成功人士，或许他们成功的过程各不相同，但有一点却是相同的，那就是优秀的品德。在职场中凭着一些小聪明或者是小谋术，或许能够取得一时的成绩，但要想获得真正大的发展，则必须以"德"服人。

7. 绩效，不重苦劳重功劳

很多人工作勤勤恳恳，一年到头忙个不停，干得比任何人都多都努力，但却总是在原地踏步，提升发展的机会似乎总也轮不到他们。到底是什么原因造成了这样的局面？答案是，"苦劳"重要，"功劳"更重要，否则，所有的"苦"就是白辛苦，是没有效益的苦。"老黄牛"只有插上绩效的翅膀，给单位创造出真正的效益，才能获得更好的发展。

8. 协作，在团队中实现最好的自我

任何一个企业，如果只是一个人优秀，而不是大多数人优秀，甚至是人人优秀，那么这个企业不要说做大做强，连起码的生存都会有危机。同样，如果一个人只想着自己的发展，而不想着团队的整体发展，只考虑自己的利益，而不顾及整个团队的利益，那么这个团队就是一盘散沙。团队没有发展，那么个人的发展自然也就无从谈起。所以，只有将自己真正融入团队，那么才能实现最好的自我。

9. 智慧，有想法更要有办法

要想成为一流的员工、获得最快的发展，有一点非常重要，那就是做智慧型员工，不是简单地用手，而是用脑用心去做事。同样的问题用不同的方法去解决，产生的结果就会完全不同。如果方法选对了，那么效率就会大大提高，成本就会大大降低。而有想法更有办法的员工，自然也是单位最器重的。

10. 形象，你就是单位的品牌

每个企业都有自己的品牌和形象，而这样的品牌和形象，很大程度上是靠员工树立起来的。自己的一言一行、一举一动，都可能成为别人眼中对这个企业的印象。所以，无论什么时候，都时刻要对自己有这样的要求，我就是企业的形象，我就是企业的"金字招牌"。

案例 4-3　职场新人自述

我毕业后应聘到一家银行,在深圳的二级分行工作,心里感到着实委屈。因为和好多同班同学一样,我意气风发,觉得自己将来是当行长的料。

那天,人事科长带我见了计划科科长——我的上司。科长很热情地接待了我,并把同事一一介绍给我。我表面上笑笑,内心里满是看不起——他们不是中专、大专,就是电大毕业的,怎么能和我这个正规大学生相比呢。

为了显露一下才能,一坐下我就迫不及待地问科长我的工作是什么。他说:"不急,不急,熟悉一下情况再说。"一星期后,科长交给我一项任务:写月度信贷和现金分析报告。这不是小菜一碟嘛,本小姐的毕业论文在学校可是获了奖的,这种小事一个晚上就能搞定,科长竟然给三天时间!我翻翻《金融时报》、《金融研究》等杂志,旁征侧引地写下了洋洋洒洒的六千字,第二天一早交给了科长,等着他的表扬。

可是等几天后,打印出的分析报告不是我写的。我气极了,责问科长,他不急不慢地说:"我们写分析报告,实践成分较多,那种宏观理论不适合我们。人家看我们的分析报告是想知道这个月存款和贷款的变化数。为什么储蓄存款增加了?是工资增加了,还是股市下跌,或者是国库券发行了?贷款为什么增加或者减少?那天,我给了你不少资料报表,你好像没有看。"第一轮我就这样输了。

后来,科长给了财务报表,让我学编信贷和现金月报。我在学校就学过工业、商业和银行会计,这么几十行数字实在比我以前学的简单多了。也不知出了什么问题,看似简单的数,我就是做不平,快下班时,科长问我做好没有,我很不好意思地说:"对了好几遍,负债方还是比资产方多了286万。"科长让小王,一个中专生看看,他不出十分钟就把资产负债表给平了,原来我把贷方的143万看成借方的143万了。那一刻,我恨不得找个地缝钻进去……

资料来源:杨明等主编.成功走向职场[M].济南:山东人民出版社,2010.

启示:刚刚走上工作岗位的大学生千万别把自己当成个"人物",万事都得脚踏实地地从头干起,尤其不能轻视同事,应该经常虚心地向他们请教。

拓展阅读

在职场,你千万别轻视这 15 个细节

1. 准时、不迟到,最起码比领导先到,这是初入职场的年轻人的基本素养,是红线,轻易不要逾越

有的人在上学的时候就拿迟到不当回事,散漫惯了,上班之后也是这个作风,开会迟到,上班迟到,反正是借口多多。其实再忙、再有事也不差那么几分钟,只是还没有养成习惯,心

里拿迟到不当回事。从做人的角度来说，守时是美德，不守时是不尊重人，浪费别人的时间；从做事的角度来说，守时是一种端正的工作态度，不守时的人很难被领导和团队信任。

2. 有事需要请示领导的时候，能当面汇报的一定要当面汇报，尽量不打电话

尤其是当领导就在办公室，你却连动都不动，操起电话就打，对方会反感。这点是我以前领导提醒我的，我也时常对下属说起，因为当面汇报可以有面对面的交流，方便沟通意见，领导要做决策也需要时间去思考，打电话承载不了这个任务，除非是一问一答式的，比如"今天下午有会请参加"这种。

3. 因为私事向上级请假的时候，尽量要提前，情况特殊也要打个电话

因为"请假"本身就意味着"请示、给假"两种含义，你请，别人给，程序上不能错。切记不要发短信简单告知，更不要先斩后奏，比如我就收到过"我明天要出去旅游"这样的请假短信，这不是请假，这是通知，我不同意吧，人家票都买了，我同意吧，说实在的，有一种被绑架的感觉，更何况有时候工作真的安排不开。有的人意识不到自己这样做不恰当，当领导不给假的时候他会觉得领导不通人情，玩弄权术，感觉自己被迫害了。

4. 和领导打电话，事情说完，稍微等一下再挂电话，让对方先挂，你再挂

不要立刻、迅速就挂电话，这是一种礼貌。不信你自己体验一下，别人和你通话后，等你最后一个字刚落音，电话立刻就挂断，那种感觉特别不舒服。

5. 开会的时候关手机，或者调成振动

除非你们单位像个大车店，处于无政府状态，否则一定要记住这点，更不要明目张胆地在会议上接电话、打游戏、玩微博、上微信，这是对组织会议者的尊重。领导在台上，就像老师坐在讲台后面，看下面看得清楚着呢，千万不要觉得自己挺隐蔽，作为新人，更应该谨慎。从办公室或者会议室出来的时候不要使劲摔门，要用手轻轻把门掩上。

6. 关注行走的细节

这实在是小得不能再小的一件事了，可真有很多人忽视，有时候这边开着会，有的人出去打电话、上厕所，也不知道随手带门，而是信手那么一甩，咣当一声，众人侧目。从别人的办公室离开，也应该注意轻关门，尤其是夏天的时候开窗，有过堂风，你觉得自己没使劲，风一抽，力量很大的。人的修养更多体现在微小的细节中，体现在对周边人的谦让和照顾上。

在安静的环境中，比如开会或者办公期间，女同志在行走中，一定注意自己的高跟鞋不要发出太大的响声。如果鞋的声音大，最好有意识地放轻脚步，踮着点脚尖走。有的年轻人非常不注意，一片寂静中走得昂首挺胸，高跟鞋发出咔咔的声音，仪态是挺美，可背后射过来的目光里的意味可复杂多了。另外，开会中间退场、迟到或者早退的时候从后门进，尽量不要在人前目标很大地晃动。

7. 别总把自己当小孩

刚入职的新人对于自己的职场身份，需要有一个心理上的适应程度，要从自己是一个学生、被管理者的身份，转变到一个具备社会属性的独立成年人的位置上。有新毕业的学生，一直做惯了好小孩，乖小孩，凡事都有父母，工作了也是这个态度，总等着别人敦促，自己不善于安排计划，缺少主动意识。要经常提醒自己，你是一个独立的人，应该独立完成自己的分内工作，并对结果负责，不要总指望别人体谅你，拿你当孩子看，给你特殊的待遇，那样的后果是失去了被器重的机会。

8. 在工作中，犯错被发现了，要先承认，然后再讲述理由

我见过有些年轻人，一旦被发现工作出了纰漏，总是不断地强调自己的理由、客观的原因、别人的错误，我理解他们的感受，出错了，怕批评，怕给领导留下坏印象。但问题是，这样的态度恰恰是领导最反感的，觉得你这是在推诿搪塞，逃避责任，小心眼的领导甚至会想："你没错，那就是我有错了？"没准还变成个人恩怨。

9. 作为新人，要敢于表现真实的自己

有些人刚踏上工作岗位，职场人事关系复杂，会有一种害怕自己露怯的心态，可能就会表现得谨小慎微。这也没错，但若是总试图想做得滴水不漏，总想让别人看到好的、不看到坏的，那也不好。从领导的心理上来说，那些过分油滑，在自己面前一直十分戒备的人，是不足以信任的人。该什么样就什么样，太完美了反而假。年轻人都会犯错，只要认真、坦诚地面对，错误也是进步的开始，反正我是愿意给真性情的年轻人机会，而不喜欢年纪轻轻就显得滑溜溜的人。

很多年轻人初涉职场，容易犯一个类型的错误：对上级交办的一项工作或者事情，不是对最终结果负责，而是对过程负责。举个例子，明天要开会，我让某人负责通知，可第二天人不齐，我问他怎么回事，他却不知道，"反正都发了短信"，我再问，他又说对方没回短信，也就是在不清楚对方是没收到还是有事不能来的情况下他就不追究了。这种"你让我做，我就做了，至于结果和我没关系"的误区一定要注意克服，这背后还是一种不成熟的心理状态，觉得工作是为别人做的，自己是被动地承担。做事，做了不是目的，做到位、做到最佳才是目的。

10. 工作中要养成反馈过程和结果的习惯

这一点很多人都容易忽视，比如有时候我把某份文件转给某个人落实，他领完文件后很长时间都没信，我也不知道他能不能落实，怎么落实的，有没有困难，我还要自己去问他。另外还有些事情是层层落实下来的，大领导安排到小领导，小领导安排到具体工作人员，反过来也是层层负责，大领导会找小领导问结果，不会直接找具体人员问，所以及时反馈，掌握进度是很重要的。紧要的工作要马上反馈，不紧要的工作选择适当的时间节点上反馈。

11. 要注意部门分工和个人职责，不要用人情来替代工作原则

我刚上班时有过这样的教训，那时我从A科室调到B科室，A科室组织个会议忙不开，找我帮忙，我一心想的是大家相处得不错，部门之间应该互相配合，就去了。当时B科室的领导没说什么，后来他提醒我，说如果你是利用业余时间帮忙，没问题，但在工作时间，而且你已经不是那个部门的人了，就应该走正规渠道，在部门和部门之间沟通，而不是你自己擅作主张。我当时还有点委屈，现在觉得真感谢他提醒了我，否则我不知道还会混沌多久。作为职场中人，在工作时间，不能完全按照感情和喜好用事，该有的界限一定要有。

12. 注意工作的管理权限和层级分工

有的年轻人刚上班，看谁都是前辈，谁都比自己官大，所以谁指使自己都去，谁安排工作都干，完全没有了分寸界限。这样的结果是吃力不讨好，你要知道，隶属于不同部门的人有不同的领导和分工，你是这个部门，就应该归属这个部门管理，执行这个部门的工作，别的领导再大，公事也应该和你的直接领导打招呼，"隔着锅台就上炕"是职场大忌，你干了也白干，长久以往的危害是变成了软柿子，人人得以捏之。

13. 凡事不能想当然，一定要自己亲自查证了、确凿了才行

这点很容易被忽视，因为人都有思维惯性，"我想应该是这么回事"，比如我问某个小同

事,"你材料上写的这段是出自某某讲话吗?"他随口说"我觉得是。"我回去一查,根本就不是这么回事。工作中因为想当然造成的失误特别多,尤其是新走上工作岗位的年轻人,很多事千头万绪,纷繁复杂,一下子涌到眼前,很容易就没了章法,靠着自己非常有限的经验去处理,忽视了去查证和检验。

14. 工作一定要严谨,注意区分责任

有一次,我报一份报表,有个数据我觉得不太对,问了下填表的同事,原来这个数据他没时间找具体负责人,所以自己编了个。我很严肃地告诉他,这种事在关键核心部门,是坚决不允许的,一旦出了问题,责任全都在你。小同志还觉得挺委屈,说说他们没准也是编的,我说那也不行,就算编,你也得让具体负责的业务部门他们编,我们只负责呈报,真出了问题责任不在我们。

对待领导和同事,养成正面交谈和回答问题的习惯,不要经常用反问句或者设问句,这具有攻击性和抵触心理的意味,特别容易招致反感。

比如我问某人:"你通知某某开会了吗?"他怎么说的,"我通知他办公室主任了,这没什么错吧?"这个回答就特别叫人堵心,他的意思是我没通知他本人,我通知了他办公室主任,我没错,但我的问题就是问问这件事,并没有责怪他的意思,他这样撇清自己,反而起到了反作用。

15. 进入职场,你就是个成年人了,成年人的基本标签就是独立

千万不要出了什么问题,就找父母来替自己摆平,这是职场上最最忌讳的事情。即使是潜规则走关系也要背后操纵,不能跳到前台,直接代替当事人发声。

资料来源:《新职业》教育部大学生就业网.

<h3 align="center">没有成长,原来卡在这了</h3>

如果让你用一句话来形容自己的特点,你会怎么形容呢? 会不会是下面的情况?

"我英语不好";"我很懒";"我记性差";"我表达不好";"我有点不太合群";"我很粗心";"我容易得罪人";"我动手能力不强";"我性格不好";"我很急躁";"我怕我做不好";"我总是很犹豫";"我害怕失败"……

这些描述基本都是自我弱点或者不自信的描述,基本都是真实而且想要改变的特质。这些特质基本也是一直困扰自己很久,总是难以克服和超越。不过,这里最让人害怕的是一个人往往彻底接受了以上的自我描述。如果是这样,那么这个人也基本就拒绝了一条通向未来的路。

很多人会试着去改变自己,但总有人始终没有实现。生命中,我们总是面临改变,不管你愿不愿意,改变总会来的。只是如果你提前准备,是你去改变;如果你不准备,也就等着被改变。

一个人想要改变为什么往往很困难,这是因为这个人想到了几个改变的限制:

1. 别人的期望和要求

其实很多人总害怕别人提出的期望,比如父母的期望。我们从小就这样,一直恐惧。小时候考试自己觉得考80分足矣,心想终于考到这个分数了,但父母觉得应该考90分,顿时悲剧。父母认为"乖"的孩子就是好孩子,所以一打架就怕父母批评,甚至被一顿暴打,因此有时在委屈和正确面前甚至会选择逃避或沉默。

高考选专业时,父母认为一些热门专业是好专业,能挣大钱,有的人就这样被迫学了自己不感兴趣的专业了,我就遇到很多这类的学生,结果到大学后要死要活转专业。父母说先别谈恋爱,等以后有了工作,稳定后再说,有的人就忍着爱情的冲动,一忍就是四年。有学生想做寒假列车乘务员,但父母觉得很危险,大过年的还漂在火车上,还是回家吧,结果就忍着冲动回了家,没了一次社会实践和人生经历。

我们总会听到这样的话,"那个太危险,还是回来吧","那个不是女孩子做的,你别做啦","当初安安稳稳地过日子不是挺好的么"……是啊!这些其实都是善意的话,但就是阻碍了你的改变。

2. 对自己失败的恐惧

当我们还是孩子的时候,我们从来不害怕梦想。每一个伟大的故事都来自伟大的梦想,飞上天空的莱特、搭建互联网的第一代精英们、登上月球的阿姆斯特朗。我们今天的生活中,有大半的东西是30年前的人觉得毫无可能的。当你使用这些东西的时候,当你发短信、坐飞机、上网的时候,千万别忘记提醒自己,这些成果都是追求梦想的成果,都是消灭对失败恐惧的胜利。

每个人都会害怕失败,不谈恋爱的人其中有一部分就是害怕被拒绝害怕失败,还打着我要好好学习和工作的幌子。我们也许会因为一个东西不够完美就迟迟不动手。很多人觉得国家公务员考试很难,网上到处这么说,因此,就去裸考试试,结果没过,心里很踏实。因为裸考,反正半裸不裸的人也没考上,其实这些人害怕认真准备也会失败,甚至有的人直接放弃。我们的梦想很完美,但现实往往是不完美的。

改变总是很难,但改变了总是那么美好,改变了也就成长了。悲观主义者说:"哦,没希望了,也不要再努力了。"而乐观主义者说:"不要再努力了,事情总会变好的。"两者一样,因为什么也不会发生。所以改变需要抑制你的消极和惰性,需要打破这个障碍。

我认识一个学生,他甚至改变了一个学校学生的学习方式。他研制了一个东西,叫华农宝,现在很多学生手机上都装了这个软件,这让很多学生通过手机就可以上学校的教务系统。后来我了解到他是一个文科生,但他更喜欢计算机专业,于是有了转专业的想法。

其实他会觉得很难,想到自己是文科生就会更加害怕。他并没有放弃,他慢慢觉得,如果自己不坚定、不努力,那么转专业的可能性就更小。于是他开始尝试各种努力,尝试走进计算机专业,学习计算机和软件开发,开始研究一些系统程序开发。有一天他想到了要研究一个能连通教务系统的手机软件,就这样,他突破了自己,改变了学校。后来他远离了文科生身份,他远离了自己比不上工科男的想法,他远离了整天想而不做的境地。

今天的大学生大部分宅在宿舍,挂在网上,梦想在嘴上,觉得很多事情离自己很远。他们会说:

我英语不好,我都背了四年的单词了;

我口才很差,我在公众面前没讲过话;

我这个样子,很难找到好工作;

我老是失败……

又是上面的一些自我描述…….

远离那些见鬼的不自信;如果你觉得英语不好,都背了四年的单词了还不好,那就赶紧扔掉那本字典,换个方式去学;如果你还觉得自己口才很差,那你赶紧整天去对着镜子讲,然后再对着宿舍同学讲,直到把他们烦死,远离自己的不敢开口;如果你老觉得自己找不到好工作,那么赶紧去想办法想想自己可以凭什么找到好工作,远离那些无谓的比较以及不自信。

远离从前那些失败的影子,远离那些自我否定和怀疑。改变对失败的看法,改变对自己的传统认知,或许这就是好的开始。然后再对自己下手狠一些,或许就真的改变了,改变了,就成长了!

 **实践训练**

训练 4-1 写下 3 件让你感到自豪的事情

1. _____
2. _____
3. _____

训练 4-2 我的成长

道具:页眉贴有双面胶的 A4 白纸若干张

游戏操作步骤

1. 个人先在贴有双面胶的一面白纸上写下"自己认为自己在别人心目中的形象",例如"我认为我在别人眼里是亲和的"等句子,时间 1 分钟。

2. 写完之后,交由其他人帮忙将白纸贴在自己的身后。

3. 所有人都起身,在别人贴有白纸的背上写对别人的看法,尽可能地多给更多人写,同时,也让更多人为自己写,并保持客观的评价。时间 3 分钟。

4. 写完之后,可选代表上台来说出自己对自己的评价和别人对自己的评价,并进行问题的探讨。——为什么别人对自己的评价和自己对自己的评价有所不同?

我的感悟:

_____
_____
_____
_____
_____

课后作业

知识点复习

1. 什么是企业文化? 大学生如何融入企业文化中?
2. 档案托管的一般程序是什么?
3. 如何轻松闯过职场的适应期?
4. 职场新人在第一年的必须要做哪些事情?
5. 如何进一步提升自身职业素养?

实训项目

规划你第一年的职业计划,描述除工作项目以外的行动方案。

职业生涯规划

GO

学生生涯规划书作品参考

美酒是如何酿成的

——计算机应用技术专业 顾 洁

引 言

醇浆浓郁飘十里,酒香不怕巷子深。一坛美酒开坛刹那,哪怕是处于深巷之中,也能十里飘香。

其实每个人的职业生涯,就好像是在酿一坛十里飘香的美酒。

原料是我们自身,

发酵场所是我们的周围的各种环境,

而正确的职业发展路径就是美酒酿造的过程,

原料千百种都能酿出醇浆浓郁,

周围环境各式各样都能发酵出每个人自身的独特风味,

三百六十行每一行都能让人十里飘香。

而我选择的是做一个 IT 行业的销售人才,

让我酒香十里,百里,

成为一个了不起的销售经理!

嗨各位,一坛美酒,正在发酵中……

请稍候……

3,2,1,go!

目　录

我的职业目标

地点：上海

目标行业：IT 互联网行业

目标企业：上海二三四五科技有限公司

目标职位：销售经理

目标薪资：3000＋

一、原料的成分（自我分析）

一坛美酒重中之重的，就是原材料的选择。

高粱、玉米、小麦……各种粮食，葡萄、苹果、梨……各种水果，都可以酿酒。

而作为要成为一坛美酒原料的"我"，我的成分又是什么呢？

是五谷杂粮？

还是酸甜水果？

其实无论是什么，都不差。

因为各具特点，各有滋味。

只有品了才能知道它是五谷杂粮，还是酸甜水果。

所以"我"既是其中的某一种，又是独一无二的！

但我必须清楚地认识到"我"的成分是什么，

认清自己努力努力再努力，

才能成为一坛美酒，

才能在日后的选择中做出正确的判断！

1. 职业兴趣——喜欢什么样的工作

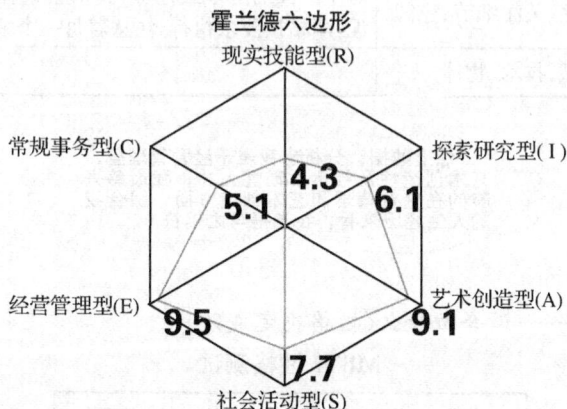

霍兰德六边形

现实技能型(R)

常规事务型(C)　　　探索研究型(I)

4.3

5.1　　6.1

经营管理型(E)　　　艺术创造型(A)

9.5　　9.1

7.7

社会活动型(S)

从霍兰德六边形分析得出，"我"的职业兴趣总结如下：

职业类型	得分	类型解释	事例验证
经营管理型	9.5	冒险、影响、乐观,好发表意见、有管理才能	1. 初中时期曾担任班委会成员,帮助管理班级,减轻老师负担,同时又磨练了自己。 2. ① 高中时期担任校团委书记学生助理,帮助学校管理学生活动。在任期间为学校策划举办过各种大型晚会,包括毕业晚会、十佳歌手大赛、合唱大赛等,并为学校争取到了 2 000 元赞助及商家长期赞助的意向,开创了赞助进校园的先河。 ② 创办了原创音乐社团,连续两年内获得五星社团及优秀社长称号,并举办学校有史以来第一次社团独立举办的原创大型活动"集梦音乐节",由此带出了学校社团展示周的灵感来源。
艺术创造型	9.1	表现、独立、感性思维活跃,创造力丰富	1. 认真独立学习原创音乐至今七年。高中时期在自己创办的原创音乐社中,与社员分享自己的创作灵感。 2. 高中获奖情况: ① 曾与北京一位音乐老师合作一首歌曲(我填词他作曲),并在比赛中获得第一名。 ② 在学校举办的第四届"养正杯"辩论赛中获得最佳辩手称号。 ③ 在学校举办的艺术节对对联比赛中获得第二名。 3. 大学时期:进校一年来担任过院系活动主持人两次、迎新晚会上表演过小品、多次上台演唱。 4. 针对旅游旺季拥堵现象,提出了开发一个能够实时监测每一个景点内游客的流动量的 App 策划方案,获得老师认可。
社会活动型	7.7	人际关系好、为人热情、沟通能力强	1. 高中时期曾与朋友一起创办了一个名为"爱心花儿"的爱心小分队,现如今依旧活跃,主要为一些贫困学校和敬老院献爱心和服务。 2. 积极参与每一次的筹款捐款活动。
探索研究型	6.1	科学性、分析、钻研	
常规事务型	5.1	有序、关注细节、稳健	对于严谨的工作或任务,我都会选择认真对待,抛开自我意识,严格按要求执行,注意着每一个细节,力图求稳。
现实技能型	4.3	机械、技术、物体	

综上数据,分析出我属于经营管理型、艺术创造性及社会活动性人才,我最感兴趣的在企业管理和艺术创造方面,综合我的人生经历来看,我觉得与之相符。

2. 我的性格特征——适合做什么(性格决定成败)

MBTI 性格测试

ISTJ	ISFJ	INFJ	INTJ
ISTP	ISFP	INFP	INTP
ESTP	ESFP	ENFP	ENTP
ESTJ	ESFJ	ENFJ	ENTJ

ENFJ 型〔外倾、直觉、情感、判断型〕

由 MBTI 性格测试工具结合实际,得出"我"的性格特征总结如下:

性格类型	性格特点	经历验证
外倾(E)	1. 精力充沛。 2. 热情大方。 3. 沟通与交流能力很强,思维开阔;能很好地与人相处,且适应能力强。 4. 一位优秀的倾诉对象。	1. 生活中有很多朋友,他(她)们无论是生活方面的困惑需要安慰,或者理想方面的迷茫,学习上的压力都愿意和我交流,我也会一一给予他们解答和帮助。虽说不能全部解决问题,但最起码与我交流时,往往他们心里都会好受一些。
直觉(N)	1. 注重大局。 2. 有着丰富的想象力和独创力,喜创造出无限可能。	1. 从小在数学题上喜欢探究不同的解法,并为解出了正确答案而感到高兴;手工课上喜欢用剩余材料创造想象中的模型;高中时期为学校提出各种活动创新方案。 2. 有时候会因为顾全大局而放弃自己的观点,哪怕最后证明我是对的也不遗憾,因为个人成败与集体得失相比,集体才是最重要的。
情感(F)	1. 超前思考,考虑他人感受。 2. 重视人和情感。 3. 被为了欣赏而激励。	1. 与人合作时,充分尊重队友的意见和想法,凡事都会与队友商讨,力图达成一致。如果因为队友的失误而失败了,我重视的是队友的态度,而不会过于在乎比赛的结果。因为我觉得木已成舟,为何要因为结果去怪罪一个态度认真的人呢?放眼未来重新来过就好,如果因为一次失败而否定了一个有才华的队友,那是不可取的。 2. 学习或者是生活中,会因为得到他人的表扬而被激励,变得更加努力,我认为千里马还是需伯乐发掘。每一个伟大的人物背后都有一个或多个人,一直在鼓励他前行。
判断(J)	1. 决定了就会着手去做。 2. 认准目标,努力实现。 3. 将时间看作有限资源,珍惜最后时间。	在生活中不会拖拉,决定了就着手去做,如果错了,那么就会再次思考,继续前行,一定不会放弃。总之就是尽一切可能努力实现。

小结

ENFJ:ENFJ 型的人就是 **供应者**,供应是提供给他人生活必需品的行为,供应者天生就热衷于为他人服务,保证他们具有物资充足感和群体归属感。他们自觉承担起照顾身边的人和安排其福利待遇的责任,他们也是理想主义者型中最喜爱交际的人。无论走到哪里,都会承担着社会奉献者的角色,愉快地付出自己的时间和精力,以确保别人的需要得到满足、传统得到维持和发展,并圆满地履行其社会职责。

所以综合 **EPFJ** 的数据分析、职业推荐,我个人生活中的性格表现中崇尚因别人的需要而感到幸福,以及我的职业理想来说,做一个 **销售经理** 是相吻合的。

知道了你想要做什么，你的性格适合做什么，并不代表你可以开始选择你的职业了；有句话说得好，才华要配得上梦想，配得上野心。所以说知道以上两点还不够，我还要清楚认识到我的职业技能，职业技能决定了我能干什么，决定了我能够捧起的饭碗是金，是银或者是个破瓷碗。好高骛远的结果只会是连破陶瓷碗都给摔碎。

3. 我的职业技能——我到底能干什么？

能力类型	评测分数	评测推荐职业	我来认证
组织管理能力	8.8(强)	产品销售：销售培训讲师、业务扩展主管/经理、区域销售经理、渠道分销经理、销售经理。	1. 连续三年获得优秀社长称号，所在社团连续两年被评为"五星级社团"。 2. 曾担任团委书记学生助理，多次组织安排近八千人规模的大型活动和晚会。 3. 每年组织同学聚会。
社交能力	8.8(强)		朋友范围比较广，不仅有同龄人，还有许多忘年交，与人交谈懂得把握分寸。
言语能力	8.2(强)		多次参加演讲比赛，担任主持人、发言人等，并自编自导自演小品。
学习能力	7.9(较强)		
数理能力	7.9(较强)		

评测结果的推荐职业中有销售经理这一项，证明原料"我"对自己的定位来说是相对准确的，没有好高骛远，比较切合实际。该职业所需要具备的职业能力在我自己的经历与践行中都有所展现。

证明了我具备销售经理的职业能力。

4. 职业价值观——我看重什么

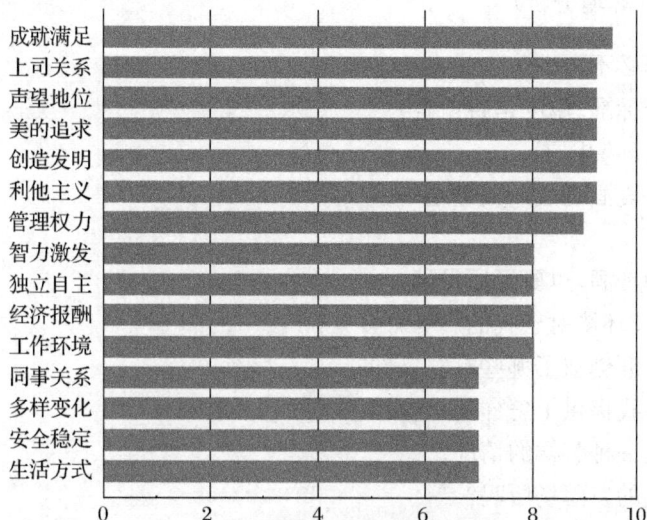

职业价值观测评得分图

从测评中得出我最看重的是：成就满足、上司关系、声望地位。

职业价值观	特　点	我的理解
成就满足	工作的目的或意义在于能看到自己努力工作的具体成果，不断完成自己想要做的事，并因此获得精神上的满足。	追求成就的满足，是为了让自己完成一个又一个里程碑，对自身能力更有自信，就会继续努力再努力，以达成下一个目标。
上司关系	工作的目的或意义在于能与主管平等且融洽相处，获得赏识。	与上司关系保持一种良好的状态，会利于自身能力和工作的有效开展，试问有哪一个上司会重用一个不尊重他、自大傲慢无礼的下属呢？
声望地位	工作的目的或意义在于能提高个人身份或名誉，所从事的工作在人们的心目中有较高的社会地位，自己受到他人的推崇和尊重。	觉得自身能力够格才会去追求声望与地位，人往高处走，在这个发展中的时代背景下，发言权是与声望地位成正比的。追求声望地位为的是拥有更大的空间，去施展自身能力。

小结：

　　一个人如果看淡世俗，目空一物，万般皆一样，那么何来奋起向上一说？没有奋起向上，又怎能够激发出自身的全部潜能呢？人总会明白一个道理的，想要的只有自己能给，而在这个时候十八般武艺都会拿出来，想尽办法得到自己想要的。

　　所以人必须有所看重，才会一步一步地走上坡路，否则只会停步不前，或被踢出局，就像我所选择的销售职业，若不看重销量，一副有缘者得之的态度，哪怕是再好的产品也会被埋没，再好的公司也会把我辞退。

183

二、发酵场所（环境分析）

美酒要成发酵必不可少，
容器规格是否标准、温度是否适宜，
都是发酵中的环境因素，
它们同时也是美酒的成败关键之一。

而我要想成为美酒，也要经历发酵。
家庭环境、学校环境对于我的影响有多大？
为我的职业生涯创造了哪些有利条件？
社会环境又为我提供了怎样的机会？
职业环境又是一种怎样的情况？
这些不正是我的发酵场所吗？

1. 家庭环境分析

家庭情况：父母经商，目前发展情况良好，能为我提供学业上的保障。
父母期望：公务员或老师，但不反对我自己的选择。
家庭影响： ① 通过父母经商，我意识到一是无论干哪一行，都应脚踏实地，二是诚信是成功的关键。 ② 父母虽说文化程度不高，但一直告诫我做人要诚实、友善、尊重他人、不能虚假，并尽全力给予我最好的教育环境，在当地的名校就读初高中，接受优良的教育。对学习成绩没有过多要求，希望通过自身的努力，更多地去了解外面的世界，多学习为人处事，礼义廉耻，仁义道德。
小结： 经商是什么，买进卖出，卖就是销售。受家庭的影响，我认为如何提高销售，一是保证产品质量；二是主动了解客户需求；三是待客要真诚。

2. 学校环境分析

学校特色：机电一体化、服装设计、文秘、计算机网络、旅游等是省级品牌特色专业。

专业学习：专科专业为计算机应用技术，计划待转本后仍然选择计算机同类相关专业。

小结：

学校给我创造了一个良好的专业知识储备环境，通过在校学习，可以积累大量的专业知识，使我在今后的工作中，能更加专业地解决顾客的问题，同时学校里面的老师和学长，有许多出类拔萃的人才，他们的事迹激励着我，要积极进取，才会赢得美好的明天。

3. 社会环境及职业环境分析

（1）社会环境分析（就业率）

调查显示，2016届中国大学生毕业半年后的就业率达到91.6%，与2015届（91.7%）基本持平。其中，本科院校2016届毕业生半年后的就业率为91.8%，高职高专院校2016届毕业生半年后的就业率为91.5%。

据麦可思《2017年中国大学生就业报告》显示，计算机科学与技术的高职专业属于"2017年就业红牌警告"专业，是连续三年失业量较大、就业率低的专业。

（2）"十三五"中国智能产业发展趋势（职业环境）

　　中国拥有全球规模最大,增长速度最快的智能产业市场,智能家居、智能穿戴、智能汽车、智能装备等都是市场潜力巨大的行业。从 2013 年开始,以智能硬件为核心的智能产业获得了快速起步和发展,不同品类的产品层出不穷,行业呈现出了爆发式增长的发展热潮。未来十年是泛智能化的时代,万物智能互联。智能化将进入加速扩散阶段,消费者在更多、更细分的场景下被激发出智能化的应用需求,芯片、通信、材料、传感甚至生物技术将不断进步,万物互联互通和智能化潮流已不可逆转。在需求段,现有智能终端普及后,激发出消费者更多、更细分的场景下存在对智能终端的应用需求;在供给端,随着计算机处理技术性能越来越高、体积和功耗越来越小、通信技术传输速度越来越快,传感技术精度不断提升,未来将有越来越多的硬件产品实现智能化,泛智能化大潮正在来袭。"硬件＋软件＋服务"日趋融合,企业转型拼速度。泛智能终端的软硬件形态及生态系统均未成型,硬件、软件以及擅长服务消费者的互联网企业同时摩拳擦掌,互相渗透,比拼转型速度。各企业战略思维、组织架构以及原有核心竞争力将决定其在融合博弈中的定位与前景。

小结:

　　由上可知,从现在乃至未来都将是智能化发展的热潮,IT 行业在各个领域都起着重大的作用。在此之下我作为计算机专业出身的人才,将会成为需求量最大的资源,专业对口,自身专业水平过硬,就业前景就将会是一片光明。同时相对于高职专科学生来说提升自己的学历,也是增加就业的必要措施。

三、开坛之日（目标定位）

酒香也怕巷子深,

没有介质的传播别人又怎么能闻到酒香呢?

如果你选错了传播介质,

又怎么能够飘香十里呢?

这代表着开坛之日也就是最后的酝酿。

就如你自身能力一般,

如果你选错了职业,别人又怎么知道你能力有多强?

如果你选错了公司与职位,

你的能力又怎么能够得到体现呢?

所以想要飘香十里,目标定位十分重要。

蓄足了所有的劲,

你会看到浓香四溢的时刻。

1. SWOT 分析

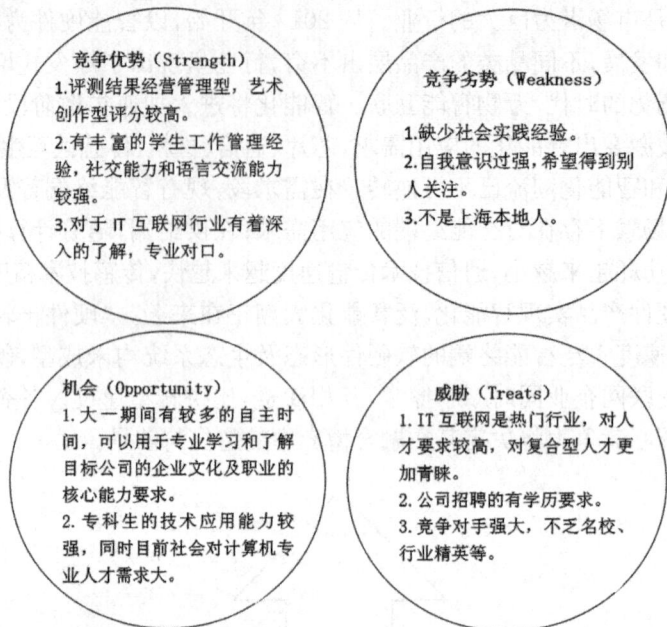

竞争优势（Strength）
1.评测结果经营管理型、艺术创作型评分较高。
2.有丰富的学生工作管理经验，社交能力和语言交流能力较强。
3.对于 IT 互联网行业有着深入的了解，专业对口。

竞争劣势（Weakness）
1.缺少社会实践经验。
2.自我意识过强，希望得到别人关注。
3.不是上海本地人。

机会（Opportunity）
1.大一期间有较多的自主时间，可以用于专业学习和了解目标公司的企业文化及职业的核心能力要求。
2.专科生的技术应用能力较强，同时目前社会对计算机专业人才需求大。

威胁（Treats）
1.IT 互联网是热门行业，对人才要求较高，对复合型人才更加青睐。
2.公司招聘的有学历要求。
3.竞争对手强大，不乏名校、行业精英等。

2. 目标确定

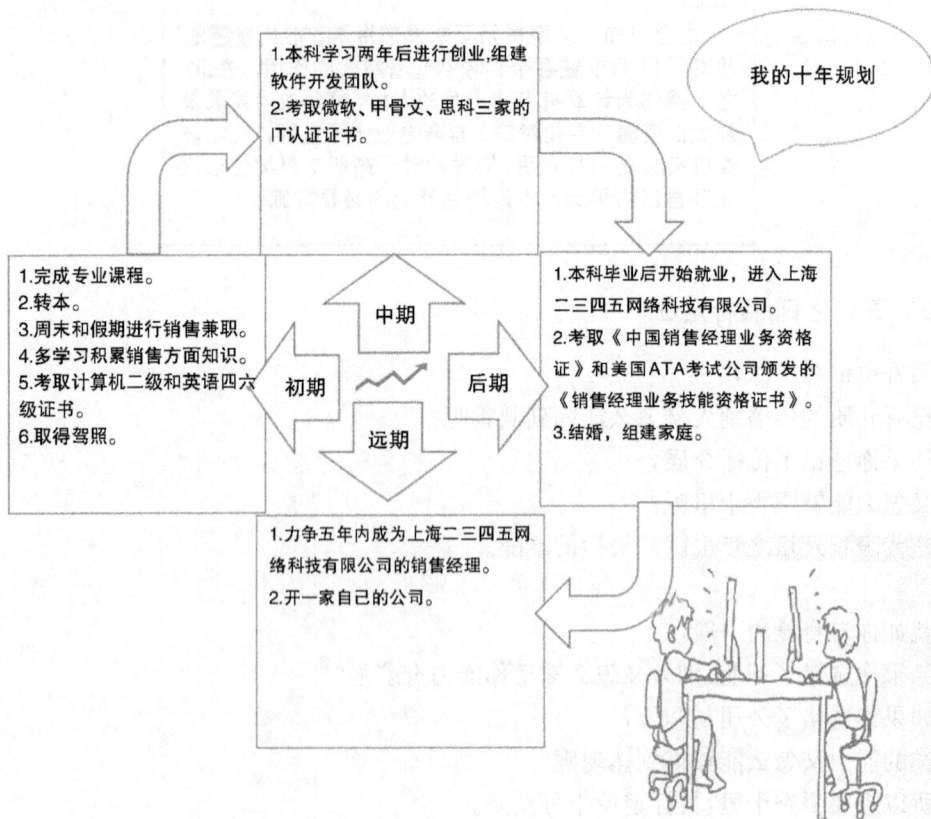

1.本科学习两年后进行创业,组建软件开发团队。
2.考取微软、甲骨文、思科三家的 IT认证证书。

我的十年规划

1.完成专业课程。
2.转本。
3.周末和假期进行销售兼职。
4.多学习积累销售方面知识。
5.考取计算机二级和英语四六级证书。
6.取得驾照。

1.本科毕业后开始就业，进入上海二三四五网络科技有限公司。
2.考取《中国销售经理业务资格证》和美国ATA考试公司颁发的《销售经理业务技能资格证书》。
3.结婚，组建家庭。

中期

初期   后期

远期

1.力争五年内成为上海二三四五网络科技有限公司的销售经理。
2.开一家自己的公司。

高职学生职业发展与就业指导

3. 计划实施

配套设施	时间段	规划内容
短期规划配套措施	22 岁—24 岁	1. 认真学习剩余的计算机应用技术专业课,确保拥有过硬的专业技术。 2. 考取计算机二级英语四六级证书。 3. 大三时期转本成功。 4. 与专业老师、同学、各个职场人士保持良好的关系,不定期地进行交流。 5. 时刻关注上海二三四五网络科技有限公司的发展。 6. 积累销售方面的知识与经验。 7. 拿到驾照。
中期规划配套措施	24 岁—26 岁	1. 进入本科学校开始创业,组建软件开发团队,并开发出多款软件赚取人生第一桶金。 2. 在本科学校创业同时不忘认真学习,继续加固自己的专业知识考取微软、甲骨文、思科三家的 IT 认证证书,增加自己的就业资本。 3. 继续积累销售方面的知识和经验。
后期期规划配套措施	26 岁—30 岁	1. 进入上海二三四五网络科技有限公司后,出色完成每一项工作,把握住每一个能够展示自己才能的机会,使上司能够看到自己的闪光点。 2. 与客户保持良好的合作关系,尽可能地成为朋友,在业务上形成互助。 3. 和同事之间保持良好的关系,互助互利,互相帮助。 4. 取得"中国销售经理业务资格证"和美国 ATA 考试公司颁发的"销售经理业务技能资格证书"。 5. 结婚,组建家庭。
远期规划措施	30 岁—32 岁	1. 成为上海二三四五网络科技有限公司的销售经理。 2. 学习企业文化,希望在下一个十年能够拥有一家自己的公司。

四、美酒被埋没(评估调整)

美酒是美酒,可是如果被放错了地方呢?

如果被放在醋店与醋一起销售呢?

还能十里飘香吗?

那么有谁能给闻到,或知道你是美酒?

你是美酒,又怎么会被人知晓?

只道是选错了人家,淹没了酒香。

也许不会一帆风顺,

有可能入错行,有可能得不到好的发展。

当你觉得不该仅仅如此时,

那么就该停下来及时评估调整。

生涯之路并非一条路走到黑,

这条路不行,那么可以选择另一条!

我坚信!

三百六十行总有一行适合我!

公司千百万家,我若是金,

自然有让我光芒万丈的地方!

1. 风险预测

① 没有被目标公司录用为销售经理,但可以录入基层。

② 目标公司直接否定了我,不录用。

2. 调整方案

① 销售经理属于中层管理岗位,特别是对于上海二三四五网络科技有限公司这种大公司,可能会因为我的资历不够,觉得不能胜任,但可以从基层做起。

我会全面审视自身,对于这个岗位所做的准备,是点没抓对,还是准备不足,如果是两者其一,我会选择从公司基层做起,通过积累,再次争取销售经理。

② 如果被公司直接否定,觉得我不具备进入公司的能力,我会选择一些小企业,锻炼自己,积累经验。若不适合这个岗位,那就另谋他职,找到适合自己的岗位。

3. 备选方案

自主创业,组建一个属于自己的团队,继续朝着未来进发。

五、结束语

故事到这儿也算是告一段落了,感谢江苏省职业生涯规划大赛给予我这样一个平台和机会。能够对自己的职业生涯进行规划和了解,从中获益匪浅,也意识到了规划的重要性。有目标,就有了前进的动力。同时也领悟到了人的一生在面临挫折时,不该气馁,而应该及时调整自身,努力努力再努力,目标总会实现的,怕的只是你会提前放弃。我们每一个都拥有自己的特质,别人所不能及的地方,就是我们的职业能力。认清自己,把握住自身能力,你才能发光发热。

职业生涯真的就如酿一坛飘香十里的美酒,醇香浓厚不仅需要自身的沉淀,还需要时间的洗礼……

趁年轻去追逐,为自己的人生绘上独具一格的色彩,让它散发出它应有的芳香……

苦与累　成就质量人生

道路桥梁工程技术专业　倪　烨

引　言

　　我们常常很迷茫,觉得未来一片渺茫;我们经常抱怨命运如此不公,别人总是可以轻而易举地成功,而自己却总是碌碌无为,辛劳地付出努力却没有回报;我们也时常哀叹,好的成功机会总是与自己擦肩而过。但是事实上,无论成功与失败,都取决于我们自己。

　　Know yourself,这是亚里士多德的一句名言。告诉我们真实地了解自己,确定人生的发展方向,给自己一个科学的人生定位,才会为未来奠定坚实的基础。

　　所以,一份适合自己的职业生涯规划对于每个人来说,都是必不可少的。规划意味着人生目标的确立,指明追求的方向;规划激励着我们充分利用有利条件,战胜困难,迎接挑战,把握机遇,不断前行。

　　"英雄不问出处",今天站在哪里并不重要,最重要的是你下一步迈向哪里。在生命的长河里,我们总是会迷茫,看不清前进的方向,对未来更是一片迷茫,我们年轻,我们稚嫩,但我们勇敢,我们大胆,我们有着无限可能的未来,只要加上坚定的信念、果敢的决心、实际的行动,那就定能浇灌出成功幸福之花。因为,我们坚信机会总是留给有准备的人的。

　　未来或许充满未知,但我们只需记得,命运握在自己手中,我的未来我做主! 一个人若是看不到未来,就掌握不到现在;一个人若是掌握不住现在,就看不到未来。

　　苦与累,成就质量人生。

目　录

高职学生职业发展与就业指导

一、自我分析

认识自己，才能提高自己，最终成就自己。借助于网上的人才测评报告分析，结合父母、老师、同学对我的评价，我对自己的职业兴趣、职业性格、职业价值观都有了进一步的了解，并试着在此基础上探索自己今后的发展方向，具体内容归结如下：

（一）职业兴趣

综合各类测评的结果，显示出我属于经营管理型兼常规事物型的。喜欢独立、创新，充满冒险精神，对未知的事物有极强的求知欲。自信、乐观，个性开朗，总能够给身边人带来积极的影响。我非常希望获得有探索性的工作，能够有自主决断的可能性等。另外我希望我从事的工作充满乐趣，可以自由发挥灵感和创造力，可以创造新的想法、产品，然后看到计划变为现实。

作为一名工科类的大学生，我喜欢自己动手制作一些小事物，我善于从新体验、新问题、新机遇中学习。能全神贯注于短时间的、当时当地的活动，诸如游戏、竞赛型的团队任务及角色扮演练习。活动中充满了刺激性、戏剧性、危机和变化无常的事情，并且有一系列多种多样的活动需要应对。喜欢将自己的生活安排得有条不紊，我观察细微，注重品质，因此，在细节方面，有一种近乎偏执的严苛，不论是对自己还是他人都是如此。

（二）职业性格

我是一个阳光大男孩，喜欢帮助他人，结交朋友，培养真挚的友谊。乐于与人协助，真诚待人，关心保护朋友，愿意为朋友提供力所能及的帮助，在团队中不计个人私利。喜欢服务于社会、服务于他人，愿意尽自己的全部责任和能力为大家做贡献。我对于已知事物之外的可能性很感兴趣，喜欢集中精力为自己的梦想服务。

（三）职业价值观

就职业价值观而言，我更注重的是职业内在价值，看重的是职业本身和职业发展对社会的贡献。希望从事一份自己热爱的职业，职业具有较强的独立性、创新性，能够让自己在不断的探索中获得成功。因此，在面临职业决策时，并不太追求高工资、好福利，我更在意的是职业的稳定性和发展前景以及所在公司的发展战略。总之，我渴望在一个大型的或者正处于稳定上升期的公司从事具有发展前景的工作。

在外在报酬与外在价值方面比较均衡，因为更关注的是职业的内在价值，因此，对工资福利和工作环境等外在的因素，我并不是过于看重，但是对职业是否稳定，是否具有发展前景，是否能够发挥出个人的特长还是较为在意的。

（四）自我分析小结

"知己知彼，方能百战百胜"，全面系统的分析让我能够安静下来进行自我对话，和自己沟通。分析自己的兴趣、性格、价值观让我充分地了解了自己，认识了自己。我是一个注重长远发展，具有创新意识和冒险精神的人，善于与人协助，注重团队力量。我也是一个期望在工作中能够独立工作、独立决策，而且能够表现出自己的创新，发挥自己的责任感、自主性的人。这一些都将有助于未来职业的发展，我将继续保持积极、乐观的态度，鞭策自己扬长避短，不断前行。

二、职业分析

环境是影响性格和职业取向的外部因素,正确认知环境因素有利于做出正确的选择。

(一)家庭情况

我是一个出生在农村的小伙子,家里经济条件一般。父亲初中毕业后就放弃了学业,跟同村的几个人一起南下去了深圳做了建筑工人。几年后,父亲回到村里拉了邻村的几个人合伙组建起了一个施工队,主要就做农村的自建房建设。所盖的民房无论是款式还是质量都是首屈一指的,深得当地人的好评。在我出生的时候,父亲和他的施工队已经在乡里小有名气了。

从小,我就看着父亲在工地上忙碌、戴着头盔挥汗如雨,看到在一片荒地上几个月的时间里就矗立起一座小别墅,感到特别神奇,对父亲充满了崇敬之情。所以,耳濡目染,高考填报志愿的时候,我就毫不犹豫地选择了在土木工程方向发展。当然随着社会的进步,人们对于居住的房屋要求越来越高,父亲的施工队面临着越来越多的挑战,有点力不从心。因此,父亲对我寄予厚望,希望我不要满足于自己的专科学历,努力提升自己的专业能力,往本科方向前进。因此最终,我选择了参加自学考试,在家人的精神和经济的大力支持下,我的本科学习进展顺利。

一个人的家庭环境会对他的未来影响很大,我感谢父母,也感谢这个家,虽然这个家不是那么富裕,但是从父母那里我学会了做人,学会了做事,也养成了他们淳朴的生活习惯,也因此变得很坚强,很成熟,也更有激情。

(二)学校概况

大学是人生很重要的阶段,它是连接我们认识社会、了解社会、体验社会的纽带。我所在的学校,是一所全日制综合性高等职业技术院校,创建于 1984 年,是市属唯一一所普通高等职业院校。

我们土木工程学院是学校重点发展的学院之一,现有教职工 49 人,其中专任教师 44人,教授 3 人,副教授 11 人,拥有研究生以上学历的教师达 90%,其中博士 4 人,江苏省"333 工程"培养对象 2 人,江苏省青蓝工程优秀青年骨干教师 2 人,市中青年骨干专家 3人,"英才培育计划"培育对象 2 人,教学名师 1 名。获得注册岩土工程师、注册结构工程师、注册监理工程师、注册造价工程师、注册建造师等资格证书的"双师型"教师达 90%以上。

土木工程学院现设 3 个教研室,1 个校企共建实验实训基地,1 个省级建筑新材料新技术研发中心,1 个市级建筑新材料研发平台,1 个市级节能减排技术普及公共服务平台。校内实验实训场所面积 6 000 平方米,校外实习基地和产学研基地 35 个。现开设建筑工程技术、建筑装饰工程技术、工程造价、道路与桥梁工程技术、房地产经营与估价、供热通风与空调工程技术六个专业,全日制在校生 2 100 人。近年来生源充足,毕业生就业形势良好,连续三年毕业生就业率与签约率均达 90%以上,位居全省同类院校前列。

就业指导方面,学院对学生进行分阶段、全程化的指导,在大一入学阶段针对新生进行学业规划指导和专业介绍,在大二阶段组织多次的专业见习,进行专业技能培训,在大三阶段开设了"职业发展与就业指导"的课程,为学生提供专业的就业指导。不仅如此,学院积极拓展校企合作平台,常邀土木建设的专家学者来校做讲座,邀请一些优秀的毕业生回来现身说法。在每年的毕业季学院都会请进相关建筑企业来学院举办双选会,为学生提供更多的就业信息和就业机会。

(三)就业前景

道路桥梁工程技术的毕业生主要面向公路交通建设、市政工程建设以及铁道工程建设相关的企事业单位,主要从事道路与桥梁工程的勘测设计、施工管理、试验检测、工程监理、造价咨询、养护与管理等专业技术管理工作。如公路交通勘测设计单位、路桥施工企业、市政工程公司、监理企业、各市县交通局、公路局等。

2016年在中国经济将面临"三去一降一补"的情况下,很多行业都进入了寒冬期,导致高校毕业生成为社会上的就业弱势群体。失业潮主要体现在制造业上,而且短期内应该是不可逆的趋势,而像互联网这样的新兴行业则主要表现在收入下降、企业生命周期缩短上。除了制造业和新经济之外,还有很多传统经济模式,这些员工可能从没想过换工作,也没有太多的失业危险,但失业潮也使得他们不得不承担收入降低的痛苦。不过,整体来看,道路桥梁工程还是非常具有发展前景的。为应对国际金融危机、保持经济平稳较快发展,国家加大基础设施的建设投入,中央政府实施了4万亿的投资计划,其中近一半投资将用于铁路、公路、机场和水利等基础设施建设。随着城市建设和公路建设的不断升温,道路桥梁工程专业的就业前景也与国家政策及经济发展方向密切相关,专业的就业形势近年持续走高。

三、职业决策

(一)目标职业名称

综合分析个人因素和环境因素,我选定的目标职业是:土木工程项目经理(路桥方向)。

(二)岗位说明

工程项目经理是企业建立以项目经理责任制为核心,为了对工程实行质量、安全、进度、成本管理的责任保证体系和全面提高项目管理水平而设立的重要管理岗位。需要根据公司战略规划,组织制定工程部发展规划并组织实施,负责项目装修管理及项目制度建设,保证工程部各个环节工作的有序进行。

(三)工作内容

1. 在公司经理的领导下,认真贯彻执行 ISO9002 质量管理体系标准。

2. 项目经理是公司在该工程项目的代理人,代表公司对工程项目全面负责。

3. 遵守国家和地方政府的政策法规,执行公司的规章制度和指令。在该项目中代表公司履行合同执行中的有关技术、工程进度、现场管理、质量检验、结算与支付等方面的工作。

4. 主持制定项目的施工组织设计、质量计划及总体计划和年、季、月施工进度计划。

5. 深入施工现场,处理矛盾,解决问题。不断完善经济制度,搞好经济效益,主持项目盈亏分析。

6. 搞好施工现场管理和精神文明建设,关心职工生活,确保安全生产,保障职工人身、财产的安全。依法参与涉及职工利益的重大决策,维护职工利益,做好困难补助工作并慰问病、伤、残职工。

7. 做好项目的基础管理工作,保证各文件、资料、数据等信息准确及时地传递和反馈,及时进行工程结算、清算。

8. 完成公司交办的其他工作。

（四）任职资格

1. 大专以上学历，工民建或建筑学相关专业；

2. 具有 5 年以上现场施工管理经验，其中 3 年以上同岗位工作经验；

3. 熟悉制作、施工工艺和项目管理流程，对工程的安全、质量、成本、进度有全面的掌握能力，熟悉工程验收规范及相关法律法规；

4. 具有很强的协调能力、执行力和应变能力以及团队管理能力；

5. 熟悉运用 CAD 等设计软件，获得建造师资格证书证（本科学历，至少具有 2 年工作经验后方可考二级建造师资格证，至少具有 4 年工作经验后方可考一级建造师资格证件；大专学历，至少具有 2 年以上工作经验后方可考二级建造师资格证，至少具有 6 年以上工作经验后方可考一级建造师资格证）。

（五）SWOT 分析及战略

	优势 Strengths	劣势 Weakness
内部环境	1. 乐观积极，敢于冒险 2. 乐于助人，能很快地与陌生人相处 3. 较强的学习能力 4. 对自己的工作有较高的要求	1. 学历与本科生相比有劣势 2. 出身于普通家庭，人脉资源有限
	机会 Opportunities	威胁 Threats
外部环境	1. 学校以及学院提供了很多的就业指导与工作岗位 2. 路桥行业人才需求量大	1. 大学生就业困难，竞争压力大 2. 如果参加了工作，可能会失去了进一步深造机会

SO 战略	WO 战略
把握最后在校的这段时间，努力学习更多的知识，提高自己的竞争力	1. 积极参加集体和社交活动，增强与他人的交往和沟通能力，提高自己的自信心，构建良好的人际关系网络 2. 继续完成自考剩余课程的学习
ST 战略	WT 战略
多关注企业的招聘信息，查漏补缺，积累更多的经验	抱定终身学习的观念，在工作过程中通过在职教育和课程不断充实自己

（六）计划实施

职业发展路径：我选择的职业发展路径是倾向于管理路线的（完成学业—顺利就业—考取建造师证书—成为中小工程项目经理—管理大型工程项目）。而在我们土木工程行业一直有"五年积累、五年晋升"的说法，因此，我将毕业后的三个阶段确立以 5 年为一个节点。具体来说，实现路径被划分为四个阶段。

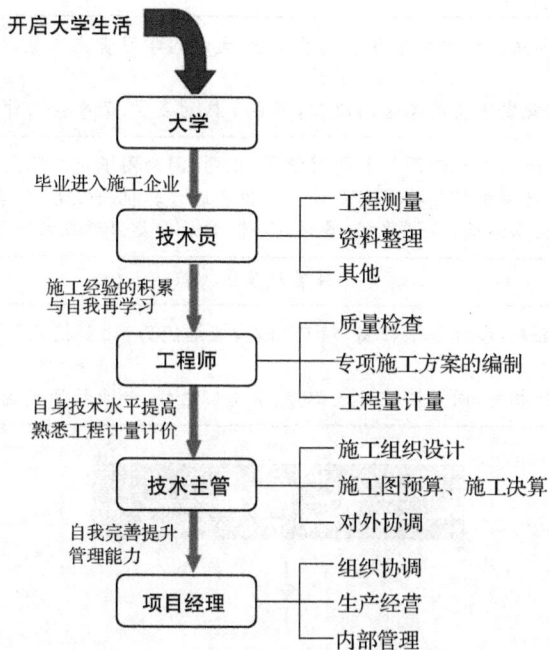

开启大学生活

大学
↓ 毕业进入施工企业

技术员 ── 工程测量
　　　　 资料整理
　　　　 其他

↓ 施工经验的积累
　 与自我再学习

工程师 ── 质量检查
　　　　 专项施工方案的编制
　　　　 工程量计量

↓ 自身技术水平提高
　 熟悉工程计量计价

技术主管 ── 施工组织设计
　　　　　 施工图预算、施工决算
　　　　　 对外协调

↓ 自我完善提升
　 管理能力

项目经理 ── 组织协调
　　　　　 生产经营
　　　　　 内部管理

第一阶段(大学阶段)

时间跨度:三年

一、目标

1. 顺利通过英语四级考试;

2. 力争各门课程平均成绩达 80 分以上,奠定良好的专业理论知识基础;

3. 假期进入盐城市检测中心顶岗实习,进一步提高专业技能。

二、措施

1. 上课认真听讲,课后广泛阅读相关专业方面的书籍,提高自己的专业素养。

2. 利用课余时间对英语进行全方位的复习:包括单词量的扩充、语法知识的巩固、听力水平的提高、阅读理解能力的增强。

3. "身体是革命的本钱"。每天保证充足的睡眠,不熬夜。经常参加体育锻炼,提高自身身体素质。

4. 与盐城检测中心联系,参加顶岗实习,并利用此机会进一步了解职业世界,为求职做一系列的准备。

三、行动计划

大一上学期

思想准备	1. 要知道:高考只代表过去,起步不在早晚,不要看你站在哪里,关键看你走向哪里! 从现在起,思考自己的未来,用心编织大学生活。

	2. 改变学习方法。大学的学习不同于高中,大学的学习贵在自觉,同时注重课堂效率,明确学习要点。 3. 从现在起,就定下获奖学金的决心,不在于钱的多少,荣誉会为你将来就业增加砝码。
课程学习	1. 重点学习《道路工程制图》,并能够绘图、识图,因为图纸是工程交流的语言。 2. 认真学习《计算机信息技术》,必须一次性通过计算机一级考试,否则无缘毕业证书! 3. 英语学习仍需继续,多记单词,多读、多练,为后面英语考级做准备。
证书考级	计算机等级考试(一级)
实践实习	1. 根据个人兴趣,参加一个社团,结交朋友,锻炼能力,比如校报记者团、学生会,都是不错的选择。 2. 与同学和睦相处,同学情谊日久弥香,多与班主任、专业教师交流。

大一下学期

思想准备	1. 已适应大学生活,此时千万不能迷乱与松懈,坚持自己的规划,做任何事,贵在坚持。 2. 不要偏信学长的话,有些话是误导,疑惑之处可请教班主任或专业教师。 3. 本学期重点是英语等级考试,力争一次性通过。
课程学习	1. 重点学习《道路工程测量》、《道路建筑材料》等课程。测量是从事施工的起点,材料检验是进行质量检查与验收的依据。 2. 重点学习《工程力学》,这门课对物理基础要求高,应通过多做习题掌握它。 3. 重视《道路桥梁CAD》这门课。该课程是计算机绘制道路桥梁施工设计图的基础。课后要多加练习,方能熟练应用CAD绘图。 4. 英语学习需要更加努力,学期末有英语等级考试,必须通过,否则不能毕业。 5. 认识实习是实践教学环节,请重视它。可能是你第一次与工程实际相接触,实践的舞台更广阔。
证书考级	英语等级考试(三级)
实践实习	1. 注意协调好学习与社团工作,不能忙于学生工作而忽视学习。学习成绩依然是评定优秀(先进)的重要依据。 2. 学有余力,可适当打点短工,只为早点接触社会。但前提是保证学习成绩不滑坡,不挂科,不违纪违规,否则"神马都是浮云"。

大二上学期

思想准备	1. 这学期完全进入专业基础课学习阶段。要知道,专业课是释放专业知识的内核。 2. 学好专业课贵在勤问、勤看、勤思。图书馆是专业课学习的第二课堂,好好利用。 3. 检查公共选修课选修情况。教学计划要求:必须修满4学分,才能如期毕业。

课程学习	1. 重点学习《道路勘测设计》课程。学完后你自己可以设计一条公路，挺牛的吧！ 2. 重点学习《土质学与土力学》。从事路与桥的施工，必然要与土打交道，你必须知道土的特性。 3. 《结构设计原理》难度大，知识点多，力学基础要求高，必须通过大量习题掌握其要领，为后续专业课奠定基础。
证书考级	中级测量工考核
实践实习	1. 经过一年的打拼，你可能当上社团的头，手头上的工作也繁杂起来，但还是要顺理学习与工作的关系，做到面面俱到。 2. 用你的切身行动，带动、影响学弟学妹，展示更多正能量！

大二下学期

思想准备	1. 这学期是专业核心课程学习的高峰阶段。后期的专业资格考试都会在这里找到答案。 2. 这学期会安排 CAD 培训。CAD 是计算机辅助设计的简称(Computer Aided Design)。在工程上，用计算机绘图，无处不在，要重视。 3. 施工员、质检员等岗位资格考试会在这学期进行，积极报考，把握机会。
课程学习	1. 重点学习《路基路面工程》、《桥梁工程》、《基础工程》等专业课，道路、桥梁及其基础的设计知识全在这里。 2. CAD 学习，贵在多练，熟能生巧。 3. 岗位资格考试许多考点都来自于专业课，要将资格考试与专业课学习相结合，一举两得。
证书考级	CAD 技能证书
实践实习	1. 要逐渐将重心放到专业课学习、资格考试上来。社团工作可考虑由学弟学妹们接手了。 2. 暑期的生产实习是认识实习的延续和深化，应给予重视，专业知识、施工经验的积累来自于实践。

大三上学期

思想准备	1. 这是你在学校学习专业课的最后一个学期了，善始善终，把学好专业课进行到底。 2. 后期的顶岗实习是毕业实习的前序，意味着你半只脚已经踏进社会了，应在实习中慢慢学会做人做事。
课程学习	1. 认真学习《桥梁施工》、《市政工程》等专业课，这些专业知识与你将来从事的施工息息相关。 2. 重点学习《公路施工组织及概预算》，这里你将获得初步的概预算知识。 3. 顶岗实习贵在深入实际，请务必落实好实习单位，深入施工现场，积累施工经验。

附录

证书考级	前面的证书如果你都考过的话,现在你轻松了,可以全身心投入实习中去了。
实践实习	顶岗实习中,你可以拜一位有技术有经验的工程师为师,有人带着做,你会进步得更快。

大三下学期

思想准备	这学期完全是实习单位进行毕业实习和毕业设计了。毕业实习是由学校走向社会的过渡,决定你专业成长的速度。好好珍惜,好好把握。毕业设计是你向母校交的最后一份答卷,做好它,给大学学业生涯画上一个圆满的句号。
课程学习	毕业实习要做好两件事: 1. 坚持实习笔记。将自己所看所闻所想记录于纸上,这是施工经验积累的最好方式。 2. 及时将现场施工技术与教材、规范、手册相对照,巩固知识,增长见识。 　毕业设计选题很重要,以所在工程为选题背景,会让你事半功倍;记得一定要独立完成,做完后,你会发现收获很多。
证书考级	施工员、质检员等岗位证书;有条件的话可以尝试报考注册建造师(二级)。
实践实习	毕业实习,最重要的是深入施工现场,持之以恒,切忌三天打鱼两天晒网。

四、岗位知识与能力链接

将来从事施工岗位,岗位要求的知识、能力都可以链接到大学的每个学期、每个教学环节、每一门课程,规划到每一个学期。

岗位 学期	道路桥梁施工				
	知识要求	能力要求	证书	岗位链接	自我提示
大一 上学期	1. 掌握道路工程制图基本知识、绘图方法。 2. 掌握计算机基本知识,Office 软件操作方法。	1. 能够独立绘制道路桥梁构筑物的正投影图,能够读懂道路桥梁施工图。 2. 能够较熟练运用 Office 软件进行制作、编辑文件。	计算机等级证书(一级)	施工员	尽早制定个人的大学学业规划。
大一 下学期	1. 掌握道路工程测量基本原理、方法。 2. 掌握道路建筑材料基本性能、试验方法。 3. 掌握构建内力计算原理、方法。 4. 英语语法、句型学习,词汇量的扩充。	1. 能够熟练使用常用测量仪器,独立进行施工测量与放样。 2. 能够独立对常用建筑材料进行检测。 3. 能够对结构、构件进行受力分析,明确受力途径并计算内力大小。 4. 能够运用英语进行基本的读、写、听。	英语等级考试(三级)	测量员 质检员 试验员	暑期的认识实习要重视。

岗位 学期	道路桥梁施工		证书	岗位链接	自我提示
	知识要求	能力要求			
大二上学期	1. 掌握道路勘测设计方法与步骤。 2. 掌握土的分类、基本特性。 3. 掌握钢筋混凝土结构构件的设计原理。	1. 能够独立完成一条路的平面、纵断面、横断面设计。 2. 能够识别常见土的名称及特性。 3. 能够对构件的安全性进行内力验算。	中级测量工证书	施工员	你的公选课学分修了吗？
大二下学期	1. 掌握路基路面结构类型、设计方法、施工方法。 2. 掌握桥梁基本理论知识，包括桥梁组成、类型、构造特点、设计方法等。 3. 掌握桥梁基础的结构类型、设计原理与方法。	1. 能够对路基、路面进行结构设计，对边坡稳定性进行安全验算。 2. 能够识别各种桥型，具备对桥梁结构进行截面形式选择、尺寸确定、内力计算、结构配筋等能力。 3. 能够对浅基础、桩基础等简单基础形式进行设计与安全性验算。	施工员、质检员岗位证书	施工员质检员	暑假的生产实习要深入施工现场。
大三上学期	1. 掌握桥梁施工工艺、方法、技术要求。 2. 掌握市政管道工程施工工艺、方法、技术要求。 3. 掌握道路施工组织基本知识，掌握道路概预算基本知识。	1. 能够借助施工手册、技术规范等资料，编制桥梁分部工程施工方案。 2. 能够借助施工手册、技术规范等资料，编制市政管道工程施工方案。 3. 具备道路施工组织编排能力，能够进行简单工程的工程量清单计价、定额计价，具备初步编制概预算的能力。	公路检测试验员资格证书	试验员	开始考虑找工作了，尽量将实习单位变成就业单位。
大三下学期	通过实习，巩固、丰富专业知识。	能够将专业知识运用到施工实际，在实践中培养发现问题、分析问题、解决问题的能力。	注册建造师执业资格证书		认真实习，再加把劲，毕业就在眼前！

五、本科之路

鲁迅说过：不满足是向上的车轮！人的一生要想出彩，就不能停止前进的脚步。我不满足自己的现状，在心中一直藏有一个本科的梦想，只是高考的失误，让自己与本科失之交臂。有三种方式可以踏上本科之路，具体等一年级结束后再行评估。

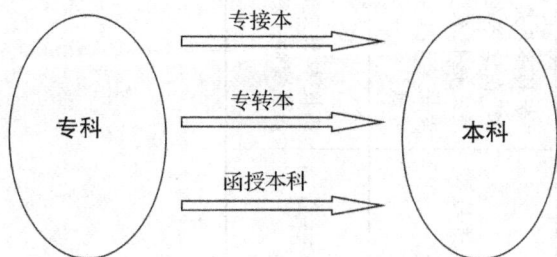

途 径	性 质	模 式	特 点	重要时间节点	要 求	推荐指数
专接本	"专接本"具有"助学自考"性质,由学校组织、辅导,帮助你参加本科自学考试。毕业证书和"自考"证书完全一样。	3+1模式,即专科毕业后,在学校再学习一年。	1. 学校统一报名,组建本科班,老师当面授课、辅导,有的放矢地学习,通过率高。 2. 部分课程校内考试,通过率高。	1. 专接本的报名一般安排在大二上学期末。 2. 大二下学期开始学习本科考试课程。 3. 考试时间与自考相同。	在校期间学习认真,成绩良好,无重修补考,无违反违纪处分。	★★★★
专转本	"专转本"是"普通专升本"在江苏的叫法,其实质是选拔优秀的高职专科毕业生进入本科学习的考试。	2+2模式,专科学习两年(或三年),再进入本科高校学习两年。	1. 自己报名,复习参加考试。 2. 考取的本科学校一般是本三和少量本二学校,费用高。	大三下学期报名、考试。	在校期间,每门专业基础课学习到位,成绩好及格课程,无不及格课程,未受过记过及以上纪律处分。	★★★
函授本科	函授本科是成人高等学历教育的一种形式。		1. 需参加成人高考。 2. 在周末或寒暑假学习,有老师指导学习,然后由任课老师出题考试,通过即可。	每年9月初报名,10月中旬考试。		★★★

第二阶段（毕业后的第一个五年）

时间跨度：五年。

目标：1. 顺利就业。

2. 考取二级建造师资格证书。

3. 考取一级建造师资格证书。

措施：1. 综合各类求职信息，努力谋求一份土木工程专业方向的职业，如果求职遇阻，会先选择一家中小型建筑企业就业。

2. 在工作中边干边学，不断提高自己的专业技能水准，积累工作经验。特别是注重熟悉施工现场工作流程和要领，包括测量放线、质量检查、工程量计算与签证、技术交底、方案制定等工作。

3. 合理地利用业余时间进行理论学习，提高自己的专业素养，努力考取建造师资格证书。根据数据统计显示：我国建筑业施工企业有 10 万多个，从业人员 3 600 多万，而这么庞大的队伍中取得建造师执业资格证书的建造师却只有几十万左右，远远跟不上市场的需求，依然处于供不应求的状态。在当下，建造师的就业前景将越来越好，市场价值将越来越高，建筑行业未来的发展更离不开广大建造师人才。

第三阶段（毕业后第二个五年）

时间跨度：五年。

目标：1. 成为一名出色的工程项目经理。

2. 提升眼光，为进入超级工程做准备或准备进入一家大中型的建筑企业谋求更大的发展平台。

措施：1. 继续在工地上摸爬滚打，学习工程项目管理的经验。一个项目，从调研、启动、实施、验收、运维，期间有大量的工作，每个阶段又会有许多协调、分工和测试工作，掌握一定的项目统筹策划的能力。

2. 学会处理各种人际关系，积极拓宽自己的交际范围，积累更多人脉资源，谋求进一步的发展。进一步提高自己的协调能力，能够游刃有余地协调团队成员的内部关系，能为项目开展争取更多的公司资源、争取得到领导和同事的大量支持。

第四阶段（毕业后第三个五年）

时间跨度：五年。

目标：成为大型工程的项目经理。

措施：不断坚持学习，进一步提高自己的专业技能和项目管理水平。能够深刻理解业务模块之间的内在逻辑，将团队内部的人、事、物进行综合利用，尽可能做到人尽其才，物尽其用，能够将每个要素安排到一个合适的位置，并能够基于部门或公司的绩效要求清晰地规划部门工作路径，能够不断地优化这条路径，让部门运作有条不紊。

四、评估调整

职业生涯规划毕竟是一次"人生经历的模拟"，但是真实的人生可能会有许多变数。这些变化因素会影响到我的职业生涯设计。"千金难买一回头"，要使职业生涯设计行之有效，就必须不断地对职业生涯进行评估与修订。

（一）评估内容

1. 职业路线评估

若路桥行业出现明显衰落，我可能将投身建筑行业。

建筑行业虽然与道路桥梁的工作重心不同，但同属土建行业的两个重要分支，还是有很多共同特点的。我在道路桥梁的专业知识积累可以帮助我很快地适应建筑行业的工作。

至于资格证书方面，我会选择首先考取建筑行业的施工员证书，在积累了一定的工作经验以后我可以尝试考取建筑行业的一级建造师证书，这是成为项目经理必需的一项资料证明。

2. 实施策略评估

若通过自学未能顺利地通过建造师资格考试，我将会考虑专门脱产学习，争取获得建造师资格证书。

（二）评估时间

第一期：一年

第二期：三年

第三期：五年（之后全部以五年为期限）

（三）评估总结

土建行业是一个高危行业，无论是在工作环境，还是工作过程，相对于其他行业都比较艰苦。一位出色的项目经理的工作状态就是一直保持着较高的激情，形成了一套自我激励的机制，让自己在解决问题的过程中获得乐趣，能够坚持到最后，见证自己的想法得以实现，达到马斯洛所讲的"自我实现"的阶段。

人生道路不会一帆风顺，在职业发展的道路上要坚持初衷，坚持梦想，才能帮助克服暂时的困难。职业优化不可随心所欲，理想需要坚持。不惧失败，坚持学习，持续提升，当积累达到一定程度时，理想自然会实现。

规划固然重要，但未来发展总会有某些未知因素。孟非曾经说过："因为自我认知会变，因为外部社会在变，人生是无法预测的，我们的职业规划也会变。"因此必须审时度势，在适当的时机对原有的规划做出符合实际情况的调整。

五、结束语

凡事预则立，不预则废。职业规划可以强化我们对职业方向的把握，让我们的奋斗目标更清晰。但任何规划都是经过努力才能实现的，也需要贴合现实情况。在未来的职业生涯中，我将一如既往地坚持勤奋学习、务实进取的方针，努力实现自己的职业理想，快乐工作，幸福生活，在职业生涯中有所创造，有所建树，对社会有一定的贡献。

初入职场的我真的就是一根小草，没有人会在意你长得什么样，连踩了你都不知道。为什么？因为我太弱小了，但是，我必须坚持下来，"现在弱小没关系，不着急，等你强大起来，别人自然会注意到你。"

每一天进步一点点，向过去的那个自我告别，就可以创造属于自我的精彩，开启每一个不可能完成的奇迹！我相信，唯有以坚韧不拔之志辅以科学的生涯规划，我的未来职业发展才会事半功倍。"宝剑锋从磨砺出，梅花香自苦寒来"，苦与累，必将成就质量人生。

我的白衣天使梦

护理专业　邵婷婷

引　言

南丁格尔说:"护士其实就是没有翅膀的天使,是真、善、美的化身。"护理学生需要较强的爱心,耐心,责任心。人生之路说长也长,因为这是你一生意义的诠释;人生之路说短也短,因为你度过的每一天都是你的人生。"尽人事,听天命",对于我们可以控制的,理当全力以赴,因为操之在我;对于不可控制的,我们应当养成坦然接受的胸怀和气度。要抱着一种信念,那就是不做则已,要做就做好。因此,我为自己拟定了一份职业生涯规划,有目标才有动力和方向。

人生之路说长不长,说短也不短,但是想要走出一条属于自己的成功之路,一个好的人生的职业规划计划书是不可缺少的,有了好的职业规划计划书我们就能向着自己的目标奋发向上,有目标,就有动力!

目　录

一、自我分析

（一）自我剖析

1. 我的经历

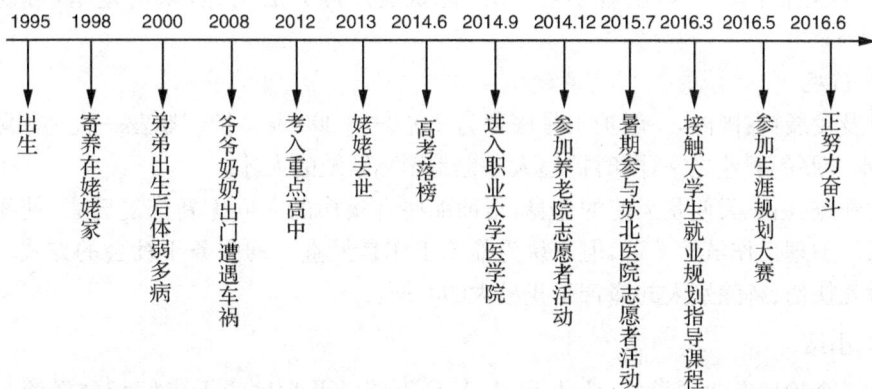

2. 自我评估

	优　势	劣　势
自我评价	乐观、独立、责任感强	性子较急，不够成熟
家人评价	懂事明理、体恤家人	循规蹈矩，不善变通
老师评价	学习认真、沟通能力强	诚恳老实，防范意识淡薄
密友评价	活泼可爱、不拘小节	任性敏感，不够主动积极
同学评价	独立自主、脾气好	争强好胜、表现心强
其他评价	乐于上进、交际圈广泛	缺乏专业领域的导师

（二）生涯规划测试

1. 兴趣

测试结果:社会型、企业型、常规型。喜欢以人为对象的工作,乐于与人相处,给人提供帮助,喜欢制定新的工作计划,做有序明细的工作。

岗位详情:护理工作本身就是用耐心、细心、充满爱心的态度以及精湛的护理技术,护理每一位患者。老年护理的特点在于需要更多的耐心和细心,需要更多的就是与老人心灵上的交流。社会型是善于交际沟通的性格,与老人沟通是优势。常规型说明天生就有耐心去从事有条不紊的护理工作。

2. 性格

测试结果:性格开朗,喜欢发现和解决问题,喜欢提前做准备,有很强的时间观念、很强的语言组织能力和口头表达能力。具有向各种人说明解释的能力,善于体会人心和帮助他人。

胜任特质:护理老人需要护理人员对老人充分理解与包容,耐心地为老人解释。而我从小关爱老人,且性格开朗善于沟通,所以性格方面是可以胜任该岗位的。

3. 能力

测试结果:乐于助人,做事目标明确,有很强的责任感,做事勤奋踏实,重视人际交往,但是也有不足,比如:缺乏社会经验。

胜任能力:在业余时间经常参加养老院志愿者活动,在苏北医院社会实践过,见习也是在市人医,现在依旧在三甲医院实习,期间能认真严谨完成工作,未出差错,可以胜任该岗位。

4. 价值观

薪酬及发展:在国内,一般护士月底薪为 2 000—3 000 元。护理职业一直是国际上地位较高、薪水丰厚的职业之一,同时护理人才也是国际紧缺的人才。

我的观点:白衣天使是天使的化身,帮助那些有疾病的人们重新恢复健康,使我由衷地感到快乐。护理工作虽然辛苦,但我认为临床工作是最直接的服务于社会的方式。用知识和爱心救死扶伤,解除别人的痛苦是我最大的心愿。

(三) 小结

我是一个护理专业的学生,为人和善,与班里同学及学生会干事们相处融洽。积极热情,能积极参加班级或者院里组织的各项活动。喜欢散步、与朋友聊天,同时也乐于作为倾听者,朋友郁闷时经常找我倾诉。

一个外在因素,家中长辈孱弱多病,心之所向,从事医疗工作能够更好地照顾到家人,高考失利,未能如愿做一名临床医生,仍坚定选择医务工作,踏入了护理行业。但我不愿向未来妥协,不愿只做一名普通的小护士,为了对自己的人生负责,做出更好的职业规划,我做了相关的测试——霍兰德职业倾向测试和 MBI 职业性格测试。

测试结果表明我适合的职业领域有:学校教育和社会教育、社会福利事业、医疗与保健、各种直接为人服务和商品营销方面的职业等。而我所学的专业恰巧是医疗事业中的护理专业,该专业的就业方向有临床护理、育婴师、私人家庭护理师、护理教学和护理科研工作。随着我国向老龄化社会转变,将来从事老年医学的人才将走俏。

而我总是以热情的态度对待生命,感受与个人相关的所有事物。就我内心而言,我更加倾向于为我国的老年群体提供医务服务。年老者有那么多缺陷和无奈,又这么容易被人忽略。一个老人能够得到的最好收获不过是家人的仁慈和爱。而这些曾经盛开的花朵需要我们医护人员的呵护和照料。让自己有限的生命能最大程度地为社会发光发热,为他们奉献自己的青春热血和无限激情也是我毕生所愿。

综上,我选择的职业方向是老年护理医学,而我也相信我能够胜任这份工作,未来的职业生涯中用一颗真诚的心细腻而严谨地去诠释我的责任感和使命感。用自己本身的特质结合现代护理技术更好地为老年群体谋取福利,尽可能地让多一些老年人有质量,有尊严,开开心心地安度晚年。让夕阳因为我和我志同道合的朋友们的努力而更加绚烂明媚!

二、环境分析

(一) 家庭环境

家庭经济状况良好,父母工作相对稳定。

童年寄养在姥姥家,姥姥对自己尽心尽力,便立志长大后让姥姥也能得到优质的照顾。

后来爷爷奶奶不幸遭遇车祸,这便激发起我内心的热忱:我要当医务工作者! 最终我选择了护理的专业,希望自己能够在护理事业上奋斗一生。

（二）学校环境

就读于职业大学,生活环境良好,教学设施相对齐全。由于学校准备升本,各方面管理制度较严。我的专业是护理,是医学院比较重视的专业,教学质量高,师资雄厚,总体状况良好。

（三）社会环境

据中国老龄办最新资料:2011—2015 年"十二五"期间,全国 60 岁以上老人将上升至2.2亿,老年人口比重将上升至 16%。2025 年,老年人口的比重将增加到 20%,可谓"超老年型国家"。预计 2040—2050 年将达到 4.37 亿,即 4 人中就会出现 1 个老年人!

老年化趋势如下表:

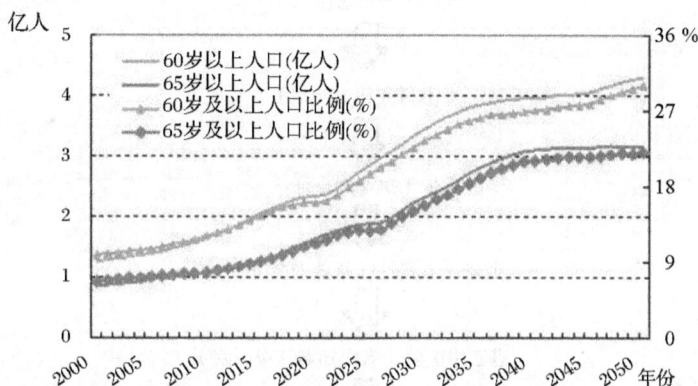

（四）职业环境

就中国的医疗体系中医护比例而言,中国仍需要大量的临床护理工作者,对于具有丰富的理论知识、扎实娴熟的技术的临床护士更是急需。随着我国向老龄化社会转变,将来从事老年医学的人才将走俏,保健医师、家庭护士也将成为热门人才。人口老龄化的加重,导致了专科老年护理的需求有所增加,但是目前我国面临着老年护理人才匮乏、老年保健护理政策及财力支持不足的状况。随着人们健康观念的转变和社会及政府的支持,老年护理的开展必将成为当今社会医疗发展的时代潮流。

三、职业定位

（一）职业目标定位

SWOT 分析:

	优势因素（S）	弱势因素（W）
内部环境因素	1. 家庭环境的影响,使得我自小性格独立,积极向上,有强烈的责任心。 2. 平时做事有耐心、细腻,护理会面临各种各样的患者,需要的就是耐心、细心解释的能力。	1. 因为就读的大学不是名牌大学,让我潜意识里有一种自卑感。平常这种自卑感隐藏很深,但是在特定的情况下也会被爆发出来,打击我的信心。

		优势因素（S）	弱势因素（W）
内部环境因素		3. 面对事情沉着冷静,患者的各种突发病情正需要我这种心理素质。 4. 善于交际沟通,对患者的沟通解释各方面都是有一定优势的。	2. 现在就业竞争太激烈,要想做出一番成绩,自身也要一定的能力才能立足。
外部环境因素		1. 人口老龄化的加重,导致了老年护理的需求有所增加,老年护理人才匮乏。 2. 随着人们健康观念转变和社会及政府的支持,老年护理的开展必将成为当今社会医疗发展的时代潮流。	1. 和老年人沟通可能会存在一定的代沟,沟通起来可能会有一定难度。

（二）职业目标分解

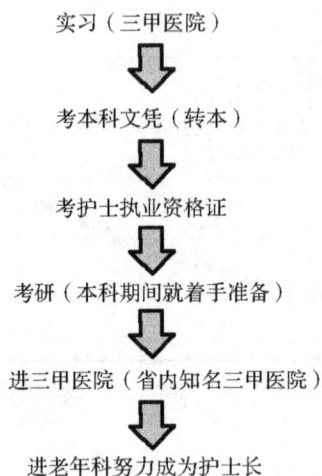

实习（三甲医院）

⬇

考本科文凭（转本）

⬇

考护士执业资格证

⬇

考研（本科期间就着手准备）

⬇

进三甲医院（省内知名三甲医院）

⬇

进老年科努力成为护士长

四、计划实施

（一）短期计划

短 期		大学专、本科时期(2016—2019 年)
阶段		奠定基础阶段
目标	道德素养	1. 尊敬师长,与同学友好相处。 2. 成为大学生共产党员。
	学习	1. 各门成绩均在良好以上,并获国家奖学金。 2. 英语四级、计算机二级、育婴师证、护士执业资格证等能力证书。 3. 转本及考研成功。
	实践	1. 进入学生会并竞选学生会干部。 2. 参加校内各种比赛,发掘潜能,提高能力。 3. 进三甲医院实习。 4. 参加省护理技能大赛并拿奖。
	体能	1. 始终保持健康体魄。 2. 身心素质都要达到标准。

高职学生职业发展与就业指导

阶段		奠定基础阶段
具体措施	道德素养	1. 见到老师领导要主动问好,保质保量完成老师交代的任务。 2. 见到同学要热情大方,乐于助人,关心同学。 3. 大一上交入党志愿书。 4. 每个季度主动上交思想汇报。 5. 严于律己,宽以待人,时刻以共产党员的标准严格要求自己的行为举止。
	学习	1. 平时上课认真听讲做笔记,考前向往届学生请教经验,根据老师的重点认真复习,及时反思,总结教训,奋起直追。 2. 每天背 50 个单词,听 BBC 半小时,每 2 天背作文范文 1 篇,每周四级试卷 1 份。 3. 报名考育婴师证的培训班。 4. 实习后每天花 30 分钟刷护士执业资格证题库。 5. 大二下学期报名转本培训机构,每周按时上课做笔记,每天复习转本课程 1 小时。 6. 进入本科后每天至少一小时学习考研资料。
	实践	1. 在学生会积极做事,使自己脱颖而出,在大二上学期上交竞选材料,积极参加竞选,进一步提高自己的综合素质。 2. 报名学校举行的竞赛,向往届学生讨教经验,积极准备参赛材料并拿奖,发掘潜力,培养一技之长。 3. 积极进入三甲医院社会实践和见习,为实习做准备。 4. 护技课认真练习操作,争取进入学院的技能大赛培养小组。
	体能	1. 身体是革命的本钱,每晚出去跑步一圈。 2. 坚持每个学期都选择健美操的体育课程,塑造优美的体型,提升自己的个人魅力。 3. 坚持锻炼,不可放弃,锻炼益于保持身心健康。

（二）长期计划

长期		研究生及步入社会时期(2019 年—未来)
阶段		厚积薄发阶段
第一年前半年	目标	1. 熟悉医院、护理部和科室的规章制度。 2. 知晓各个班次的工作流程和工作重点。 3. 掌握电子病例操作系统的使用方法。 4. 和科室医护同仁建立和睦友善的同事关系。 5. 能独立完成各个班次的工作内容。 6. 能积极配合护士长安排的工作任务。
	措施	1. 实现从学生到护士的转变,并为新的组织所接纳。 2. 用饱满的精神和热情的态度投入工作,积极熟悉科室业务,使自己适应繁忙而多变的临床工作环境。 3. 上班时间和科室同事配合好工作,对不明白的地方要勤问。 4. 利用休假时间浏览医院网页,关注医院政策和新闻动态,熟悉医院的运行机制。

长期		研究生及步入社会时期（2019 年—未来）
阶段		厚积薄发阶段
第一年 后半年	目标	1. 基本掌握科室常见病与多发病的诊治与护理措施。 2. 精通各项基础护理操作。 3. 能够具有一定的社会实践和护理能力，并将理论知识与临床实践相结合，使自己在工作岗位上有所作为。 4. 不断增强护理科研素养和提高科研水平。 5. 英语水平不断提升，有一定的听、说、读、写能力。
	措施	1. 从实践中来，到实践中去，结合临床病人的特点查阅相关书籍，再用书本知识指导病人康复。 2. 定期参加医院和科室组织的业务学习，多与领导、同事、病人互相交流，查漏补缺。 3. 每周定期到示教室练基础护理操作，使各项操作得心应手。 4. 广泛涉猎中英文护理期刊或利用网络资源搜寻相关文献资料，在护理核心期刊发表论文一篇。 5. 了解国内外护理学专业的新进展，并结合科室实际情况，在护士长带领下进行相应的科研项目。 6. 努力学习好英语，每天利用琐碎时间，多读、多听、多练，让英语水平更上一层楼。
第二年 至 第五年	目标	1. 熟练掌握护理"三基"内容。 2. 了解护理心理学、护理教育学、护理管理学等学科的基本理论和在工作中的应用。 3. 放眼世界先进护理技术。 4. 提升专业英语水平。 5. 知识广博，临床经验丰富，操作准确、效率高。 6. 培养"爱商"，正确运用移情技巧，培养建立良好护患关系的能力。 7. 具备一定的临床带教能力和管理能力。 8. 充分发挥科研能力。
第六年 至 第十年	目标	1. 学习国内外临床护理新进展、新的教学模式、护理管理模式和理念。 2. 个人职业能力稳步提高，责任心增强。 3. 精通本科室的业务，能独立完成临床教学任务。 4. 能够接收比较重要的工作任务，管理能力得到锤炼。 5. 能比较周全地思考和处理问题，已成为工作中的主干。 6. 主管护师或副主任护师职务目标。 7. 争取出国进修的机会，"走出去，请进来"，学习和借鉴国外先进的模式和机制。 8. 以一名护理管理者的标准要求自己，在实践中积累管理经验。 9. 参加省级、国家级的学术交流活动，发表较高水平的论文至少每年一篇，至少完成两项科研项目。
第十一年至第二十年	目标	1. 不断学习推陈出新的新理论、新技术，先进的管理模式。 2. 成为临床护理专家或出色的管理者；积累丰富的管理经验，具有较强的组织能力、交往能力和管理能力。 3. 发表高质量的、引起业内重视的论文至少每年一篇。 4. 完成有影响的科研项目，获得省级、国家级甚至更高级别的奖励。 5. 参加相关书籍的编写工作。

（三）评估调整

问　题	调整策略
转本失败	1. 报名自考 2. 报名升本
在校考研失败	1. 先应聘一家三甲医院 2. 边工作边考研
应聘三甲医院竞争激烈	1. 在校期间抓住机会提高自己，获取证书 2. 发掘自己特质并扬长避短，培养自己的过人之处
未如愿进入老年科	1. 坚定信念不轻易言弃 2. 工作期间争取一切机会进入老年科

五、备选方案

（一）制定备选方案时所衡量的因素

1. 环境、时机是否适合我的设计。
2. 就业过程中可能发生的状况。
3. 职业是否走对方向。
4. 职业是否达到预期的目标。
5. 我在工作岗位上是否有所成就。

（二）职业目标备选项目

假如通过2年努力我未能在老年科有所成就，那么我边工作边考研，争取进入医院的护理部或其他的管理阶层。因为医院的制度是由上至下的，要想真正地做到对老年人进行优质的护理，那么前提就是医院上层对这方面有所重视并有相关的决策。

（三）实施策略备选项目

如果在毕业后在2年内，我没办法在我所选择的具有良好老年护理基础的城市基层做出优秀成绩的话，我就回到我的母校所在地——扬州。因为我在这有很多感情深厚的导师和同学，他们可以借助自己的人脉优势，为我在扬州工作提供很大的帮助。

工作地域改变，对我具体的职业目标实现不会产生本质影响。

（四）其他因素备选项目

如果身体、家庭、经济状况以及机遇、意外情况等情况有变动，我将瞄准最终目标，优先解决当前最重要最紧急的问题，灵活调整。

六、结束语

职业生涯的规划与管理是我们青年人所面临的重要问题，也是人生重要的阶段。计划固然好，但更重要的在于其具体实践并取得成效。而计划不如变化快的今天，具体还是要在实践中积累经验，不时地调整计划。当然，计划不付诸行动也是徒劳的，最关键的在于制定计划并努力付诸实践，遇到问题时沉着冷静，保持清醒的头脑处理问题。要使职业生涯规划行之有效，我们需要一步步脚踏实地，为此我们要拥有一道属于自己的职业生涯彩虹，做自己的主人，将理想变成现实，需为之付出努力。谚云：世上无难事，只畏有心人，有心之人，即立志之坚者也，志坚则不畏事之不成。坐而写不如站而行，为了我的辉煌人生，我会笑对挑战，奋力拼搏，因为我的未来不是梦。

正所谓："不积跬步无以至千里，不积小流无以成江海。"护理更需要丰富的专业知识和娴熟的护理技能，只有不断地学习，树立终身学习的观念，才能获取最新的护理学知识，并且在实践中将最新的护理学知识运用到护理技术中，才能使患者获得最优质的服务，同时我们需要责任心、爱心、耐心，让患者感受到温暖。护理本身就是一个表达温暖，并且使患者感受到温暖的过程，我们护理职业者必将这种爱心与温暖永远传递下去。

身为大学生的我们，应该珍惜这来之不易的学习机会。有了目标才会有动力，这份大学生就业规划书就是给了我一个明确的学习目标和职业规划，即如何才能实现老年科护士长的目标。我很幸运有这次机会将自己的职业规划清楚地表达出来，我将亲身力行地完成好自己的学习任务和工作任务。

戴高乐曾经说过："眼睛所看到的地方就是你会到达的地方，伟人之所以伟大，是因为他们决心要做出伟大的事。"人的一生中，职业生活占据了绝大多数的时间，好的职业生涯的规划将对人的一生产生重要的影响。在今天这个人才竞争的时代，职业生涯规划已经成为获得成功的一个重要利器，它有足够的难度，但又有足够的吸引力，我愿意为此全力以赴！

我的青春不迷茫

报关专业　柏美玲

个人资料

真实姓名:柏美玲

笔名:柏美玲

性别:女

出生年月:1996 年 11 月

政治面貌:预备党员

年龄:21 岁

籍贯:江苏省扬州市

所在学校及学院:扬州职业大学管理学院

班级及专业:15 级报关与国际货运专业

学号:151150101

联系地址:扬州职业大学文昌校区生活区 1 幢 316

邮编:225000

座右铭:得之坦然 失之淡然 争其必然 顺其自然

职业目标:外贸业务员

目　录

高职学生职业发展与就业指导

第一章　引　言

"凡事预则立,不预则废",在这个快节奏时代里,比尔·盖茨39岁成为世界首富;孙中山28岁创办了兴中会;丁俊晖15岁就获得了世界冠军;贝多芬4岁就开始作曲……人们在惊叹他们少年早成的同时,是否也曾考虑过自己的人生呢? 有人说:"没有方向的船,任何方向吹过来的风都是逆风。"职业规划,就像黑暗中的一缕微光,在我迷惘错乱的青春中,让我看到了前进的方向,让我的青春不再迷茫! 于是,我综合了自己的实际情况,将自己的职业目标定为外贸业务员。未来,我将带着目标之帆,掌舵人生之船,一路乘风破浪,到达胜利的彼岸。

第二章　认识自我

古希腊德尔斐的阿波罗神殿前的柱子上镌刻了一句震撼人类灵魂的名言:人啊,认识自己。古希腊人认为,认识自己才能赋予智慧,得福免祸。这句名言警示着我们每一个人:在批判社会问题时,不能将自己置身事外;在对他人评头论足时,警惕拒绝自我评判。《孙子兵法》中说:"知己知彼,百战不殆。"所谓"知己"就是自我认识与自我了解的过程;而"知彼"就是熟悉周遭环境,特别是与职业生涯有关的职业世界。

自我认识是一个不可欠缺的过程,客观地分析自我是最为重要的。下面,我将对自己进行一次自我探索。

1. 职业兴趣

孔子云:"知之者不如好之者,好之者不如乐之者。"爱迪生每天工作十几个小时,但他说:"我一生从未做过一天工作,我每天其乐无穷!"找准自己的职业兴趣,并遵从它去选择工作,那么即使是枯燥的工作,我相信也会变得丰富多彩,趣味无穷。

根据霍兰德职业兴趣测评显示:

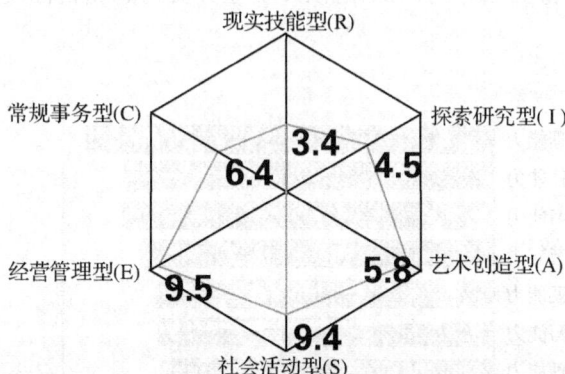

结果显示:我属于经营管理型和社会活动型,这两种类型的人一般自信,常看到事物好的一面,不容易被他人支配,而同时善于辞令,喜欢影响他人。我自己是一个自信乐观,对人热情友善,善于与他人沟通交流,有自己的思想主见的人。在担任团支书和学生会主席的过程中,当遇到班级同学之间出现矛盾或者部门之间沟通受阻时,我会运用一些沟通技巧,及时去做"调节员",希望大家都能相处融洽。我曾经是学院外联部的一名干事,利用课余时间积极寻找商家,与商家沟通活动赞助的问题,也很幸运地为学院活动拉得多笔赞助。我想要从事外贸业务员这项职业,需要运用自己外语与外贸方面的专业技能,与外国客户进行多次谈判、沟通,由此看来,我的职业兴趣和我的职业目标大致吻合。

2. 职业价值观

在社会发展的历史长河中,进步永远是主旋律,唯有变化是不变的。科技更新迭代,人们不再能像过去一样,通过一技之长,去混一个"铁饭碗",就可以顺利完成一生的职业生涯。这个时代已经不再存在所谓的"铁饭碗",岗位的稳定性也降低了很多,所以如果终生学习,想在一个岗位上混一辈子,基本上是不可能的。而对于初入社会的我们,这种想法更是不可取的。

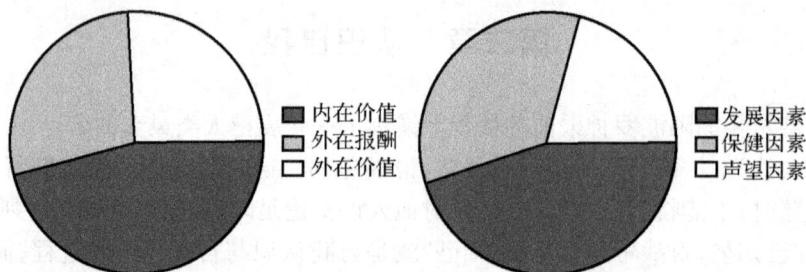

- 内在价值
- 外在报酬
- 外在价值

- 发展因素
- 保健因素
- 声望因素

通过职业价值观结构分析和职业价值观类别分析发现,在未来选择工作的过程中,我会比较看重职业的赞誉赏识和追求成就,对职业的追求,能够通过自己认真和踏实地工作,不断地积累工作经验,获得上级领导的赞誉和赏识,从而使自己获得提升与发展自我的机会。同时对于工作的追求应当是一种自我实现,而并非仅仅是为了其带来的物质满足。所以我也希望通过工作,能够及时看到成果的展现,体验到可能的成就体验。而外贸业务员需要熟练掌握专业技能,同时熟练运用外语,一步一个脚印,与外贸客户沟通交流获得订单、联系工厂、跟踪订单、验货、出货等,这中间需要很多的技巧,但这些都需要工作经验的不断积累,而当订单增多,自然就能得到领导的赏识,所以外贸业务员的职业目标设立与我的职业价值观相符。

3. 职业能力

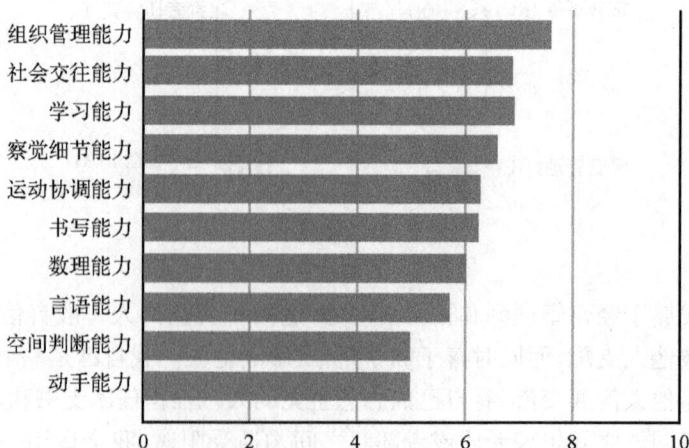

测评结果显示：我的组织管理能力、社会交往能力和学习能力分数较高，但是在一些空间判断和动手方面能力有待提高。

在校期间，我一直认真学习，专业成绩和综合测评一直名列班级前列，获得国家励志奖学金、英语四级证书以及相关专业证书等，当然我也深知学无止境的道理。目前我也正在筹备 CET－6 和专转本考试；作为班级的团支书，踏实工作，团结同学，关注同学们的思想动态，增强同学们之间的集体意识，及时发现问题去解决问题；而作为学院的学生会主席，在努力做好老师得力助手的同时，与学生会其他成员们共同策划并组织了三十多项学院活动，在这个过程中，不仅锻炼了学生会成员们的沟通协调能力，也很好地锻炼了我的组织管理能力和社会交往能力。外贸业务员的正常工作内容是：开发客户、维护客户、跟踪订单……这一系列的工作都离不开组织协调和社会交往能力，所以我的优势能力符合我的职业目标。

4. 性格特征

你的个性特征类型是：**ESTJ** 型［外倾、感觉、思考、判断型］

ISTJ	ISFJ	INFJ	INTJ
ISTP	ISFP	INFP	INTP
ESTP	ESFP	ENFP	ENTP
ESTJ	ESFJ	ENFJ	ENTJ

根据 MBTI 个性特征测试显示：我是属于 ESTJ 型人格，外倾感觉思考判断，是管家型的个性，有很强的责任心与事业心，喜欢解决问题，按时完成任务，关注细节，强调安全、礼仪、规则、结构和服从，喜欢服务于社会需要，充当着保护者、管理员、稳压器、监护人的角色。大约有 50% 左右 SJ 偏爱的人为政府部门及军事部门工作，并且显现出卓越成就。企业中层管理者中大多是此特点。

生活中的我，是一个开朗乐观，善于与他人沟通，乐于助人，有责任感，做事有条理，认真刻苦上进，同时有很强的团队意识的人。我也常常会利用自己的课余时间，热心公益，积极参加社会实践活动，同时我也带领身边的人一起参加公益活动。在我未来的职业规划中，希望有机会可以从外贸业务员晋升为公司的管理层，所以我的职业目标和我的性格特征基本一致。但我也存在不足：意志力不够强，做事有时候会半途而废，同时缺乏一定的创新意识。这些不足在未来的职业生涯道路上，我一定会努力克服。

5. 自我分析小结

为了清楚地了解自己，我从性格、兴趣、价值观等方面进行了霍兰德的系统测评，并通过江苏省《大学生职业规划测评系统》的测评结果，我对自己的兴趣、能力等各方面有了更加全面且深刻的认识了解，总结如下：

（1）我性格开朗，自信乐观，做事情能有自己的思想主见，不容易受他人的影响，也不愿意受制于人。

（2）我热情洋溢，待人友善，直爽坦率、友善合群，注重团队合作，喜欢影响、管理、领导他人，适合做推销工作和领导工作。

（3）我喜欢组织活动和控制形势，有较强的管理协调能力；喜欢安全和稳定的环境，能够很好地遵守社会约定规范。对于所做的事情，我希望能够及时并且尽可能高效率地达到目标。

（4）我做事彻底，条理清晰，有一致性，对细节和事实有较好的记忆力；着眼于眼前，在经验和事实之上做出决策，将事情安排妥当；能很好地适应日常的常规工作和活动，不喜欢做需要掌握抽象观点或客观分析的工作。

（5）"金无足赤，人无完人"，作为女儿，我是爸妈的贴心小棉袄，贴心懂事，但有时缺少耐心；作为一名预备党员，我对党忠诚，积极工作，但少了点主动性；作为一名学生，我认真学习，努力刻苦，但少了点坚持和方法；作为团支书和学生会主席，积极完成老师布置的各项任务，团结同学，发现问题，及时解决问题，但还需要接受更多历练；作为肯德基的一名员工，认真遵守公司的各项规章制度，加强训练，不断提高自己。

但是，"我就是我，颜色不一样的烟火"，在未来的职业生涯中，我将不断发扬自己的优点，改正自己的缺点，最终成为一名优秀的"外贸人"。

第三章　环境分析

1. 家庭环境分析

我的父亲在国企里上班，曾经是一名军人，他教导我要严于律己、宽以待人，做事要有担当与责任感；而我的母亲是一名服装从业者，一直在为家默默奉献，她教导我滴水之恩，当以涌泉相报；他们在工作上一直兢兢业业，任劳任怨，待人友善宽容。家庭环境十分温馨，家庭氛围也很民主和谐。同时因为我是家中的独生女的缘故，父母一直严格要求我，希望未来的我能够独立、自主地生活。父母一直对我期望很高，他们很支持我未来从事外贸这个行业，是我坚强的后盾、精神的支柱和心灵的港湾。

2. 学校环境分析

我目前就读于扬州职业大学管理学院报关与国际货运专业，一直以来，学院老师对报关与国际货运专业十分重视，由于报关专业出来的毕业生大多从事了外贸这个行业，那么就避免不了和外国人打交道，所以学院对报关专业的英语能力要求严格，鼓励学生参加各种校内外英语口语大赛，从而锻炼加强了学生的英语口语能力。学院在注重书本教学的同时，还设置了大量的实践课程，让同学们走进报关企业、货代企业，让同学们真正地了解自己的不足，去不断提高自己，去适应市场上企业的用人需求，而不是两耳不闻窗外事，只会死读书。

3. 社会环境分析

我国加入 WTO 已经十多年了，我国的外贸进入了持续快速发展的阶段，涉外企业也越来越多。我国加入 WTO，为我国外贸发展创造了稳定、规范、便利的制度环境，国际市场对中国产品的关税和非关税壁垒显著降低，国内诸多制约外贸发展的体制性障碍被打破，特别是外贸经营权放开，使各类企业平等参与进出口业务，成为过去 10 年促进我国外贸高速增长的重要动力。然而由于受到世界经济危机的影响等原因，我国近几年的外贸呈现出低速增长的状态，"入世红利"在消退。同时近几年，我国劳动力成本加速上涨，与周边国家的差距持续扩大，我国的"人口红利"逐步下降。随着发达市场订单转移，一些跨国公司将相应的生产能力也重新布局到我国周边国家，外资企业和加工贸易先向外转移……这些都将成为未来在较长的时期内左右中国外贸形势发展的因素。

但是，机遇和挑战总是并存的。

（1）我国成本优势减弱的同时，劳动力队伍的质量在明显提高。高技术人才的大量增长,有利于我国的产业结构优化升级和劳动生产率的提高,同时也将为外贸在更高层次和更高水平上的增长带来新动力。

（2）产业配套能力在发展中国家仍具有较明显优势。我国基础设施完善,已成为港口大国、海运大国和集装箱大国,我国的高速公路里程早已居世界第二,民航运输总量也已跃居世界第二。此外在长三角、珠三角以及环渤海地区已经形成了很多有特色的产业集群,产业链配套完善、响应速度快,综合成本仍然低于周边国家。

（3）我国进口还有较大发展空间。我国工业化、城镇化进程积极推进,居民收入稳步提高,消费结构升级步伐加快,企业更新改造设备潜力较大,基础设施建设仍有较大发展空间,国内市场在一段时间内仍具备较快增长的条件,对能源资源产品、农产品、先进技术设备、高档消费品的进口需求依然旺盛……由此看来,中国未来外贸形势还是很值得看好的,外贸业务员这个岗位发展前景还是很迷人的。

4. 职业环境分析

职业介绍	外贸业务员是从事对外贸易业务的销售人员,主要负责进口、出口合同签订和履行的工作人员。业务员应始终牢固树立"订单就是命令"的企业理念。客户下订单后,业务员应在第一时间整理出中文订单,并立即下发到有关部门,全身心投入到对客户订单的分析,围绕"货号—原料—颜色搭配—做法"四个要素,与打样时的最后确认样核对(必要时要再次与打样间沟通),如有客户交代不清的,应立即发电子邮件与客户书面确认。
行业现状	1. 对外贸易行业货物贸易发展状况:货物贸易增长强劲,增速显著加快;进出口商品结构进一步优化;加工贸易和一般贸易出口基本同步增长,进口增幅不一;对主要贸易伙伴的贸易出现新的增长;地区发展不平衡问题。 2. 中国对外贸易行业贸易过程中面临的严峻形势:对外贸易外贸企业缺乏自主创新能力;劳动密集型的出口商品占出口贸易的比重较大;全球经济不景气,经济危机的负面影响;出口贸易高度依赖发达国家。
就业趋势	根据近两年的行业发展,当前急需的国际商务谈判人才主要涉及的领域有信息通信、生物工程与医药、环境保护、新材料与新能源、现代农业、地球空间信息技术等专业,以及与奥运、世博会相关的建设,市场开发领域的招商引资、海外融资、上市与开拓海外市场等活动。
人才需求	外贸业务员一般要求大专以上学历,贸易类、语言类、金融类相关专业,而外销员从业资格证、报关员资格证书、国际贸易单证员证书等相关资格证明显得更为重要。 外贸业务员的基本素质要求: ① 需要熟悉出口业务操作流程。 ② 书面英语过硬,英语口语良好,能够与客户进行业务沟通。 ③ 能够草拟标准的传真及信函,能够独立完成信用证的审核,根据信用证制定正确的出口单证。
求职建议	有业内人士估计,现在全国能熟练运用外语和法律知识与国外客户洽谈业务、签订合同的仅有 2 000 人左右。涉及国际法、国际贸易法和 WTO 规则的律师尤其稀缺,上海五千多名律师中只有 50 名左右的律师具备这样的素质和能力,根本做不到每个企业在对外经济活动中都有律师的协助,而涉外律师的收入相当可观,涉外法律案件一小时的咨询费可达数百美金。

5. 环境分析小结

通过认识自我,各方分析结果表明我已基本满足一个外贸从业人员所需具备的软件要求。为进一步了解职业信息、全面分析职业前景,我对"职业环境"进行了深入分析。

家人对我的影响很大,父母的言传身教,让我能够独立、自主、上进,让我对未来职业能有一个详细的规划。他们的信任与支持,让我毅然而然地选择了外贸这个行业。

而学校为我提供了良好的学习平台,一开始的报关与国际国运专业的学习,让我对外贸这个行业有了基本了解,后来随着专业的深入学习,专业老师上课时的生动讲演,让我对外贸有了想要深入了解的渴望,也是我想要从事外贸这个行业的主要原因。

产业的多元化、产品的多样化、经济的全球化这些因素孕育了很多的外贸企业,虽然近几年我国外贸行业发展得并不是特别好,但同时越来越激烈的竞争和多变的市场格局,也使得企业对人才的需求发生了明显的变化。企业对外贸业务员所需的综合素质也越来越高,已经不再局限于外贸业务员的基本素质,而是希望他们有辅助技能。例如,掌握除英语和母语外的第三语种;或者能够熟识且熟练运用外贸法则等其他相关技能。同时也在提醒着我们:外贸业务员需要不断提高自己自身素质,需要不断夯实自己,不断学习。

综上分析,外贸行业越来越需要高素质高学历的人,加入到这个行业中来。面对企业未来用人的更高要求,我将审时度势,不断学习,注重实践,积累经验,不断完善自我,一步一步地向我的职业目标迈进。

第四章 职业定位与路径设计

1. 职业定位

针对自我分析与环境分析的结果,我运用 SWOT 法对自己的职业目标进行了定位分析:

	优势因素(S)	弱势因素(W)
内部环境因素	(1) 我独立、自主、自信、乐观,有责任感,有较强的团队意识。 (2) 做事注重条理性,善于交际,人际关系较好。 (3) 组织、管理、领导、策划、协调能力较强。 (4) 有较丰富的实践经历,实践经验丰富。 (5) 曾获国家励志奖学金,有省级优秀学生干部、英语四级等证书。	(1) 做决定时,喜欢瞻前顾后,缺乏一定的决断、不够果断。 (2) 做事缺乏一定的耐心和信心。 (3) 自控力还有待加强。
	机会因素(O)	威胁因素(T)
外部环境因素	(1) 在经济全球化的大的舞台背景下,国与国之间不可避免地需要进行贸易往来。 (2) 外贸业务涉及面广,外贸产品种类多样,对于复合型人才需求量高。	(1) 竞争激烈,就业压力大。 (2) 目前中国的外贸形势发展不稳定。 (3) 求职过程中存在的不公正的现象。

结合自己上述分析以及专业、兴趣、特长等情况,我将自己的职业目标确定为:外贸业务员。

2. 目标实现的策略路径

外贸业务员——→资深外贸——→外贸主管——→外贸经理

第五章　具体行动计划

计划名称	总目标	分目标	计划内容
① 短期计划（专科阶段）2015年6月—2018年6月	1. 转本成功。 2. 在校期间争取获得各类证书。 3. 注重实践，热心公益。	1. 希望大三能够顺利转入南京晓庄学院的物流管理专业去继续本科阶段的学习。 2. 大一大二阶段，认真学习自己的专业知识，争取获得国家励志奖学金和国家奖学金，获得CET6等其他证书。 3. 通过班委和学生会工作，积极参加活动，参与到公益实践事业中去。	1. 大一：早日定下转本的复习计划；大二把专科阶段要求考的证书能够全部通过；大三阶段，劳逸结合，抛去一切杂念备考。 2. 认真踏实地学习专业知识；如有机会，在假期中，进行实习工作；坚持英语的学习。 3. 利用周末及课余时间进行社会实践的锻炼。
② 短期计划（本科阶段）2018年9月—2020年6月	1. 大学毕业时要达到本科学历水平，拿到各类证书。 2. 自己的专业技能能够有所提高。 3. 向已经考研的学长学姐了解考研知识。	1. 学好自己的专业知识，注重学以致用。 2. 不断提高自己英语的听说读写能力，有能力可以考一考英语托福。 3. 多进行一些社会实践活动。	1. 不断学习自己的专业知识，利用假期时间，进入企业进行实习。 2. 坚持每天学习英语，多参加英语性质的活动，结交益友，提高自己的英语听说能力。 3. 大四：积极为考研做准备。
③ 短期计划（研究生阶段）	考取物流管理专业相关的研究生，并通过相关资格证书的考试。	进一步强化自己的理论知识，并参与相关课题的研究和实际锻炼，为将来的工作积累实践经验。	学好物流管理的专业课知识，广泛阅读相关书籍，积极联系一些企业，进行基础的实践操作与锻炼。
④ 中期计划	毕业后第五年时在外贸工作和管理领域中取得显著成绩。	第1年：从基层的工作做起，处在适应和磨合的阶段。 第2年：积累工作经验，使自己的能力进一步提升。 第3—4年晋升公司内部管理岗位。	1. 熟练掌握外贸工作方面的技能，不断学习，多积累丰富的工作经验。 2. 注意维护好自己的客户，学会如何处理好人际关系，适应工作环境。 3. 提高自己的综合能力，不断丰富自己的阅历，培养出较强的沟通能力和技巧。
⑤ 长期计划	合伙创办自己的外贸公司	在工作的十几年里，业绩卓越，有了良好的能力、资金、人脉支持。	与行业领域中的好友和合伙人一起，以SOHO的运营模式创办外贸公司，利用多年工作积累下来的人脉，网罗各种人才。

第六章　评估与调整

（1）评估的时间：每一年评估一次。

（2）实施策略：不断学习、虚心求教、审时度势。

（3）评估调整的原则：和外贸行业相关，能激发潜能，发挥特长。

（4）评估内容：

社会是不断变化的，而且是不断向前发展的，所以对我的职业规划要做出一些风险的预测。如果我不能够按规划完成以上制定的计划，我会适时调整具体的目标，摆正心态，曲线救国，争取从不同方面进行弥补，从而接近预期的目标。

世界上不存在绝对的事情，有很多不可控的因素存在。如果在求职过程中，我没能成为外贸业务员，我会及时摆正自己的心态，审视自己身上的不足，重新调整自己的职业规划，会选择从外贸的基础岗位做起，如跟单员，虚心学习，积累经验，认真踏实地工作，争取早日成为一名合格的外贸业务员。

第七章　结束语

"百舸争流，奋楫者为先"，人生如舟，只有奋力拼搏，勇往直前，才能到达胜利的彼岸。当然，成功也会受到诸多因素影响，但至关重要的还是自己的勤奋和努力。青春易逝，岁月匆匆，人生当有几回搏？"成功的花儿，人们只惊羡她现时的明艳，然而当初她的芽儿，浸透了奋斗的泪泉，洒遍了牺牲的血雨。"我们需要勇于挑战自己，把握自己的人生轨迹，朝着自己的人生目标不断奋进。或许在这个过程中，计划赶不上变化，但我们会及时调整心态，随机应变，找到相应的弥补措施。未来，是我们的，但我的未来不是梦！

最后感谢第十二届江苏省大学生职业生涯规划大赛，能够给我提供这样一个好的平台，让我可以对自己的职业有一个详细的规划，也感谢老师和同学们对我的支持与帮助！

高职学生职业发展与就业指导

我想成为男幼师

音乐教育专业　刘瑞鹏

我的职业定位：
成为一名出色的男性幼儿教师，
本规划书引领自己开启这样一段旅程！

目　录

高职学生职业发展与就业指导

当前我国的经济处于转轨时期,就全国来讲,劳动者充分就业的需求与劳动力总量过大以及劳动者素质不相适应的矛盾比较突出。高校扩招方案的实施,使大学毕业生数量大幅度上升,就业压力持续增长,毕业生面临的就业形势更为严峻。很多毕业生找不到工作,自身价值无法得到发挥,造成人力资源的浪费。

在这种情况下,我们往往会萌生很多关于未来的美好想法,但我认为再美好的想法都需要与现实相结合,如果只有想法而不去付诸实践,那便终究会化作空谈,美好的想法也会随着时间的推移而慢慢淡去,所以我们要把想法变成计划,从而一步步地去实现,否则就只能是自己凭空想象而已。

一、自我认知

大学生就业越来越难大致有两个原因:一是大学毕业生人数过多,社会人力资源饱和;二是大学生不了解自己的能力和实力,盲目择业,或对薪资及工作环境要求过高导致没有合适的工作岗位而被"闲置"。如果不了解自己的实力就去盲目迎战,那结果肯定是失败,所以"知己知彼方可百战百胜"。

结合霍兰德职业倾向测评报告,我对自己在职业兴趣、职业能力、个人特质、职业价值观等四个方面进行了全方位、多角度的分析。

(一)职业兴趣

结合霍兰德测试及他人的评价,我给自己一个准确的定位。

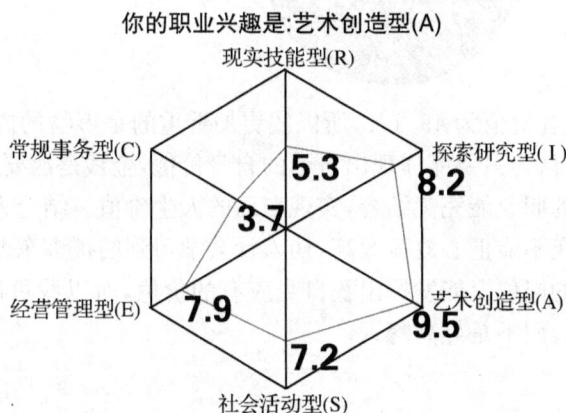

你的职业兴趣是:艺术创造型(A)

现实技能型(R)

常规事务型(C) 探索研究型(I)

5.3 8.2
3.7

经营管理型(E) 艺术创造型(A)

7.9 9.5

7.2

社会活动型(S)

根据测试我的艺术创造型为9.5,经营管理型为7.9,社会活动型为7.2,探索研究型为8.2。在学习中我热爱自己的专业,喜爱音乐,艺术创造型测试正与我所学专业及我的兴趣相符,我希望能创办一所自己的艺术培训中心,经营管理型和社会活动型也与我定的职业目标及以后的创业相吻合。

(二)职业能力

职业能力测试表示,我的数理能力、察觉细节能力、动手能力较强。从大一开始我就在多家艺术培训中心从事兼职工作,两年来在培训中心的教育教学工作中我积累了很多宝贵的经验。在自己专业的学习上也取得了好的成绩,一直保持班级前三名,获得了钢琴、竹笛十级证书,多次参加演出获奖。在学校还积极参加各种活动,如"十二·九"等大型文艺汇演、迎新晚会等活动,这都使我积累了很多宝贵的经验。

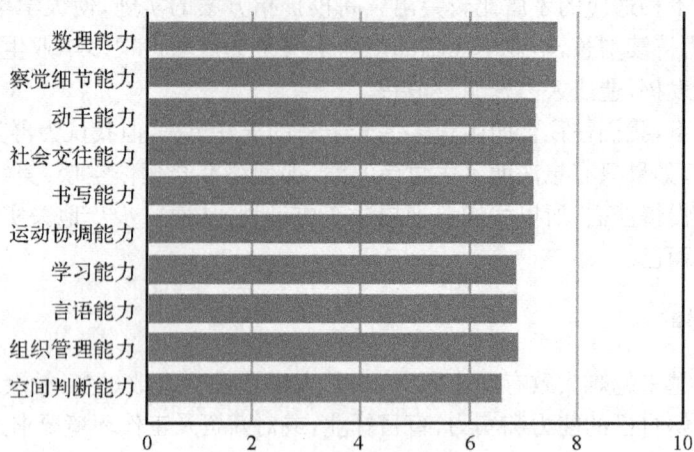

（三）职业价值观

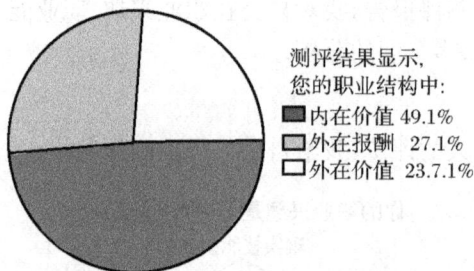

测评结果显示,
您的职业结构中:
■ 内在价值 49.1%
▨ 外在报酬 27.1%
□ 外在价值 23.7.1%

图表显示,我的内在价值为 49.1%,所以我更加看重的是事物的内在,虽然幼师这一职业工资不是太高,但我认为只要能体现出自己的自身价值,金钱是次要的。我希望自己的兴趣爱好与将来所从事的职业能完美结合,实现自己的人生价值。结合人物访谈资料,我了解对于即将面临毕业的我不能把心放得太高,初入社会学习到的很多东西是金钱换不到的,我更注重以后我在自己的岗位上能发挥出我自身应有的价值,所以我可以先跟在老教师后面学习经验,从基础做起,而不是好高骛远。

（四）个人特质

我的个人特性测试告诉我,我对事物的未来结果更感兴趣,而不是事物现存的状况,渴望专业知识的培养与提高,这也正体现了我不服输的精神,对我来说,不管工作有没有酬劳,只要能学到知识积累到经验,我都会愿意去做。

（五）个人认知小结

结合测评结果我总结了自己的优势和劣势,在艺术培训中心兼职工作中我积累了宝贵的经验,多次参加学校文艺演出也锻炼了我的心理素质,使我遇事不胆怯,在班级担任班长一职,使我的管理能力有所提升。这些经验都为我以后的工作打下了扎实的基础。

结合劣势我认识到自己的不足,认识到以后需要加强自己的人际交往能力,并且能做到遇事敢想敢做,充分发挥自己的优势,并不断弥补自己的不足。

优势	劣势
做事有耐心，有不服输的精神	人际交往能力较弱
做事能够长远规划，不浮躁，可以稳打稳扎	做事情容易优柔寡断，缺少果断的判断能力
热爱学习，主动探索，渴望探求新的知识、遇到困难不退缩	不敢大胆地创新，总是害怕出错

二、职业认知

参考霍兰德职业倾向测评报告的建议以及通过网络媒体、亲身经历、生涯访谈等方法，我对影响职业选择的相关外部环境进行了较为系统的分析。

（一）家庭环境

我出生在一个普通的家庭，我的父母从事着一份很神圣的职业，那就是教师，也许是受到他们的熏陶，对于教师这一职业我有着独特的好感，所以大学里我学习了音乐教育专业，我的父母也渴望着我能成为一名优秀的教师，对于我他们也给了我很多的帮助。大学以来，我在校外艺术培训中心的兼职工作内容多半是培训儿童，所以对于幼师这一职业我产生了由衷的热爱，我感觉世界上最快乐的事情便是看到孩子们那阳光般的笑容。

（二）学校环境

当我走进扬州职业大学，开始了我的大学生活后，我发现了另一片天地。在我们的艺术楼里，有这样一群人，他们不仅学习音乐专业的知识技能，更能在各种活动中运用这些音乐技能，这一下子让我感觉到原来音乐也是可以"接地气"的。有了这样的想法后，我便有意识地接近他们，原来他们是学前教育专业的学生，这个专业是我们学校的特色专业，毕业生深受幼儿园的欢迎，而最让我羡慕的是他们在各种活动中运用音乐的快乐和与小朋友相处时的幸福感，这深深地吸引了我。慢慢地，我喜欢上了幼儿教师这一职业。当一名男性幼师的梦想在我的心底生根发芽。

（三）社会环境

2013 年 8 月 6 日，国家卫生计生委发布消息称我国的计划生育政策将会发生变化，将要开始实施"二胎"政策。

二胎政策的放宽，意味着幼儿在全国人口比例中的增长，也就意味着教育行业"黄金时期"的来临。幼儿比例的增长，幼儿教师岗位便会面临人员缺乏的难题。所以对于幼师这一职业来说，二胎政策的放宽将会成为幼儿教育行业新的一个春天，幼儿教育行业也将面临一个黄金时期。

（四）职业环境

职业分析：现如今，儿童教育越来越被重视，在幼儿园里虽然多为女性幼儿教师，但男性幼儿教师也越来越被重视,可以说现在很多幼儿园都缺乏男性幼儿教师。根据《中国教育统计年鉴》的数据,我国幼儿园教职工总人数在 100 万人左右,其中男性 63 034 名,约占总数的 6.5%,在这 6 万左右的教职工中,真正从事教育教学岗位的男性不到 1 万人,实际比例约为 2.1%,其余多为杂工。

近日,江苏省教育厅厅长沈健在接受媒体采访时称,江苏已开始实施免费幼儿男师范的培养。2015—2020 年,每一所幼儿园至少要有一名男教师,所以男性幼师这一行业未来会有很好的发展前景。

职位分析:如今男性幼儿教师极其缺乏,因为报考大学的时候很多男生都不太愿意选择幼教这一专业,导致社会上男性幼教人员供给不足。长期以来,由于多种原因,使幼儿园成为女教师们的天下。当然,女性的细腻、温柔、耐心等特点,对年幼孩子来说,会让他们感受到温暖的、母性的关怀。但是,也造成了目前许多孩子,特别是男孩子变得懦弱、胆小,说话奶声奶气"娘娘腔",男孩应有的那种顽强、勇敢、大度的阳刚之气越来越少。因此,为了让幼儿的人格能健康和谐发展,幼儿园需要男性幼师的加入。男性教师特有的威信、气质、气息及活动方式影响着幼儿性格,使他们变得活泼好动、大胆、乐于助人,有助幼儿创新思维品质养成,让幼儿不断健康成长,但女老师很难给孩子尤其是男孩子做出一个好男人的榜样。一所幼儿园里应同时拥有男性和女性幼师,这样才可以更有利于孩子们的成长和发展,而且幼儿园里也有很多女性教师做不来的事情,男性幼师却可以做得很好,毕竟男性教师有男性的优点,所以男性从事幼教行业是可行的。

(五)区域环境

虽然出生、成长在北方,但是对扬州有一种特殊的喜爱。我对扬州那如诗如画的景色,那悠然自得慢节奏的生活方式充满了憧憬,所以选择工作城市我会首先选择扬州。

在扬州读大学的几年中创建的人脉关系也可以使我更好地走入理想的工作岗位,并会对我以后的工作和创业有很大的帮助。

人脉关系图:

```
                    ┌──────────────┐
                    │  从事幼师职业  │
                    └──────────────┘
                           ↑
          ┌────────────────┼────────────────┐
          ⇨                ⇧                ⇦
   ┌────────────┐   ┌────────────┐   ┌────────────┐
   │ 自己相同专业 │   │ 学前教育专业 │   │ 幼儿艺术培训中 │
   │ 的同班同学、老 │   │ 的同学、老师。│   │ 心兼职期间所认 │
   │ 师。         │   │            │   │ 识的同事、老板。│
   └────────────┘   └────────────┘   └────────────┘
```

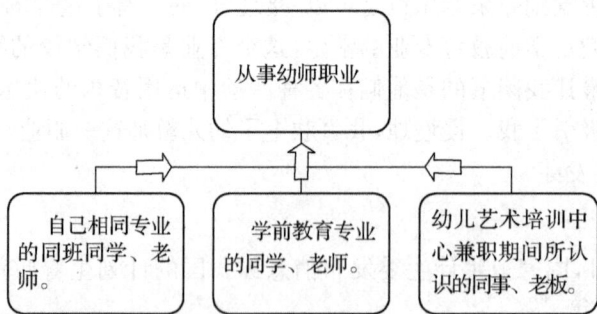

扬州市幼儿教育师资男性幼师状况分析:

扬州市教育部门透露,我市对幼儿园的建设规划,总量目标是:至 2015 年,定点幼儿园 315 所,但扬州男幼教的培养并不乐观。据扬州市教育局师资处王立耕介绍,我市从 2011 年开始招生男幼师,第一年培养了 19 人,到了 2012 年情况有所好转,招到了 38 人,可是结果却令人意外,有 8 名没有完成学业就离开了,仅剩下 30 人。因此,从供需状况来看,很显然,男性幼师会面临供不应求的局面,这对我来说,是一个机遇。

三、职业目标与路径设计

凡事预则立，不预则废。做好职业生涯规划，确定职业生涯目标是非常重要的。

（一）职业生涯目标的确立

短期目标	获得学前教育本科文凭
中期目标	拿到幼儿教师资格证
长期目标	成为一名男性幼师
远期目标	创办自己的艺术培训中心

（二）路径与实施

短期目标（2014—2016）：在学习自己的专业知识的同时，抽时间去学前教育专业蹭课，接触儿童心理学、学前教育学、学前教育史等学前教育的理论课程，丰富自己的教育理论素养，并通过自学考试（专接本）获取学前教育本科文凭。

中期目标（2015—2017）：根据国家教师资格考试规定，取得幼儿教师资格证必须参加学前教育相关专业学科考试，获得合格成绩，所以我会在接下来的两年自学学前教育相关学科知识，自学《幼教综合素质》和《保教知识与能力》两门课程，参加国家幼儿教师资格证认定的统一考试，获得证书。这样，我才能获得成为一名正式的幼儿教师的资格。

长期目标（2016—2017）：应聘幼师岗位，通过努力考取幼儿教师编制，成为一名正式的幼儿教师。

远期目标（2017—2020）：通过经验、资金等的积累，利用自己的人脉关系，争取创办一所幼儿艺术培训中心。

四、规划评估与调整

职业生涯规划是一个动态的过程，必须根据实施结果的情况及变化进行及时的评估与修正。

在进行职业规划的时候，我深知计划的实施必定会面临很多的难题，从教育方面和儿童的发展方面来讲，男性幼儿教师走进幼儿园可以更好地促进孩子们的性格及学习的发展，但

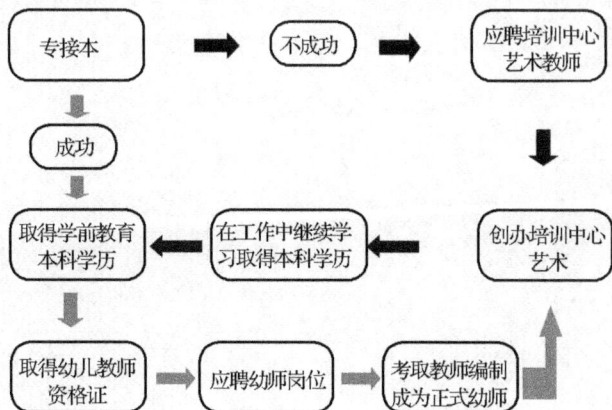

在社会中男性幼儿教师难免会一时让人接受不了,有很多家长会认为男性在很多方面会有很多的不方便,而且很多家长会用"有色"的眼睛去看待男性幼师这一职业,所以这是男性幼师这一职业即将面临的社会问题。

为此我准备了一套备选方案,如果获取幼儿教师资格证不成功,或者不能顺利地考取幼儿教师编制,那么我会先选择到相关的幼儿音乐培训中心就业,因为我学的是音乐教育专业,会获得初级中学的音乐教师资格证,凭着我所学的专业和相关证书,找到与专业对口的工作还是没有问题的。但我不会轻易放弃实现自身价值的机会,我会在工作中继续学习,积累经验,也许为了我的梦想,我会创办一所有艺术特色的幼教培训机构。

成为一名男性幼儿教师,是我的梦想,我希望可以用自己的青春来点燃孩子们的未来和希望,引领孩子们走向更加美好的明天!

究竟怎样才能做一名合格的幼儿教师?——我想我会用一生去思考,用一生去回答!

执着梦想,快乐永恒!

一个新型农民的自述

园艺技术专业　王苏平

引　言

　　有人常常抱怨为什么命运如此不公,别人总是可以轻而易举地成功,而自己总是碌碌无为,付出努力却没有回报。事实上,无论成功与失败,都取决于我们自己。

　　今天站在哪里并不重要,最重要的是你下一步迈向哪里。在生命的长河里,我们总是会迷茫,看不清前进的方向,对未来更是一片迷茫,即便我们的周围充斥着各种各样的诱惑,我们的兴趣往往华丽而短暂,我们年轻,我们稚嫩,但我们勇敢,我们大胆,我们有着无限可能的未来,只要加上坚定的信念,果敢的决心,实际的行动,那就定能浇灌出成功幸福之花。

　　未来或许充满未知,但我们只需记得,命运握在自己手中,我的未来我做主!

　　情愿一生追随,只愿好梦能圆。

目　录

第一章　自我认知

☺ **我的基本情况**

我是＊＊＊园林园艺学院 13 级的学生,大一我担任院系新叶志愿者协会组织部部长,我们协会组织参加很多志愿者的活动,让我深切地体会到了志愿者的真谛,学会了奉献,懂得了帮助别人,同时我在班级学习成绩优秀,在大一学年,获得国家励志奖学金、一等奖学金、平山集团奖学金等多个奖项。大二我担任班长,这让我学会了全面地考虑问题,学会了站在别人的角度看待、思考问题,学会了团结互助,培养了我的责任心、集体荣誉感等,为人处事、人际交流的能力都有一定的提升。

☺ **总体了解**

决策行动	10.00
职业了解	8.00
自我了解	6.50

（横轴刻度：2　4　6　8　10）

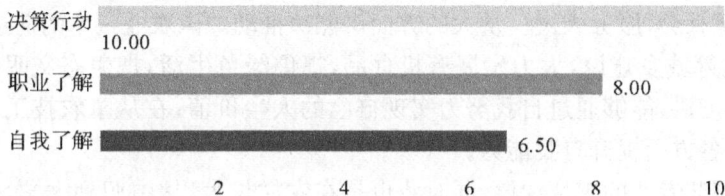

显然,我对自己还是比较了解的,而对我喜欢的职业也相当了解,我通过各种可以用到的方式了解自己的目标职业,而一旦确立了计划,我就会以百分之百的努力去行动,所以,我相信,我一定会一步一个脚印地去实现我的规划。

☺ **MBTI 职业性格分析**

根据 MBTI 性格测试,我的性格类型倾向为" ENFP "(外向 直觉 情感 知觉)。

我性格活泼开朗,很喜欢和大家一起聚会一起学习。作为班级班长,也喜欢经常组织班里的同学参加各种活动。乐于助人、对人热情是我比较突出的性格,当同学或老师有需要的时候,我都会尽全力去帮助。但我这个性格有一个不足之处:不善于拒绝,每当别人需要我帮助的时候,我总是先去帮助别人,以至于把自己重要的事都耽搁了,我觉得日后在职场和不同人打交道,学会拒绝是很有必要的。

☺ **霍兰德职业兴趣分析**

从测试结果可知,我喜欢从事与人、与社会交流比较多的职业,为人热情,善于与人合作,坚持性强,喜欢探索研究类工作,在工作中,领导管理能力比较强,喜爱艺术,注重艺术感,能够处理好各种人际关系,受人喜爱与尊重,对自己的行为有责任感,精力旺盛,乐观自信,乐于助人。我当初选择园艺这个专业,就是因为我对园艺有很大的兴趣,我觉得植物都是有灵性的,你对它投入了精力和兴趣,它也会回报你。在大学里,学习了一些专业知识,更加增强了我对园艺的兴趣,并希望以后从事相关的职业。

霍兰德职业兴趣分析

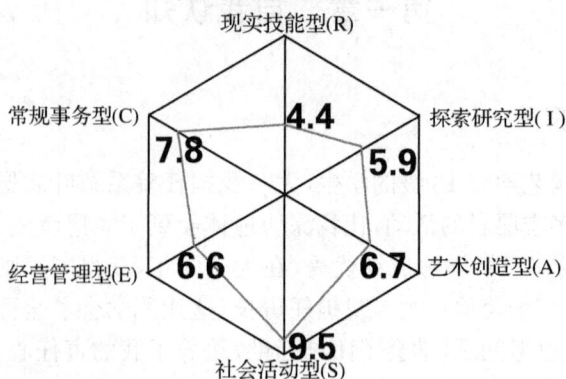

现实技能型(R)

常规事务型(C)　　　　　　　　　　　　探索研究型(I)

7.8　**4.4**　**5.9**

经营管理型(E)　　**6.6**　　　**6.7**　　艺术创造型(A)

9.5

社会活动型(S)

☺ 个人职业价值观分析

在我日后的工作中,我会首先把我的自我价值和社会需求放在第一位,我所从事的职业必定要能够贡献社会,服务人民。从大的方面讲能够推动中国农业技术的前进与发展,坚持科学发展观,统筹城乡建设,大力发展有机食品,提倡绿色生活,把生态文明的观念切实落实;从我个人角度讲,能够通过自我努力实现自己的人生价值,在从事农技工作时能从中不断学习知识,从各方面提升自我能力。

由于我对园艺专业的感情深厚,同时我也是在农村长大,从中职到大学,我接触学习农业已经6年了,这为我日后成立自己的现代化新型农庄打下了坚定的基础。

我认为现代化新型农庄不仅给都市人提供休闲娱乐和新鲜的果蔬,更是将生态农业的理念落实在实践中,让人们接受有机果蔬,健康绿色生活,让更多人在休闲娱乐的同时,慢慢将生态理念贯彻到自己日常生活中,体现共建生态文明,人人有责。

忠于自己的心,忠于自己的职业,既然选择了这个职业,我就一定会把它做好,不会抱怨辛苦,只会越来越爱上我的职业。

☺ 个人能力与性格评估

优势:

(1)在学习上:学习能力很强,善于学习,学习效率很高,渴望尝试新的想法、理论及技术,充满自信;成绩在班级名列前茅,获得国家励志奖学金、一等奖学金、平山集团奖学金等多个奖项,渴望尝试新的想法、理论及技术,充满自信。

(2)人际关系:懂得如何与别人沟通,清楚表达自己的意思,让别人愿意接受自己,优化办事效率;人际关系好,有为他人服务的意识,帮助他人,乐于为人所需;广泛参加或组织各种活动,使自己的交际能力有所提升。

(3)策划组织:统筹、策划集体活动,分工明确,做到事半功倍,合理利用资源,办事脚踏实地、深思熟虑,遇事冷静,善于分析,对待问题富有逻辑性。

(4)创新:思维活跃,精力旺盛,对一切新鲜的事物很好奇,能够发挥想象力,渴望尝试新的想法、理论及技术,充满自信。

(5)责任心:有强烈的职业道德,意志坚定而有责任心,忠诚,有奉献精神和同情心,理解别人的感受并有较强的表达能力。

(6) 表达:写过各种工作总结、工作计划,善于表达,能够书写各种文体。

劣势:

(1) 不容易拒绝人,哪怕是有些过分的要求。

(2) 做事之前的自信有时会导致事后的失望,总是对事情期待过高。

(3) 渴望比别人优秀,使我在生活学习工作中更加认真努力,也因此更加容易比别人优秀,不容易接受失败,接受挫折能力有待提高。

(4) 积极向上,有激情为既定的目标而努力奋斗,但有时不够客观。

☺ 个人分析小结

我是谁?	我是一个乐观、热情、自信、善交际的人
我喜欢做什么?	我喜欢与人打交道,喜欢研究创新,注重细节
我能够做什么?	管理、协调性工作;研究、创新型工作
我看重什么?	良好的人际关系、自我空间
我想做什么?	园艺师、蔬菜工

结合我的职业兴趣、职业价值观、职业性格以及我的个人能力,我认为我有能力去建立自己的现代化新型农庄。

第二章 职业认知

☺ 家庭环境分析

我出生于江苏省的徐州,我们全家 4 口人,父母在徐州经营一家服装店。通过耳濡目染,我积累了一些经营和销售的经验,同时父母开明,全力支持我的创业梦想;此外,家中还有一个弟弟,目前在四川读临床医学。我每年都有旅游计划,希望在欣赏美丽的风景的同时,通过自己所学的知识,可以布置一片属于我自己的天地,里面的植物都是我一手栽培的,从种植设计到养护管理,多有成就感啊! 父母也希望通过我自己的努力,利用在学校里学到的专业知识,完成自己的梦想。

☺ 学校环境分析

＊＊＊＊是江苏省属重点综合性专科大学。有着优良的学术传统、浓郁的文化底蕴、雄厚的科研实力和充满活力的创新机制,社会效益显著,学术影响日益深远。

园艺技术专业拥有各类教学实验实训室 11 个和较为充足的校内教学实训基地,建有单体塑料大棚、连栋塑料大棚、节能型日光温室、玻璃温室等各类设施面积 4 200 余平方米,拥有 10 余家紧密联系型校外实训基地,其他实训基地近 30 家。2009 年"农业安全生产与环境保护实训基地"被批准为省职业教育实训基地。近年来,园艺技术专业教师承担了 40 余项省、市(厅)级科研项目,积极参与省"挂县强农富民"工程、省农民培训工程等社会服务项目,社会声誉良好。学院现今实行的本科生导师制有利于培养本科生的科研能力,帮助他们尽早熟悉所学专业技术领域。

学院与外单位(科研单位、环保公司、设计院等)友好接洽,现拥有多个社会实践基地,为同学锻炼自身能力提供了良好的社会平台。

与此同时,本院有着考研的优良传统,学院在提高应届毕业生就业的同时,鼓励学生报考硕士研究生,进一步学习专业知识,为社会培养高素质的环保技术人才。

此外,学校能让我接触管理、旅游、金融、房屋建筑以及园林设计方面的人才,这为我提供了建设现代化新型农庄所需要的专业知识和人脉资源。

☺ 社会环境分析

中国政治稳定,经济在持续发展,精神文化对人们需求的满足度也越发显得重要。当前,现代化新型农庄旅游人员剧增,国家大力扶持、提倡发展有机食品,倡导绿色生活和生态文明。截至 2011 年,自"十一五"国家启动乡村现代化观光农业旅游工程后,国家现代化观光农业旅游年收入达 100 亿,带动 1 500 万农民就业,这对于我经营现代化新型农庄可谓是天时地利人和。

社会在不断进步,紧张的工作与生活让人们倍感压力。在此背景下,很多人都会选择忙里偷闲,给自己一个轻松的假期、一个惬意的项目来放松自己,同时也希望周末放下工作和家人一起去享受田园生活,我计划利用业余时间规划我的梦想,尝试踏进社会服务业,同时积极参加社会实践,利用假期多做兼职,体会到社会的酸甜苦辣,为职业规划的实现打下基础。

☺ 目标职业分析

现代新型农庄(口号:我的农庄我做主!)。

农家农家乐复乐,不于市朝争夺恶,陆游的诗句描绘了简单纯朴的农家之乐。在我的现代化新型农庄里,以农为根,以家为形,以乐为魂,传统文化与现代科技有机结合。人们在这里不仅可以回归自然,体会农家乡味,品味农家民间传统文化,还可享受现代科技带来的绿色、生态和健康。

第三章　职业目标定位及实施方案

☺ 职业目标的确定

在校期间顺利完成学业并学到专业及相关知识,毕业后首先进入园林园艺这一领域,向行业前辈们学习管理经验,摸索前进,最终得出自己的一套方法。认真规划我的现代化新型农庄,并且不断更新模式,做到与时俱进。

☺ SWOT 分析

综合自我认知与职业认知,得出我的 SWOT 分析:

	优势因素（S）	弱势因素（W）
内部环境因素	1. 动手能力强。 2. 策划组织能力强，考虑问题全面、系统。 3. 学习能力强，基础知识储备丰富。 4. 乐观、热情，人际关系好。 5. 善于合作、团队协作能力强。	1. 从事本专业女生少且有困难。 2. 对成功的渴望强，有时会急于求成。 3. 缺乏社会经验与实际操作经验。 4. 目前涉及的各方面知识还比较少。
	机会因素（O）	威胁因素（T）
外部环境因素	1. 园艺师的缺口很大，园艺工作者的需求量较大，就业前景很好。 2. 国家政策对农业大力扶持，发展前景广阔。 3. 根据专业课程的安排，有众多实习和实验的机会。	1. 社会对农业存在歧视。 2. 对于目标职业，暂时缺乏工作经验，对其还不是很了解。 3. 社会对园艺师认识度很低。

　　由以上分析得知，从事现代化新型农庄对我而言是正确的选择，并且我完全能够实现既定的目标，不过在此过程中有众多机会的同时也有很多困难与威胁，需要我在实现目标的路上不断努力，提高自己的专业知识、技能，克服性格上的弱点，培养目标职业所需要的能力。我相信，我可以运用好各种机遇，在实践中不断积累经验，不怕吃苦，从基层做起，一步一个脚印，积极面对挑战，实现我的目标！

☺ 与目标职业的能力对比表

我目前的能力优势	创业者所需能力
较强的学习能力。	要熟练地掌握多门学科知识及园艺专业知识。
注重细节、有责任心。	对待每一个问题都要仔细认真，有责任心。
组织协调能力、沟通表达能力强；善于合作。	具有良好的组织协调能力与沟通表达能力；有良好的职业道德和团结协作精神。
即兴执行能力强，能够根据问题提出解决方案。	对相关项目针对性地提出预防或减轻不良环境影响的对策和措施。
创新、美感、韧性、耐吃苦。	不怕吃苦，有一定欣赏能力。
善于快速掌握信息、把握事物的主要方面。	需要查找各种标准、法规等，需要注重细节。
做事干脆利索，速战速决。	长期过程，要耐心处理遇到的每一个问题。

　　由此表得知，我仍需要锻炼自己的细心、耐心、缜密的思维能力。所以，我要在日后的学习生活及职业生涯中注意这三方面能力的培养，如多使用办公软件，注重专业学习笔记的整理、生活用品等的整理来培养细心与耐心，通过实习、实验来锻炼自己缜密分析事情的能力。

　　同时，我还要注意保持优势，通过不断地学习专业知识来继续增强学习能力；通过在学校担任学生干部，在工作岗位上主动积极参与项目管理来提升组织协调能力；通过在校期间的实验、实习来继续发扬创新精神。

☺ **职业目标的分解与组合**

(1) 2013—2016年,充分利用校园环境及条件优势,认真学好专业知识,培养学习、工作、生活能力,全面提高个人综合素质,并作为就业准备。多去图书馆,多看、多查阅与自己专业相关的资料,了解当前农业发展前景,扩展视野;多参加体育锻炼,增强体质;积极参加集体和社会实践,暑期可以去找实习单位,理论联系实际,培养团队意识和合作意识。多看关于心理学方面的书籍,为毕业后在沟通和交际方面打下坚实的基础;多注意老师的上课技巧。大三又是新的一年,要更加注重实践的重要性。

(2) 2017—2020年,就业选择去现代化的农场实习,在工作过程中要不断地学习企业的运行模式,了解各个部门的作用,走到基层去学习技能,遇到问题要及时地反思、不断地总结。工作过程中要多与人交际,积累人脉,便于日后自己创业。

(3) 2020—2023年,建设现代化新型农庄并试营业。我的农庄初期分为住宿区、休闲区、配送区。住宿区准备建30套民房(农村的住房类型),一间农村大食堂(体验大锅饭、自己动手烹饪),停车场,便民超市。休闲区分为蔬菜园、果树园、花卉药材园、渔园、烧烤园、儿童乐园。后期可以增加大概半亩地,提供给客户自己种植。配送区是以新鲜蔬果类农产品销售为主,其他东西为辅的全新购物网站。主要以城市的上班族为销售对象,这类人工作繁忙,没什么空闲时间去市场买菜,而这类网站根据顾客的需求,配新鲜蔬果,送货上门,节省了他们的时间。

这期间可以和旅行社以及周边的风景区、企业、学校搞好合作关系,以增加客源。这三年每一个季度评估一次,总结农庄的不足处以及还可以发展的方向,做好评估表以及营业额的折线图。

(4) 2023—2030年,做好农场的扩建,根据前三年的经营经验,以及整个市场的观察。调整好农场的模式,以求更好地发展。如果农场经营好,可以尝试扩建,有足够的钱也可以再建设农场分店。因为已经上了正式轨道并有了固定发展方向,所以评估时间由一个季度改成半年,并讨论农场的下一步发展,以及对上半年工作的总结。

大学期间学习好相关的设计专业,考过相关等级证书。假期去公司实习、去公园等地方学习。创建与园区规划的网络平台,组织大学生游园活动,提高策划能力,培养自己的审美观。定时参观一些"农家乐"公司,到各地园区参观游览。目前认真学好各种专业知识,常去学校基地提高自己动手能力。多看相关书籍,浏览网页。在一两年内多接触社会相关人士,增加自己的人脉资源。从思想上,由学生转型为独立的职业人,这是我进入职场的首要任务。个人想象与社会实际情况可能存在落差,要调整心态,正确对待,给人以良好的精神面貌;养成良好的上班习惯,不能有迟到现象。熟悉工作的软硬环境,掌握工作程序。选准原点,脚踏实地,从基本做起,深入了解工作状况,透彻了解本职工作的目标、方向与内容。

目标路径详细规划表

我的现代化新型农庄:我的现代化新型农庄初步定于安徽与徐州交界处——宿州。准备建设20亩地的规模,每亩地1万元,承包10年,一共是20万元。因为安徽的地价比江苏便宜,且宿州周边景区多,有皇藏峪、虞姬墓、林探花府、突山风景区、五柳龙泉等等,客人在体验农场乐趣的同时,还可以去景区游玩,体会人文风情。我也了解到徐州去安徽的路上有很多风景可以观赏。特色的民房、大片大片的菜田、可爱娇美的桃花、金黄灿烂的油菜花,所以旅程将会充满乐趣。

住宿区建设

(1) 民房:建造 5 栋郊区式的房屋,分为小户型、中户型、大户型三种,小户型适合 2—3 口人家,中户型适合 4—7 口人家,大户型适合居住 8—10 口人。小户型 15 套,中户型 10 套,大户型 5 套。总共五栋楼,一楼是三套小户型,二楼两套中户型,三楼一套大户型。

(2) 农村大食堂:建一个大约五百平方米的食堂,里面用的是传统农村大灶,采用农场自产原生态食材。开设五个小锅,让客人自己烹饪,体验生活。

(3) 停车场:建一个停车场,让客人方便停车。停车场旁可以租园区电动双人车和 2 人自行车或 3 人自行车。

(4) 便民超市:小型的便民超市,方便客人的需求。

休闲区建设

(1) 蔬菜园:分为当季蔬菜以及大棚蔬菜,以满足需求。客人可以采摘,也可以现场进行烧烤和烹饪。建立农村博物馆,预计占地三百平方米,成列旧时的农具、农民的服装以及蔬菜科普知识,让人们深入了解、理解绿色生活,坚持科学发展观,在享受田园风光的时候能够将生态理念深入人心,共同建设生态文明。

(2) 果树园:主要种植桃树、梨树、石榴、李树、杨梅、樱桃、葡萄、西瓜、草莓、苹果等。果树园提供果树认养服务,认养客户可以免费获得水果,提供快递服务。

(3) 花卉药材园:种植花卉和药材,木本的、草本、藤蔓等,提供采摘、插花、包装等服务。还有花卉药材的科普知识馆,里面有花卉和药材的标本,让您在玩乐的同时也可以学到更多。花卉药材园中设有商店,商品有:花束、插花作品、花卉香囊、花卉工艺品、药材等等。

(4) 渔园:我们因地制宜,在承包土地的低洼处弄一个鱼塘,周边放上凳子,可供客人享受渔趣,租赁渔具、遮阳伞等,客人钓的鱼按照时价卖出,客人可以带回家,也可以付加工费让我们制作成菜品。

(5) 烧烤园:预计设置 80 个烧烤台,客人只需付炭钱、调料和菜品钱即可。当然我们也可以租借帐篷,让客人享受真正的野炊乐趣。每天中午 12:00 我们会有农场的员工在烧烤园和食堂表演节目和做游戏,让大家在一起玩,回到童年。

(6) 儿童乐园:我们有秋千、跷跷板、蹦蹦床、绳索桥、儿童绳索攀高等等。我们还有个便民措施:就是可以帮您照看孩子,还有儿童车租赁,让顾客没有后顾之忧。后期增加项目:我们后期可以增加一个项目,让客人自己种植蔬菜、水果、花卉和药材。客人可以自己定期过来看,也可以付费让我们帮助您养护。等到成熟时,我们会主动联系客人。

(7) 产品配送:我们有专门的购物网站,每天都会更新菜品并有套餐配置,顾客可以根据自己的需求订购,我们员工会采摘新鲜的蔬果,清洗干净,最后包装好,送货上门。我们配送的果蔬必定会是当天采收且新鲜的蔬果。

第四章 评估调整

☺ 评估与调整

职业目标评估:(是否需要重新选择职业?)在当今社会,没有永久不变的职业,也没有长盛不衰的职业,很多职业之间也都是相通的,为了生存,有时也要学会放弃。

☺ 风险与应对方案

1. 由于竞争激烈导致此创业方案无法正常进行

应对方案:再设置三年的准备铺垫期,并接受相关专业方面知识培训,学习更好的知识技能和经营管理技巧,为创建现代化新型农庄做充沛的准备。

2. 资金问题

应对方案:(1)父母支持。

(2)合伙人。

(3)与周边旅行社、公司企业、酒店、饭店、校方合作投资。

3. 短时间内工作无成效

应对方案:即使没有回报,也会专心学习相关知识,在其他岗位接受锻炼,利用空闲时间提高自己,在学习中得到的快乐,至少自己体验过。

(1)职业路径评估:(是否需要调整发展方向?)当我之前选择的职业发展方向遇到瓶颈时会考虑向相关的行业转型,不过相信在当今社会中,时刻做好准备才能在激烈的竞争中处于不败之地。

(2)实施策略评估:(是否需要改变行动策略?)个人认为不需要改变行动策略,虽然路是活的,但作为一个人来说,打好基础做好准备才是自己能做的事。以不变应万变,当下我能做的事唯有学好自己的知识,扩展自己的视野,进一步完善自己。

(3)其他因素评估:如果有意外情况发生,我会审时度势,尽量将变化损失减到最小。具体的按具体情况而定。

4. 评估时间

一般情况下,半年为一次细节方面的评估规划,每年对重大方向进行一次评估规划。如有特殊情况发生时,随时评估并进行相应的调整。

5. 规划调整的原则

(1)学校有特别规定或者社会需求发生严重变化时,根据形势做出正确抉择。

(2)自身不适应时,根据具体情况做出适当调整。

(3)家庭出现重大情况时,做出理性的调整。

6. 备选方案

(1)自主经营销售有机绿色果蔬。

(2)进入运行良好的企业工作。

结束语

　　计划固然必要,但更重要的在于其具体实践并取得成效。我希望能在努力中认识自我,改正在社会上为人处事的缺点。任何目标,只说不做到头来都会是一场空。然而,现实是未知多变的,定出的目标计划随时都可能遭遇问题,要求有清醒的头脑。

　　其实,每个人心中都有一座山峰,雕刻着理想、信念、追求、抱负;每个人心中都有一片森林,承载着收获、芬芳、失意、磨砺。一个人,若要获得成功,必须拿出勇气,付出努力、拼搏、奋斗。成功,不相信眼泪;成功,不相信颓废;成功,不相信幻影,未来,要靠自己去打拼!

附录2

课程拓展资料链接

1. 园林设计与规划岗位访谈纪实 1
2. 园林设计与规划岗位访谈纪实 2
3. 道路桥梁施工员访谈纪实
4. 国际货运代理岗位访谈纪实
5. 医疗护理岗位访谈纪实
6. 进出口业务员访谈表
7. 淘宝客服人员访谈表
8. 公司财务主管访谈表
9. 活动策划人员访谈表
10. 工艺工程师访谈表
11. 护工访谈表
12. 助理检测员访谈表

扫一扫可见
访谈纪实和访谈表

附录 3

学生生涯规划作品演示

1. 报关专业柏美玲生涯规划作品
2. 道路桥梁技术专业倪烨生涯规划作品
3. 工程造价专业于彤生涯规划作品
4. 护理专业邵婷婷生涯规划作品
5. 计算应用技术专业顾浩生涯规划作品
6. 园林技术专业李晓明生涯规划作品
7. 园艺技术专业钱泽宇生涯规划作品
8. 园艺技术专业王苏平生涯规划作品

扫一扫可见学生
生涯规划作品演示

MBTI 职业测评表及结果解释

感观型（I）

ISTJ 型

严肃、少言、依靠精力集中，通过全面性和可靠性获得成功。注重实践、有秩序、实事求是、有逻辑、值得信赖。他们自己决定该做什么并不愿反对和干扰，并坚定不移地朝着目标前进，不易分心。喜欢将工作、家庭和生活都安排得井井有条。重视传统和忠诚。

适合职业

首席信息系统执行官	房地产经纪人
天文学家	侦探
数据库管理	行政管理
会计	信用分析师

ISFJ 型

少言、友善、有责任感和良知。坚定地致力于完成他们的义务，可以使任何项目和群体更加稳定。忠诚、体贴、周到、刻苦、精确，他们的兴趣通常不是技术性的。有洞察力，能对必要的细节有耐心，关心他人的感受。努力把工作和家庭环境营造得有序而温馨。

适合职业

内科医生	客户服务专员
营养师	记账员
图书/档案管理员	特殊教育教师
室内装潢设计师	酒店管理

INFJ 型

沉静、坚强、责任心强、关心他人、富创造力，坚持自己的价值观。全力投入自己的工作。因其坚定的原则而受尊重。寻求思想、关系、物质等之间的意义和联系。希望了解什么能够激励人，对人有很强的洞察力。对于怎样更好地服务大众有清晰的远景，别人可能会尊重和追随他们。在对于目标的实现过程中有计划而且果断坚定。

适合职业

特殊教育教师	心理咨询师
建筑设计师	网站编辑
培训经理/培训师	作家
职业策划咨询顾问	仲裁人

INTJ 型

具有创造性的思想,并大力推动他们自己的主意和目标。目光远大,能很快洞察到外界事物间的规律并形成长期的远景计划。一旦决定做一件事就会开始规划并直到完成为止。在吸引他们的领域,他们有很好的能力去组织工作并将其进行到底。不轻信,具批判性、独立性,有决心,对于自己和他人的能力和表现要求都非常高。

适合职业

首席财政执行官	心脏病专家
知识产权律师	媒体策划
设计工程师	网络管理员
精神分析师	建筑师

ISTP 型

是个安静的观察者,直到有问题发生,就会马上行动。自制,以独有的好奇心和出人意料的有创意的幽默观察和分析生活。分析事物运作的原理,对于原因和结果感兴趣,能从大量的信息中很快地找到关键的症结所在,用逻辑的方式处理问题,重视效率。

适合职业

信息服务业经理	律师助理
计算机程序员	消防员
警官	私人侦探
软件开发员	药剂师

ISFP 型

羞怯、友善、敏感、和谐、谦虚看待自己的能力。不喜欢争论和冲突,不将自己的观点和价值观强加于人。喜欢有自己的空间,喜欢能按照自己的时间表工作。一般来说,无意于做领导工作,但对于自己的价值观和自己觉得重要的人非常忠诚,有责任心。他们享受眼前的乐趣,所以事情做完经常松懈而不愿让过度的紧迫来破坏这种享受。

适合职业

室内装潢设计师	厨师
按摩师	护士
客户服务专员	牙医
服装设计师	旅游管理

INFP 型

沉稳的观察者、理想主义、忠实,希望外部的生活和自己内心的价值观是统一的。有求知欲,很快能看到事情的可能性,能成为实现想法的催化剂。只要某种价值观不受到威胁,他们都善于适应、灵活、善于接受。愿意谅解别人和了解充分发挥人潜力的方法。对财富和周围的事物不太关心。

适合职业

心理学家	翻译
人力资源管理	大学教师(人文学科)

附录

245

社会工作者   服装设计师

图书管理员   编辑/网站设计师

INTP 型

安静、内向、灵活、适应力强。喜欢理论性的和抽象的事物,热衷于思考而非社交活动。对于自己感兴趣的领域有超凡的集中精力和深度解决问题的能力。谋求他们的某些特别的爱好能得到运用的那些职业。多疑,有时会有点挑剔,喜欢分析。

适合职业

软件设计师   大学教师(经济学)

风险投资家   音乐家

法律仲裁人   知识产权律师

金融分析师   网站设计师

直觉型(E)

ESTP 型

擅长于现场解决问题,注重当前,自然不做作。喜欢行动,不喜多加解释。对任何的进展都感到高兴。往往喜好机械的东西和运动,享受和他人在一起的时刻。善应变、容忍、重实效,注重结果,觉得理论和抽象的解释非常无趣。学习新事物最有效的方式是通过亲身感受和练习,喜欢物质享受和时尚。

适合职业

企业家   旅游管理

股票经纪人   职业运动员/教练

保险经纪人   电子游戏开发员

土木工程师   房产开发商

ESFP 型

开朗、随和、友善、接受力强。热爱生活、人类和物质上的享受。喜欢和别人一起将事情做成功。喜欢行动并力促事情发生。他们了解正在发生的事情并积极参与。在工作中讲究常识和实用性,并使工作显得有趣。在需要丰富的知识和实际能力的情况下表现最佳。灵活、自然不做作,对于新的任何事物都能很快地适应,学习新事物最有效的方式是和他人一起尝试。

适合职业

幼教老师   促销员

公关专员   演员

职业策划咨询师   海洋生物学家

旅游管理/导游   销售

ENFP 型

热情洋溢、极富朝气、机敏、富于想象力,认为人生有很多的可能性。能很快地将事情和信息联系起来,然后很自信地根据自己的判断解决问题。常常依据他们自己的能力去即席成事,而不是事先准备。几乎能够做他们感兴趣的任何事情,对任何困难都能迅速给出解决办法。总是需要得到别人的认可,也总是准备着给予他人赏识和帮助。经常能对他们想做的任何事情找到令人信服的理由。灵活、自然不做作,有很强的即兴发挥的能力,言语流畅。

适合职业

广告客户管理	艺术指导
管理咨询顾问	公司团队培训师
演员	心理学家
平面设计师	人力资源管理

ENTP 型

敏捷、睿智、有发明天才,长于许多事情。有激励别人的能力、机警、直言不讳。可能出于逗趣而争论问题的任何一个方面。在解决新的、具有挑战性的问题时机智而有策略,不喜欢例行公事,很少会用相同的方法做相同的事情,易把兴趣从一点转移到另一点。能够轻而易举地为他们的要求找到合乎逻辑的理由。善于找出理论上的可能性,然后再用战略的眼光分析。善于理解别人。

适合职业

企业家	文案
投资银行家	广播/电视主持人
广告创意总监	演员
市场管理咨询顾问	大学校长

ESTJ 型

实际、现实主义、果断、迅速行动起来执行决定。由于有天生的商业或机械学头脑,所以对抽象理论不感兴趣。善于将项目和人组织起来将事情完成,并尽可能用最有效率的方法得到结果,在实施计划时强而有力。喜欢组织和参与活动,通常能做优秀的领导人。注重日常的细节,有一套非常清晰的逻辑标准,有系统性地遵循,并希望他人也同样遵循。

适合职业

公司首席执行官	房地产经纪人
军官	保险经纪人
预算分析师	教师(贸易/工商类)
药剂师	物业管理

ESFJ 型

热心、健谈、受欢迎、有责任心、天生的合作者、积极的委员会成员。要求和谐并可能长于创造和谐,并为此果断地执行。喜欢和他人一起精确并及时地完成任务。事无巨细都会保持忠诚。能体察到他人在日常生活中的所需并竭尽全力帮助。在得到鼓励和赞扬时工作最出色。主要的兴趣在于那些对人们的生活有直接和明显的影响的事情。

适合职业

房地产经纪人	理货员/采购
零售商	按摩师
护士	运动教练

饮食业管理　　　　　　　　　　　　　旅游管理

ENFJ 型

敏感、热情、为他人着想、有责任心。真正地关心他人的所想所愿。善于发现他人的潜能，并希望能帮助他们实现。处理事情时尽量适当考虑别人的感情。能成为个人或群体成长和进步的催化剂。能提出建议或轻松而机智地领导小组讨论。喜社交、受欢迎、有同情心。对表扬和批评敏感。

适合职业

广告客户管理　　　　　　　　　　　　市场专员

杂志编辑　　　　　　　　　　　　　　作家

公司培训师　　　　　　　　　　　　　社会工作者

电视制片人　　　　　　　　　　　　　人力资源管理

ENTJ 型

直率、果断，有天生的领导能力。能很快看到公司/组织程序和政策中的不合理性和低效能性，发展并实施有效和全面的系统来解决问题。善于做长期的计划和目标的设定。长于需要论据和机智谈吐的任何事情，如公开演讲之类。通常见多识广，博览群书，喜欢拓广自己的知识面并将此分享给他人。在陈述自己的想法时非常强而有力。

适合职业

公司首席执行官　　　　　　　　　　　教育咨询顾问

管理咨询顾问　　　　　　　　　　　　投资顾问

政治家　　　　　　　　　　　　　　　法官

房产开发商

主要参考书目

[1] 赵新娟等主编. 高职高专学生就业与创业指导[M]. 北京:北京交通大学出版社,2009.

[2] 顾雪英著. 大学生职业指导[M]. 北京:人民教育出版社,2005.

[3] 彭贤等主编. 大学生职业生涯规划活动教程[M]. 北京:清华大学出版社,2010.

[4] 方伟主编. 大学生职业生涯规划咨询案例教程[M]. 北京:北京大学出版社,2008.

[5] (美)彼得森,(美)冈萨雷斯著. 时勘等译. 职业咨询心理学——工作在人们生活中的作用[M]. 北京:中国轻工业出版社,2007.

[6] 闾振华等主编. 大学生职业生涯规划[M]. 北京:中国经济出版社,2009.

[7] 《北森朗途职业规划测评》培训教材——北森高校系列培训教材资料.

[8] 菲利普·科特勒著. 营销管理[M]. 北京:中国人民大学出版社,2001.

[9] 熊飞等编著. 创办一个企业[M]. 北京:机械工业出版社,2007.

[10] 李时椿等主编. 创业与创新管理[M]. 南京:南京大学出版社,2008.

[11] 丁栋虹等编著. 创业管理[M]. 北京:清华大学出版社,2006.

[12] 陈德智主编. 创业管理[M]. 北京:清华大学出版社,2007.

[13] 李良智等主编. 创业管理[M]. 北京:中国社会科学出版社,2007.

[14] 尤登弘著. 创业初期你不可不知的财务知识[M]. 北京:机械工业出版社,2008.

[15] 金和编著. 中国青年创业指南[M]. 北京:中国纺织出版社,2008.

[16] 陈建明编著. 店店为赢创业开店指南[M]. 北京:机械工业出版社,2008.

[17] 曹莲霞主编. 创新思维与创新技法[M]. 北京:中国经济出版社,2010.

[18] 梁惠琼等主编. 市场营销[M]. 北京:清华大学出版社,2010.

[19] 杨明等主编. 成功走向职场[M]. 济南:山东人民出版社,2010.

[20] 徐平福主编. 大学生就业与职业发展指南[M]. 北京:北京师范大学出版社,2010.

[21] 闾振华等主编. 大学生职业生涯规划[M]. 北京:中国经济出版社,2009.

[22] 黄莉萍主编. 大学生就业指导——指导人生导航职场[M]. 上海:同济大学出版社,2009.

[23] 庄明科等编著. 职业素养入门与提升[M]. 北京:北京理工大学出版社,2009.

[24] 徐振轩等主编. 职业规划与就业指导[M]. 成都:西南师范大学出版社,2008.

[25] 王福山等主编. 职业道德与就业指导[M]. 北京:机械工业出版社,2008.

附录

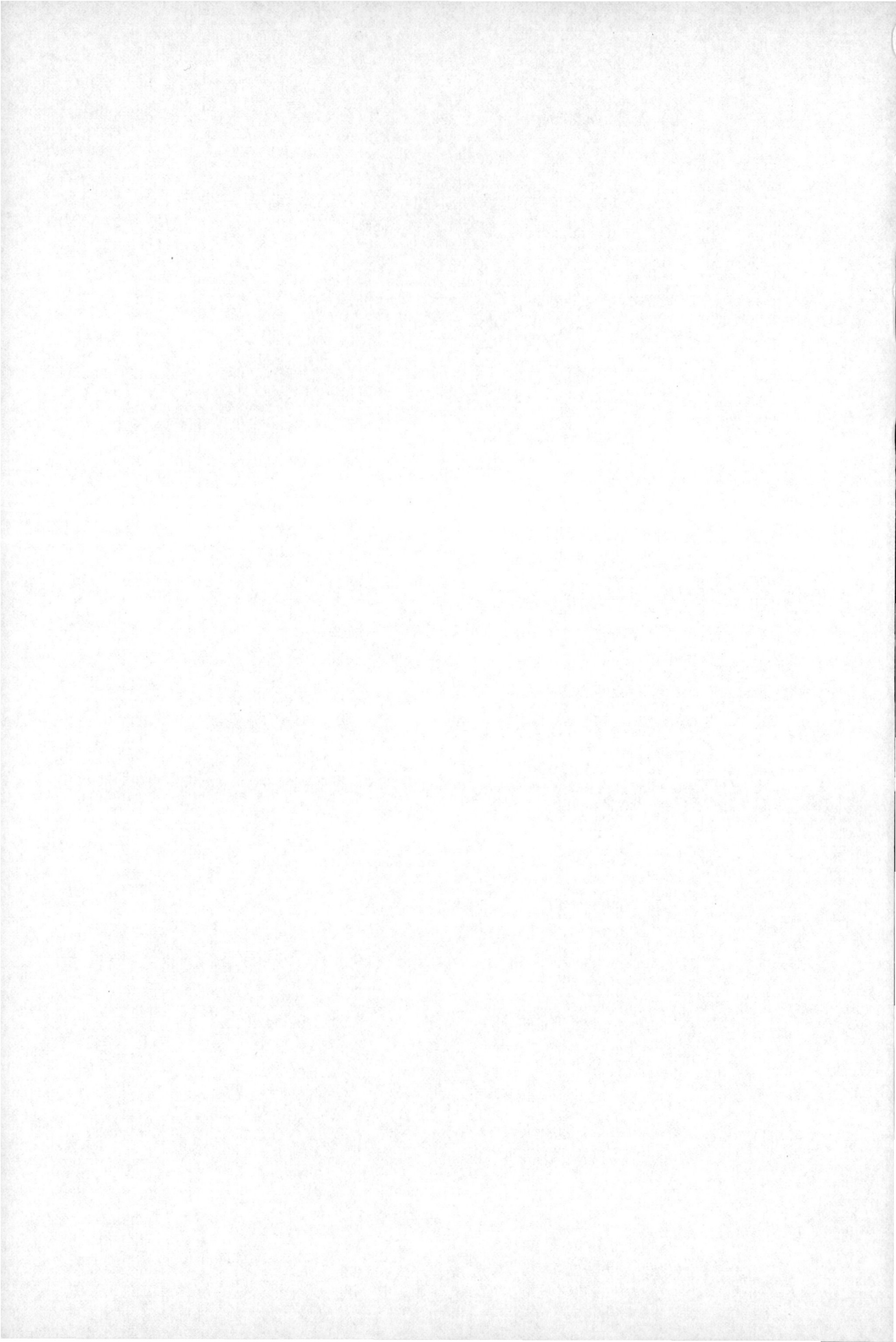